Pôr do sol no Central Park

SARAH MORGAN

Pôr do sol no Central Park

TRADUÇÃO DE
WILLIAM ZEYTOULIAN

Rio de Janeiro, 2021

Título original: Sunset in Central Park
Copyright © 2016 by Sarah Morgan

Todos os personagens neste livro são fictícios.
Qualquer semelhança com pessoas vivas ou mortas é mera coincidência.

Direitos de edição da obra em língua portuguesa no Brasil adquiridos pela Editora HR LTDA. Todos os direitos reservados. Nenhuma parte desta obra pode ser apropriada e estocada em sistema de banco de dados ou processo similar, em qualquer forma ou meio, seja eletrônico, de fotocópia, gravação etc., sem a permissão do detentor do copyright.

Direitos exclusivos de publicação em língua portuguesa cedidos pela Harlequin Enterprises II B.V./ S.À.R.L para Editora HR Ltda.

A Harlequin é um selo da HarperCollins Brasil.

Contatos:
Rua da Quitanda, 86, sala 218 — Centro — 20091-005
Rio de Janeiro — RJ
Tel.: (21) 3175-1030

DIRETORA EDITORIAL	RAQUEL COZER
GERENTE EDITORIAL	ALICE MELLO
COPIDESQUE	THAÍS CARVAS
REVISÃO	MARINA GÓES
DIAGRAMAÇÃO	ABREU'S SYSTEM
DESIGN DE CAPA	OSMANE GARCIA FILHO
CRÉDITO DE IMAGENS	LOSW E PACI77 / ISTOCK
	OMELAPICS / FREEPIK

CIP-Brasil. Catalogação na Publicação
Sindicato Nacional dos Editores de Livros, RJ

M846p

Morgan, Sarah
  Pôr do sol no Central Park / Sarah Morgan; tradução William Zeytounlian. – 1. ed. – Rio de Janeiro: Harlequin, 2018.
  368 p.: il.; 21 cm.   (Para Nova York, com amor ; 2)

  Tradução de: Sunset in Central Park
  ISBN 978-85-398-2664-3

  1. Ficção inglesa. I. Zeytounlian, William. II. Título. III. Série.

18-51564   CDD: 823
                                  CDU: 82-3(410.1)

Meri Gleice Rodrigues de Souza – Bibliotecária CRB-7/6439

Este livro é para minha amiga Dawn,
com muito amor.

O curso do amor verdadeiro nunca correu suavemente.
— William Shakespeare

Capítulo 1

A Bela Adormecida não precisava de um príncipe. Precisava de um café bem forte.

— Frankie

Ela estava esperando corações, flores e sorrisos. Não lágrimas.

— Crise iminente a duas horas. — Frankie bateu com o dedo no fone de ouvido e escutou a resposta de Eva.

— Não dá para ser às 2 horas. Já são 3h05.

— Não estou falando das horas, estou falando da posição. Há uma crise iminente à minha frente e à direita.

Houve uma pausa.

— Perto da macieira, você quer dizer.

— Exatamente.

— Então por que não diz simplesmente "perto da macieira"?

— Porque já que você vai me obrigar a usar um fone de ouvido e *parecer* profissional, eu também quero *soar* profissional.

— Frankie, você está parecendo mais uma agente do FBI do que uma designer de flores. E que crise poderia haver? Tudo está correndo bem. O clima está perfeito, as mesas estão lindas e, modéstia à parte, os bolos estão maravilhosos. Nossa futura noiva está exuberante e as convidadas vão chegar a qualquer momento.

Frankie olha para a mulher toda amarrotada apoiada contra o tronco da árvore.

— Detesto dizer isso, mas, neste exato momento, a futura noiva não está nada exuberante. Ela está aos prantos. Sou a última pessoa a fazer observações psicológicas sobre casamentos e toda essa pompa em torno deles, mas acredito que essa não é a reação esperada. Alguém que chega até o altar deve achar que casar é algo bom, né?

— Você tem certeza de que não são lágrimas de felicidade? E são quantas lágrimas? Para um lenço ou uma caixa inteira?

— O suficiente para faltar lenços nos mercados. Ela está chorando que nem cachoeira depois da tempestade. Isso aqui está mais para chá de chuveiro do que de panela.

— Ah, não! A maquiagem dela vai ficar toda borrada. Você sabe o que aconteceu?

— Talvez esteja pensando que devia ter escolhido o ganache de chocolate em vez do glacê de laranja.

— Frankie...

— Ou quem sabe ela teve bom senso e decidiu que é melhor pular fora agora, enquanto há tempo. Se eu estivesse prestes a me casar, também estaria chorando, bem mais desesperada e escandalosa do que ela.

Um suspiro vibrou em seu ouvido.

— Você prometeu deixar suas fobias de relacionamento de fora.

— E deixei, mas elas devem ter pulado o muro.

— O clima para o evento é de otimismo ensolarado, lembra?

Frankie lançou um olhar para a futura noiva que soluçava embaixo da macieira.

— Daqui de onde estou vendo, não tem nada de ensolarado. Mas foi um verão bem seco. A macieira vai gostar de ser regada.

— Vai lá dar um abraço nela, Frankie. Diga que tudo vai ficar bem.

— Ela está prestes a se casar. Como é que as coisas poderiam ficar bem? — O suor brotava na nuca de Frankie. Havia apenas uma coisa que ela odiava mais do que chás de panela e essas coisas: casamentos. — Eu não vou mentir.

— Não é mentira! Muitos casais vivem felizes para sempre.

— Em contos de fadas. Na vida real, as pessoas saem transando por aí até se divorciarem, sempre nessa ordem. — Frankie faz um grande esforço para sufocar seus preconceitos. — Vai lá você. Essa é a sua especialidade. Você sabe que não sou muito boa com esse negócio meio sentimental e delicado.

— Eu cuido disso. — Desta vez foi Paige quem falou e, segundos depois, atravessou o gramado limpo, suave e fresco, apesar do calor e da humidade de Nova York. — O que ela estava fazendo antes de começar a chorar?

— Ela atendeu uma ligação.

— Vocês conseguiram ouvir algo da conversa?

— Eu não fico ouvindo a conversa dos outros. Quem sabe o mercado financeiro tenha quebrado, ainda que, a julgar pelo tamanho dessa casa, teria que ser um colapso bem grande para fazer diferença. — Frankie tirou uma mecha de cabelo de sua testa suada. — De hoje em diante a gente poderia fazer esses eventos do lado de dentro? Estou morrendo de calor. — Era um daqueles dias em que as roupas grudam na pele e fazem você sonhar com drinques gelados e ar condicionado.

Ela pensou com carinho em seu pequeno apartamento no Brooklyn.

Se estivesse em casa agora, Frankie estaria podando mudas, cuidando das ervas no parapeito e vendo as abelhas flertarem com as plantas em seu pequeno jardim. Ou estaria, talvez, no terraço da cobertura com suas amigas, dividindo uma garrafa de vinho enquanto assistiam ao pôr do sol em Manhattan.

Um casamento era a última coisa em sua mente.

Ela sentiu um toque em seu braço e olhou para a amiga:

— O que foi?

— Você está tensa. Sei que odeia casamentos e tudo relacionado a noivas. Queria não ter que pedir a você para trabalhar nesses eventos, mas, neste momento...

— Nossa empresa está engatinhando e não temos como recusar trabalho. Eu sei. Estou bem com isso. — *Bem* é uma palavra forte, pensou Frankie com bom humor, mas lá estava ela, não é mesmo?

Frankie entendia que elas não tinham como escolher muito seus clientes.

Ela, Paige e Eva haviam começado há poucos meses uma empresa de serviços e eventos, a Gênio Urbano, logo depois de perderem o emprego em uma grande companhia de eventos com sede em Manhattan.

Frankie esboçou um sorrisinho, lembrando-se da emoção vertiginosa e do medo que acompanharam o lançamento do próprio negócio. Foi aterrorizante, mas junto veio um poderoso sentimento de libertação. Elas estavam no controle de tudo.

Foi uma ideia de Paige, e Frankie sabia que, sem ela, estaria desempregada neste momento. E sem dinheiro para pagar o aluguel, o que significa que teria que sair do apartamento.

Frankie foi tomada por um mal-estar, como se alguém tivesse lançado uma pedra no lago calmo e estável de sua vida.

Sua independência era tudo.

E era por isso que estava ali. Isso e a lealdade que tinha por suas amigas.

Com a ponta do dedo, ajeitou os óculos no nariz.

— Vou dar conta dos casamentos, se for isso o que aparecer no nosso caminho. Não se preocupem comigo. Ela... — Frankie acenou com a cabeça para a mulher debaixo da macieira — ...é sua prioridade.

—Vou conversar com ela. Se as convidadas aparecerem, dê uma atrasada nelas. Eva? — Paige ajeitou o fone no ouvido. — Não traga os bolos ainda. Vou deixá-las informadas sobre o que está rolando. — Paige caminhou em direção à noiva.

Frankie sabia que, independente de qual fosse o problema, sua amiga daria conta de resolvê-lo. Paige era uma organizadora de eventos nata, com o dom de dizer a coisa certa na hora exata.

E tinha outro dom, crucial para obter sucesso em eventos como esse: Paige acreditava em finais felizes.

Já Frankie achava que pessoas que acreditavam em finais felizes eram iludidas.

Seus pais se divorciaram quando ela estava com 14 anos e seu pai, um gerente de vendas, anunciou que estava deixando o lar para ficar com uma de suas colegas de trabalho.

E quanto ao que aconteceu desde então...

Ela manteve um olhar vago para as fitas flutuando na brisa.

Como as pessoas conseguem fazer isso? Como são capazes de ignorar todas as estatísticas e fatos e se convencer de que podem achar a pessoa com quem ficarão para sempre?

"Para sempre" não existe.

Frankie se movimentava de forma inquieta. Paige estava certa. Não havia nada no mundo que ela detestasse mais do que casamentos e eventos matrimoniais. Causavam nela uma sensação de mau presságio. Era como dirigir um carro na via expressa em direção a um engavetamento. Havia uma fatalidade hedionda naquilo tudo. Sentia vontade de fechar os olhos ou dar um grito de aviso. O que não queria era ser testemunha.

Ela viu Paige colocar o braço em volta da mulher em prantos e se virou. Frankie disse a si mesma que era para garantir privacidade à noiva, mas, na verdade, ela não queria olhar. Era cru demais. Real demais. Olhar fazia vir à tona lembranças que ela preferiria esquecer. Felizmente, seu trabalho não consistia em lidar com as emoções das clientes. Sua função era fornecer arranjos de flores que refletissem o tom e o clima do evento.

O clima era para ser feliz, por isso escolheu tons de creme e pastel para acompanhar os belos tecidos. Celosias e ervilhas-de-cheiro se aninhavam lado a lado a hidrângeas e rosas em vasos de vidro escolhidos especialmente para satisfazer o pedido de simplicidade da noiva.

Simplicidade, é claro, é um termo relativo, pensou Frankie enquanto lançava um olhar para as duas mesas longas. Simplicidade seria pegar a comida de cestas de piquenique, mas aqui as mesas cintilavam com a prataria e cristais. Charles William Templeton era advogado de uma clientela famosa e tinha recursos à disposição para garantir que sua única filha, Robyn Rose, pudesse ter o casamento dos sonhos. Eles alugaram o Plaza para a cerimônia que aconteceria no próximo verão. Frankie se sentia aliviada pela Gênio Urbano não estar envolvida nesse evento.

A diretriz para o chá de cozinha era que fosse uma festa de jardim elegante e com um toque de romance. Frankie conseguiu evitar um estremecimento quando Robyn Rose mencionou as ilustrações de Cicely Mary Barker e *Sonho de uma noite de verão*. Graças a Eva — que não tinha problemas em transformar as visões românticas de seus clientes em realidade — elas conseguiram atender às orientações.

Elas alugaram cadeiras e as personalizaram com fitas que combinavam com o arranjo das mesas. Borboletas de seda feitas à mão foram engenhosamente dispostas no jardim e metros e mais metros de renda ajudaram a criar a sensação de uma gruta encantada. Quase dava para acreditar que se estava em um conto de fadas.

Frankie deu um sorrisinho.

Só Eva poderia ter essa ideia.

O único vestígio de simplicidade ali era a grande macieira que agora dava abrigo à noiva em soluços.

Frankie estava se preparando para começar a segurar as convidadas, quando Eva apareceu a seu lado com as bochechas coradas por causa do sol.

— Já sabemos o que está acontecendo?

— Não, mas posso dizer que não há motivos para comemorar. Paige vai precisar fazer mágica.

Eva lançou um olhar melancólico a sua volta.

— Tudo está tão bonito, a gente deu tão duro para que o evento ficasse perfeito. Eu costumo *amar* chás de panela. Sempre penso que é a última celebração antes dos noivos partirem rumo ao pôr do sol.

— O pôr do sol é o que acontece antes da escuridão, Ev.

— Você poderia ao menos *fingir* que acredita no que fazemos?

— Eu acredito, sim, no que fazemos. Somos uma empresa. Fazemos eventos e somos boas para caramba nisso. Esse é apenas mais um evento.

— Você faz tudo parecer tão racional, mas há um lado mágico também. — Eva ajeitou a asa de uma das borboletas de seda. — Às vezes, fazemos desejos virarem realidade.

— Meu desejo era ter uma empresa de sucesso com minhas duas melhores amigas, então acho que você tem razão quanto a isso. Mas não há nada de mágico aqui hoje, a não ser que dar conta de continuar funcionando depois de trabalhar dezoito horas num dia seja "mágico". Café, com certeza, é mágico. Para minha sorte, não preciso acreditar em finais felizes para fazer um bom trabalho. Sou responsável pelas flores, e só.

E ela amava isso. Seu caso de amor com as plantas começou quando ainda era jovem. Frankie se refugiava no jardim para evitar as emoções de dentro de casa. Flores podem ser uma arte ou uma ciência, e ela estudou cuidadosamente cada planta, entendendo que cada uma demandava cuidados especiais. Algumas gostavam de sombra — como as samambaias, o gengibre e as orquídeas — e outras adoravam sol, como lilases e girassóis. Cada uma delas precisava de um ambiente ideal. Plantadas no lugar errado, elas murchariam e morreriam. Cada uma precisava de uma casa perfeita para florescer.

Não muito diferente dos humanos, ponderou Frankie.

Ela adorava escolher a flor certa para cada evento; divertia-se criando arranjos de plantas, mas, acima de tudo, amava cultivá-las, observando as estações mudarem. Do florescimento espumante e extravagante da primavera aos elegantes tons avermelhados de ferrugem do outono, cada estação trazia suas dádivas características.

— Essas flores são muito bonitas. — Eva observava um grupo de flores cuidadosamente arranjado em um jarro. — Que lindo. Que flor é essa?

— É uma rosa.

— Não, aquela acinzentada.

— *Centaurea cineraria.*

Eva lançou um olhar à amiga.

— E como as pessoas normais a chamam?

— Centáurea-veludo.

— É linda. E você também usou ervilha-de-cheiro. — Sua amiga percorreu a flor melancolicamente com o dedo. — Era a predileta da minha avó. Eu costumava deixar várias ao lado da cama. Elas a faziam se lembrar de seu casamento. Adorei a forma como você dispôs todas elas. Você é muito talentosa.

Frankie ouviu a voz da amiga oscilar. Eva adorava a avó. Sua morte, no ano passado, foi devastadora. Frankie sabia da saudade que a amiga sentia.

Ela também sabia que Eva não gostaria de se sentir assim durante o trabalho.

— Você sabia que a ervilha-de-cheiro foi descoberta por um monge siciliano há duzentos anos?

Eva engoliu seco.

— Não. Você sabe tanto sobre flores.

— Esse é meu trabalho. O que você acha dessa aqui? É uma cenoura selvagem — disse Frankie rapidamente. — Você vai gostar. É perfeita para noivas. Perfeita para você.

— Sim. — Eva tentou se recompor. — Quando eu me casar, vou querer que esteja no buquê. Você faria isso por mim?

— Claro. Vou fazer o buquê mais lindo da história dos casamentos. Só não chore. Você fica péssima quando chora.

Eva esfregou o rosto com a mão.

— Você ficaria feliz por mim? Mesmo não acreditando no amor?

— Se há uma pessoa que pode provar que estou enganada, essa pessoa é você. Você merece um grande amor. Torço para que o Príncipe Encantado apareça num cavalo branco para levar você.

— Seria a maior confusão na Quinta Avenida. — Eva assoou o nariz. — E eu sou alérgica a cavalos.

Frankie tentou não sorrir.

— Com você sempre há um "porém".

— Obrigada.

— Por quê?

— Por me fazer rir ao invés de chorar. Você é a melhor.

— Sei... Bem, você pode retribuir meu favor cuidando dessa situação. — Frankie viu Paige entregar mais um lenço a Robyn. — Ele deu o fora nela, não foi?

— Não há como saber. Podem ser várias coisas. Ou nada. Talvez tenha entrado um cisco no olho dela.

Incrédula, Frankie olhou para a amiga.

— Depois dessa você vai dizer que acredita em Papai Noel e na Fada dos Dentes.

— E no Coelhinho da Páscoa. — Recomposta, Eva puxou um espelhinho de dentro da bolsa e conferiu a maquiagem. — Nunca se esqueça do Coelhinho da Páscoa.

— Como é viver no Planeta Eva?

— É ótimo. E não se atreva a contaminar meu mundinho com suas visões cínicas. Há poucos instantes você estava falando no Príncipe Encantado.

— Foi só para você parar de chorar. Não entendo por que as pessoas se sujeitam a essa situação quando poderiam apenas enfiar uma faca de cozinha no peito e pronto.

Eva deu de ombros.

— Você tem lido livros de terror demais. Por que não tenta um romance?

— Sou mais enfiar a faca de cozinha no peito. — E a sensação era de que já o tinha feito. Frankie estava olhando para Robyn Rose, mas lembrava da mãe sentada no chão da cozinha de casa, fora de si de tanta dor, enquanto seu pai, pálido, literalmente passava por cima dela e saía pela porta, deixando-a sozinha para limpar a bagunça.

Seu olhar permaneceu fixo até sentir Eva deslizar um braço sobre o seu.

— Um dia, provavelmente quando menos esperar, você vai se apaixonar.

Era um comentário típico de Eva.

— Isso nunca vai acontecer. — Sabendo que a amiga era vulnerável emocionalmente, Frankie tentou ser delicada. — Romance tem em mim o mesmo efeito que alho em vampiros. Além disso, adoro ser solteira. E não vem com esse olhar de piedade para cima de mim. Sou solteira por opção, não por condenação. Não estou nessa condição temporariamente, só até aparecer algo melhor. Não sinta pena de mim. Amo minha vida do jeito que é.

— Você não gostaria de ter alguém em quem se aconchegar à noite?

— Não. Assim nunca vou precisar lutar pelo edredom, posso dormir atravessada na cama e posso ler até as quatro da madrugada.

— Um livro não substitui um homem!

— Discordo. Um livro pode oferecer a maioria das experiências que um relacionamento proporciona. Pode fazer rir, pode fazer chorar, pode levá-la a outros mundos e ensinar coisas. Você pode até levá-lo para jantar. E se você se sentir entediada, a fila anda. Praticamente o mesmo que acontece na vida real. — Diferente do pai, a mãe de Frankie nunca se casou de novo. Pelo contrário, ficava com um homem atrás do outro como se fossem descartáveis.

— Você vai me fazer chorar de novo. E a intimidade? Um livro não tem como conhecer você.

— Posso viver sem isso. — Ela não queria que as pessoas a conhecessem. Frankie havia se mudado da pequena ilha onde crescera justamente por esse motivo: as pessoas já sabiam demais sobre ela. Cada detalhe íntimo e profundamente constrangedor de sua vida privada era de conhecimento público.

Paige caminhou até elas.

— A ligação foi do noivo. — A voz dela soou nítida e profissional. — Ele cancelou tudo.

Eva emitiu um som aflito:

— Ah, não! Que notícia péssima.

— Talvez não tanto. — Apesar de já ter adivinhado o que havia acontecido, Frankie sentiu um aperto no estômago. — Talvez ela tenha sido salva pelo gongo.

— Como você pode dizer uma coisa dessas?

— Mais cedo ou mais tarde ele a trairia e partiria seu coração. Melhor agora, antes que filhos, cento e um filhotes de dálmata e espectadores inocentes sofram as consequências e se machuquem também. — Sem querer admitir quão triste se sentia por estar certa novamente Frankie se inclinou e tirou o ramo de cenoura selvagem de dentro do jarro.

— Cento e um filhotes, independentemente da raça, colocariam pressão em qualquer casamento, Frankie — disse Eva.

— E nem todos os homens traem. — Paige checou as horas no celular. O anel de diamante em seu dedo cintilou sob a luz do sol.

Ao vê-lo, Frankie sentiu uma pontada de culpa.

Ela deveria ficar de boca fechada. Eva era uma sonhadora e Paige ficara noiva recentemente. Ela deveria guardar suas opiniões sobre casamento para si mesma.

— Vai ser diferente com você e o Jake — tentou corrigir. — Vocês são um daqueles raros casais que são perfeitos juntos. Pode me ignorar. Sinto muito.

— Não peça desculpas. — Paige gesticulou e o anel brilhou novamente. — Você e eu não queremos a mesma coisa, e está tudo bem.

— Sou uma estraga prazeres.

— Você é filha de pais divorciados. E não foi um divórcio amigável. Todas temos pontos de vista diferentes baseados em nossa própria experiência.

— Ainda assim, sei que exagero. O divórcio sequer era meu.

Paige deu de ombros:

— Mas você testemunhou o fim do casamento deles. Seria loucura pensar que isso não afetou você de alguma forma. É que nem lavar uma meia vermelha com uma camisa branca. Impossível não tingir o branco.

Frankie esboçou um sorriso.

— Nessa analogia aí, eu sou a camisa branca? Pois não sei se as opções de tecido me representariam muito bem.

Eva estudou a amiga:

— Concordo. Diria mais que você é um casaco camuflado.

— Robyn subiu para retocar a maquiagem. — Paige encaminhou a conversa de volta ao trabalho. — As convidadas chegarão a qualquer instante. Vou conversar com elas.

— Vamos cancelar?

— Não. Vamos continuar, mas não será mais um chá de panela. Agora é uma festa. Uma celebração da amizade.

Frankie relaxou um pouco. Amizade era algo mais digno de comemoração.

— Perfeito. Como você conseguiu convencê-la?

— Eu disse que as amizades estão aí para os momentos ruins tanto quanto para os bons. Elas foram convidadas para compartilhar um momento bom, mas, se forem amigas de verdade, estarão firmes ao lado dela no ruim.

— E os momentos ruins são sempre melhores com champanhe, sol e morangos — disse Eva. — Aí vem ela.

Frankie estava indo buscar outro vaso de flores quando Paige a interrompeu com o braço.

— As flores estão lindas. O que você está fazendo?

— As flores devem combinar com o clima da ocasião e essas daí estão nupciais demais.

Sem esperar a aprovação de Paige, Frankie jogou a cenoura selvagem sobre a lama.

Tentou não interpretar isso como um sinal.

—⁓—

As três amigas chegaram em casa mais ou menos uma hora antes do sol se pôr.

Suada, irritada e perturbada com os eventos do dia, Frankie vasculhou a bolsa em busca das chaves.

— Se eu não conseguir entrar em casa nos próximos cinco segundos, vou derreter aqui mesmo.

Paige parou diante da porta:

— Apesar dos pesares, tudo correu bem.

— Ele deu um fora nela — murmurou Eva.

Paige franziu a testa.

— Eu sei. Eu estava falando do evento. Tudo correu bem. A gente deveria comemorar. Jake está vindo para cá. Por que não vamos todos ao terraço para tomar um drinque?

Frankie não estava muito a fim de comemorar.

— Hoje não. Tenho um encontro marcado com um bom livro.

— Ela não ia pensar em como Robyn Rose estava se sentindo. Ela não ia se preocupar se Robyn estava bem, ou se teria a coragem de amar de novo um dia. Isso não era problema dela.

Atrapalhando-se, deixou cair o molho de chaves e viu Eva trocar um olhar com Paige.

— Está tudo bem com você?

— Claro que sim. Só estou cansada. Foi um dia longo no calor.

— E parte do calor veio de ficar exposta ao caldeirão fervente de suas emoções. Frankie pegou as chaves e secou a testa com a palma da mão.

— Você deveria usar saia — disse Eva. — É mais fresco.

— Você sabe que eu nunca uso saia.

— Mas deveria. Suas pernas são lindas.

Frankie deu um golpe cego com a chave na porta, mas ela não abriu:

— Vejo vocês amanhã.

— Certo, mas pensamos que você fosse precisar de uma distração depois do chá de panela, por isso compramos algo. — Paige enterrou a mão na bolsa na qual ela carregava de tudo, desde produtos de limpeza até fita isolante. — Aqui está. — Ela entregou um embrulho e Frankie aceitou, comovida com o gesto das amigas.

— Vocês compraram um livro para mim? — Ela abriu e sentiu um rompante de alegria. Seu mau humor evaporou. — É o novo do Lucas Blade! Só vai ser lançado no mês que vem. Como vocês conseguiram? — Praticamente salivando, ela segurou o volume contra o peito. Frankie queria se sentar e começar a ler imediatamente.

— Eva tem bons contatos.

As covinhas das bochechas de Eva formaram um sorriso:

— Comentei com minha querida Mitzy que você adora o trabalho de Lucas Blade e ela usou seus poderes de avó para forçá-lo a autografar uma cópia. O porquê de você querer ler um livro chamado *A morte retorna* ainda é um mistério para mim. Eu passaria a noite inteira gritando. A única coisa boa nesse livro é a foto dele na contracapa. O cara é insanamente gostoso. A Mitzy quer me apresentá-lo, mas não sei muito bem se quero conhecer um cara que ganha a vida escrevendo sobre assassinatos. Acho que não temos muito em comum.

— O livro tem dedicatória? — Frankie abriu o livro e viu seu nome grafado em caligrafia preta. — Isso é *tão* legal. Eu tinha pensado em comprar na pré-venda, mas o preço é chocante, tamanha a fama dele. Não acredito que vocês fizeram isso por mim.

— Para você a ideia de terror é enfrentar um chá de panela ou um casamento, e mesmo assim você conseguiu — disse Eva —, por isso quisemos recompensá-la hoje à noite. É nosso agradecimento. Se ficar com medo e quiser companhia, é só bater à nossa porta.

Frankie sentiu a garganta apertar. Isso é amizade. Entender alguém.

— Espero que eu sinta medo. Esse é o intuito do livro.

Confusa, Eva balançou a cabeça:

— Eu te amo, mas nunca vou entender você.

Frankie sorriu. Talvez não se trate de entender. Amizade, talvez, seja amar alguém mesmo quando você nem sempre consegue entendê-lo. — Obrigada — murmurou ela. — Vocês são demais.

A chave finalmente deslizou para dentro da fechadura e ela adentrou o santuário de seu apartamento. Fechou a porta e a primeira coisa que fez foi tirar os óculos. A armação era pesada. Delicadamente, Frankie esfregou o nariz com os dedos e percorreu sua linda sala de estar. O espaço era pequeno, mas ela o decorou bem, com bons móveis comprados na internet. Havia um sofá bem estofado que ela resgatara e reformara sozinha, mas o que mais amava ali eram as plantas. Elas povoavam cada superfície disponível, formando um arco-íris verdejante com jatos de cor que conduziam o olhar a um pequeno jardim.

Ela transformara o minúsculo espaço fechado em um refúgio frondoso.

Madressilvas de um dourado flamejante, *Clematis montana*, e trepadeiras se misturavam a uma profusão de espécies suspensas, cujas folhas pendiam. *Vinca* e *Bacopa* enovelavam-se e tombavam sobre o pequeno perímetro de um balcão de cedro que recebia sol em certos momentos do dia e, ao centro da mesinha, havia uma lâmpada marroquina que Frankie escolhera para as noites que preferisse ficar só em vez de se juntar às amigas no terraço.

Uma sensação de paz e calma a envolvera. A ideia de uma noite lendo o livro pelo qual tanto ansiara fez seu humor melhorar.

Essa era sua vida e ela a amava.

O amor, essa montanha-russa de embrulhar o estômago, não era para ela. Disso ela não precisava e, com certeza, não queria. Frankie nunca passara uma noite olhando apaixonadamente para o celular na esperança de que tocasse e nunca havia chorado um lenço sequer, quem dirá uma caixa.

Ela abriu o livro, mas sabia que se lesse a primeira página ficaria presa e antes precisava de um banho.

O dia seguinte era domingo e ela não tinha compromissos. Poderia ler a noite inteira se quisesse, poderia dormir tarde e ninguém se importaria.

Uma das muitas vantagens de ser solteira.

Ela abaixou o livro, pensando no motivo pelo qual todo mundo parecia tão ansioso em abdicar daquela condição tão preciosa.

Por mais que amasse suas amigas, Frankie estava feliz por morar sozinha. Paige e Eva já dividiam há um ano o apartamento em cima do dela e, mesmo com Paige passando mais tempo na casa de Jake, ela ainda ficava pelo menos metade da semana em seu velho quarto. Frankie suspeitava que essa decisão veio tanto do desejo de não deixar Eva sozinha, quanto da necessidade de manter seu próprio espaço.

O desejo romântico que Eva nutria de formar uma família era algo que Frankie entendia, mas do qual não compartilhava. Sua experiência dizia que uma família é algo complicado, enervante, vergonhoso, egoísta e, com muita frequência, doloroso. E quando é a família que a machuca, as feridas de alguma forma são mais profundas e lentas em cicatrizar, talvez porque as expectativas eram diferentes.

Suas experiências na infância e na adolescência influenciaram muito quem ela era e como escolhera viver sua vida.

Seu passado era o motivo pelo qual era incapaz de ir a um casamento sem querer perguntar ao casal se tinham certeza do que estavam fazendo.

Seu passado era o motivo de nunca vestir vermelho, de nunca usar saia e de ser incapaz de manter um relacionamento com um homem.

Seu passado era o motivo de se sentir incapaz de visitar a ilha onde fora criada.

A Ilha de Puffin era um paraíso para os amantes da natureza, mas, para Frankie, havia muitas lembranças e muitos habitantes que julgavam o sobrenome Cole.

E ela não os culpava.

Frankie crescera sob o manto de pecados da mãe e a reputação de sua família foi um dos motivos que a fez se mudar para Nova York. Aqui, pelo menos, quando entrava em uma loja, ninguém fazia fofoca sobre ela. Aqui, ninguém sabia ou se importava por seu pai ter fugido com uma mulher com metade da idade dele ou por sua mãe ter escolhido curar suas inseguranças tendo casos amorosos.

Frankie tinha deixado tudo isso no passado até seis meses antes, quando sua mãe parou de ficar migrando pelo país, de trabalho em trabalho e homem em homem, e se instalou em Nova York.

Depois de anos de ínfimo contato com sua única filha, ela decidira reatar os laços. Frankie achava toda e qualquer interação torturante. E, trançada entre vergonha, raiva e desconforto, havia culpa. Culpa por não conseguir ter mais empatia pela mãe. Sua mãe havia sido a principal vítima das infidelidades de seu pai, não ela. Frankie sabia que deveria ser mais compreensiva. Mas as duas eram *muito* diferentes.

Sempre foi assim? Ou foi Frankie quem tomou um caminho para garantir que se tornassem diferentes? Pois sua lembrança de adolescência mais nítida era a total determinação de não ser nada parecida com a própria mãe.

Depois de tirar a blusa, ela caminhou até a minúscula cozinha e serviu-se de uma taça de vinho. Paige e Eva certamente passarão a noite conversando, dissecando cada momento do evento.

Frankie não queria isso. O processo já havia sido ruim o bastante para relembrar cada detalhe e ela sabia muito bem qual havia sido o problema. O noivo deu um fora na noiva. De acordo com seu raciocínio, se um cadáver tem um buraco de bala no crânio não é necessário fazer autópsia e naquele momento Frankie queria pensar em qualquer coisa menos em casamento.

Debaixo do chuveiro, ela lavou as preocupações do dia.

Poderia ter sido um desastre, mas com sua eficiência de praxe, Paige salvou a situação.

As amigas de Robyn foram incríveis, dando-lhe apoio e dizendo as palavras certas. Houve muita risada regada a champanhe e aos bolos feitos por Eva. Em vez de comemorar um casamento, elas celebraram a amizade.

Frankie se enrolou em uma toalha e saiu do pequeno banheiro.

A amizade era única coisa na qual podia se apoiar.

Onde estaria sem suas amigas?

E mesmo sem vontade de beber e conversar no terraço, saber que elas estavam a apenas poucos passos de distância lhe trazia conforto.

Ela ia se deitar com seu livro e se perder.

Vestiu calça legging e camiseta, colocou um pouco de queijo num prato e se sentou para ler. Imersa em outro mundo, ela quase saltou para fora do corpo quando um estrondo veio da cozinha.

— Cacete!

Arrancada de um mundo de horror fictício, demorou um instante até que Frankie recuperasse a lógica e dissesse a si mesma que fora apenas um de seus vasos de erva cuidadosamente equilibrados no parapeito da janela que havia caído.

Ela nem precisava pesquisar o motivo do acidente: já sabia.

Não era um *serial killer*, mas sim um gato.

— Garrinhas? É você? — Com o livro ainda nas mãos, ela atravessou a cozinha, viu terra e pedaços de terracota espalhados pelo chão e uma gata da cor laranja com o rosto aterrorizado. — Ei... Você precisa começar a prestar atenção por onde anda.

Com o pelo quase na vertical de tão eriçado, a gata saiu em disparada para debaixo da mesa da cozinha e ficou observando Frankie de uma distância segura.

— Você se assustou, é? Saiba que quase me matou de susto.

— Com calma, Frankie colocou o livro sobre a mesa e se agachou para limpar a bagunça. A gata se encolheu ainda mais sob a mesa.

— O que você está fazendo aqui embaixo? Cadê o Matt? Ele vai trabalhar até mais tarde hoje?

Matt, irmão mais velho de Paige, era proprietário do prédio e ocupava dois andares de cima. Era ele, arquiteto paisagista, quem havia encontrado, anos antes, a antiga e negligenciada propriedade tradicional de pedra marrom e quem lindamente a convertera em três apartamentos. Os quatro viviam ali em quase perfeita harmonia. Junto com a gata que Matt adotara.

Depois de recolher os cacos de vaso e a terra, Frankie foi buscar uma latinha de comida para gato. Ela continuou a falar com Garrinhas, cuidadosa para não fazer movimentos bruscos:

— Você está com fome?

A gata não saiu do lugar, por isso Frankie abriu a lata e colocou a ração na tigela que comprara depois da primeira visita da felina.

— Vou deixar aqui. — Ela devolveu a tigela ao chão.

Garrinhas se aproximou com a precaução desconfiada que sempre nutrira em relação a humanos.

Como era alguém que agia da mesma forma em relação às pessoas, Frankie simpatizava com a gata.

— Não sei por que você desceu, mas cuidado onde pisa. Não vá se machucar, ok? — Embora fosse tarde demais para dizer isso. Frankie sabia que Garrinhas havia sido abusada e abandonada antes de Matt adotá-la. O resultado disso era que a gata não confiava em ninguém além de Matt e ainda assim o arranhava caso fizesse movimentos bruscos.

Garrinhas farejou a tigela com cautela e Frankie recuou, dando espaço a ela.

Fingindo ignorá-la, ela completou sua taça de vinho, cortou mais algumas fatias de queijo e se sentou à mesa da cozinha, que havia sido um presente de *open house* de suas amigas. Era seu lugar favorito para se sentar, especialmente pelas manhãs. Frankie gostava de abrir as janelas e observar a luz do sol correr sobre o jardim. Era um local com iluminação privilegiada, que captava luz e calor desde cedo.

— Acho que a gente deveria comemorar. — Ela ergueu a taça.
— À solteirice. Posso ir aonde quero, fazer o que quero, não dependo de ninguém. Eu guio meu próprio barco pelas águas que decidir navegar. Minha vida é ótima.

Com um olho em Frankie, Garrinhas farejou a comida novamente.

Por fim, começou a comer e Frankie ficou surpresa com a sensação de satisfação que sentia pelo bichinho começar a confiar nela. Talvez ela devesse ter uma gata também.

Diferente dos humanos, os gatos entendem a noção de espaço pessoal.

Ela abriu o livro e voltou a ler de onde tinha parado.

Estava no meio do terceiro capítulo quando ouviu uma batida à porta.

Garrinhas congelou.

Frankie enfiou um pedaço de papel dentro do livro tentando controlar a irritação por ser interrompida.

— Deve ser a Eva ou a Paige, então não precisa ficar brava. O vinho delas deve ter acabado. Não quebre nenhum dos meus vasos enquanto atendo a porta.

Ela abriu a porta:

— Vocês beberam tanto que não conseguem... ah...

Matt estava de pé no corredor, ainda que "de pé" não seja a expressão exata, pensou Frankie. Ele praticamente preenchia o espaço inteiro. Tinha mais de 1,80m de atura, os ombros largos e fortes por conta do peso que carregava no trabalho. Poderia ser intimidador, mas um leve sorriso surgiu no canto de sua boca e suavizou os excessos de sua masculinidade. Havia uma dúzia de motivos para uma mulher olhar melhor para Matt Walker, mas era aquele sorriso atraente, de derreter os ossos, o que lhe garantia nunca ficar sozinho.

— Até agora, ainda não bebi uma gota sequer. Espero resolver esse problema em breve. — Ele levou o olhar de Frankie para a porta. — Você deveria usar aquela corrente de segurança que instalei para você.

— Normalmente uso. Pensei que fosse a Paige.

O cheiro dele é ótimo, pensou ela. Como chuva de verão e brisa marinha. O aroma a fazia querer enterrar o rosto em seu pescoço e aspirá-lo inteiro.

Frankie se perguntava quem, dos dois, ficaria mais constrangido.

Ela, com certeza. Matt não era o tipo de cara fácil de se constranger.

— Estou te atrapalhando? — Ele viu que o cabelo dela estava úmido e, percebendo o olhar, ela o arrumou.

Quando estava molhado, o cabelo de Frankie ficava com um tom não muito lisonjeiro. "Ferrugem" disse um menino certa vez, na escola, depois que ela tomou uma chuva forte. Quando enrubescia — o que estava acontecendo naquele momento graças a sua imaginação fértil —, a cor de seu rosto se chocava horrivelmente com a do cabelo.

— Você não está me atrapalhando, mas se estiver procurando por Paige e Eva, elas estão no terraço da cobertura.

— Eu não estava procurando por elas. Perdi minha gata. Você a viu por aí?

— Ela está aqui. Entre. Abri um vinho. — Frankie fez o convite sem pestanejar, pois se tratava de Matt. Matt, quem ela conhecia de toda uma vida e em quem confiava.

— Você está me convidando para entrar? — Os olhos dele brilharam. — Que honra. É sábado à noite e sei o quanto você preza por seu próprio espaço.

O fato de ele a conhecer tão bem era um dos fatores que tornava a relação entre os dois tão fácil e confortável.

— Você tem privilégios de proprietário.

— E isso existe? Não sabia. Quais outros direitos de proprietário eu não tenho aproveitado?

— Uma taça de vinho de vez em quando está, com certeza, na lista. — Ela abriu ainda mais a porta e Matt entrou no apartamento.

O olhar de Frankie se prolongou nos ombros dele. Afinal, ela também é de carne e osso, não é mesmo? E Matt tinha ombros incríveis. Ombros do tipo que dá para se agarrar, para quem gosta disso. Frankie não gostava. Mesmo assim, não havia como negar que aquele homem era atraente visto de todos os ângulos, até de costas. Obviamente, o fato de Frankie achá-lo atraente era um segredo e assim permaneceria.

Frankie podia aproveitar sua fantasia secreta, segura de que nunca ninguém a descobriria.

Ela fechou a porta.

— Como você conseguiu perder a gata?

— Deixei a janela aberta, mas até hoje ela nunca havia tido coragem de sair por lá. Não sei se fico feliz por ela finalmente ter audácia para explorar o mundo ou se fico preocupada por ela sentir a necessidade de fugir de mim.

— Hum, acho que vai depender se esse foi ou não um evento isolado. As mulheres costumam querer fugir de você? — *Não*, pensou ela. *É claro que não.*

— O tempo todo. Isso acaba com a minha autoestima. — Matt estava tranquilo e relaxado e o coração de Frankie bateu em falso, como sempre fazia perto dele.

Ela o ignorou, como de costume.

A contrário de sua mãe, ela não achava que o desejo sexual era um impulso que precisava ser safisteito. Frankie preferia ter uma amizade de longa data do que um encontro sexual de curta duração. Na verdade, havia um milhão de atividades mais atraentes do que sexo, que ela sempre vira como algo repleto de complicações, expectativas surreais e pressão.

Se dessem notas para o desempenho sexual das pessoas, você ganharia um dois e meio, Cole, e sem nenhum prêmio de consolação.

Ela franziu a testa, tentando entender por que essa lembrança surgira agora em sua mente.

O cara que disse isso foi um completo babaca. Ela não ia gastar seu precioso tempo pensando num sujeito cujo ego era tão gigante que seria necessário alugar uma casa para abrigá-lo.

Matt, por sua vez, era um bom amigo. Ela o via quase todos os dias, às vezes no terraço da cobertura — onde se encontravam para tomar drinques ou ver filmes —, às vezes no Romano's, o restaurante italiano do bairro cuja dona era a mãe de Jake.

A amizade dos dois era uma das relações mais importantes de sua vida.

Um dos motivos pelos quais ela tolerava a gata.

— Acho que você deveria se sentir feliz por ela ter vindo até aqui. Mostra que está ganhando confiança aos poucos. Com sorte talvez ela um dia pare de tentar arrancar nossa pele com as garras.

Ela está na cozinha. — Frankie foi até lá e Matt a seguiu, observando a profusão de vasos no parapeito.

— Você está cultivando ervas?

— Algumas. Manjericão de folha larga e salsinha italiana. Estou cuidando para Eva.

— Existe uma salsinha italiana? Eu sempre viajava para a Itália com a faculdade e nunca fiquei sabendo disso. — Ele caminhou até a janela e olhou para a pequena horta. — Você fez um belo trabalho com o apartamento. Tenho sorte de ter você como inquilina.

Os dois costumavam conversar sobre muitos assuntos, mas Matt raramente fazia comentários de cunho pessoal. Frankie detestava o fato de isso a deixar tão inquieta.

— Quem tem sorte sou eu. Se não fosse por você, eu estaria vivendo em um apartamento do tamanho de uma caixa de sapatos e precisaria guardar minhas roupas dentro do forno. Você sabe como as coisas são em Nova York. — Envergonhada, ela se agachou para fazer carinho na gata e Garrinhas saiu correndo para baixo da mesa em busca de abrigo. — Ops. Fui rápida demais. Ela fica nervosa.

Matt se virou:

— Ela está melhorando. Há alguns meses ela sequer teria vindo visitar você. — Matt se sentou em uma das cadeiras da cozinha, Garrinhas se aproximou imediatamente e pulou em seu colo. — Obrigado por dar comida a ela.

— De nada. — Frankie observou Garrinhas se espreguiçar lentamente. A gata perdeu o equilíbrio e colocou as garras de fora, mas Matt levou a mão às costas dela, segurando-a firmemente contra o músculo rígido da coxa.

Frankie olhou fixamente para aquela mão, para as lentas e reconfortantes carícias de seus dedos e sentiu seu corpo esquentar.

— Algum problema, Frankie?

— Oi? — Frankie ergueu os olhos dos movimentos hipnóticos dos dedos de Matt e encontrou seu olhar descontraído.

— Você está encarando a gata.

Gata? A gata.

— Eu... — Ela havia parado de prestar atenção na gata há um bom tempo. — Ela ainda está magra.

— O veterinário disse que vai levar um tempo para ela recuperar o peso que perdeu ficando trancada naquele quarto. — Havia um tom sombrio na voz dele, o que lembrava Frankie que até a paciência de Matt tinha limites. Em seguida, ele sorriu. — Eu nunca vi você com essa camiseta. Essa cor combina com você.

— O quê? — Desnorteada pelo sorriso e pelo comentário, ela olhou para Matt.

Frankie jamais pensaria que Matt estivesse zombando dela, então isso queria dizer que...

— Você está querendo alguma coisa? — Ela olhou diretamente nos olhos dele. — Pode pedir logo de uma vez. Não precisa vir com esse papinho de "você fica tão bem com essa camiseta" para me amolecer. Sou grata a você por viver no melhor apartamento do Brooklyn e, além disso, nos conhecemos há uma eternidade, então pode pedir o que for que eu digo "sim".

— Mais um privilégio de proprietário? — Ele levantou a gatinha delicadamente e a colocou no chão. — Você não devia ter me dito isso. Talvez eu queira evocar essa cláusula de nosso acordo.

Matt estava flertando com ela?

Frankie ficou confusa.

Ela sempre soube em que pé sua relação com Matt estava, mas, de repente, se viu em território desconhecido.

É claro que ele não estava flertando. Eles nunca flertavam. Ela sequer sabia como flertar. Sua especialidade — aperfeiçoada ao longo de uma década — era afastar os homens, não encorajá-los.

De qualquer forma, Matt nunca se interessaria por ela. Ela não era sofisticada ou vivida o bastante.

Frankie precisava dizer algo leve e engraçado para restaurar o clima, mas teve um branco.

Matt a observava sem se mexer:

— Foi um elogio, Frankie. Você não precisa buscar armadilhas por trás das minhas palavras. Basta agradecer e vida que segue.

Um elogio?

Mas por quê? Ele nunca a elogiava.

— Essa camiseta tem uns cinco anos. Não é tão especial assim.

— Eu não disse que gosto da camiseta. Eu disse que gosto de como ela cai em você. Eu elogiei *você*, não o que está vestindo especificamente. E aquele vinho? — Matt mudou delicadamente de assunto e Frankie se virou para alcançar a garrafa, frustrada consigo mesma.

Por que precisava transformar essa situação em uma tempestade em copo d'água? Flertar é tão difícil assim?

Eva teria a resposta perfeita na ponta da língua. E Paige também.

Ela era a única que não fazia ideia do que dizer ou fazer. Ela precisava comprar um manual. *Como flertar? Como não fazer papel de besta perto de um homem?*

— É um Montepulciano. Ou você prefere uma cerveja?

— Uma cerveja me parece ótimo.

Frankie se inclinou e pegou uma cerveja na geladeira, forçando-se a relaxar. Ela vai procurar "como flertar" na internet. Ela vai treinar algumas respostas para que isso nunca mais aconteça. Se por ventura um cara elogiá-la, ela pelo menos saberá como responder, em vez de responder como se cada comentário fosse um vírus de computador.

— Como foi seu dia?

— Já tive melhores. — Ele abriu a cerveja. — Trabalho demais, tempo de menos. Lembra daquele negócio que fechei há uns meses?

— Você fechou vários negócios, Matt.

— Um terraço de cobertura no Upper East Side.

— Ah, sim, lembrei. — A conversa melhorou. Sã e salva. — Foi um negócio e tanto. Aconteceu algo com o plano?

— Não com o plano. Com ele está tudo bem. O que vai mal é que Victoria foi embora ontem.

Frankie e Victoria fizeram treinamento juntas no Jardim Botânico e fora Victoria quem recomendara Frankie a Matt.

— Ela não precisava dar um aviso prévio?

— Tecnicamente sim, mas a mãe dela ficou doente e eu lhe disse para esquecer o trabalho e voltar para casa.

Típico do Matt. Ele é do tipo de homem que sabe a importância da família. A dele era uma unidade de laços estreitos, não uma bagunça toda fragmentada como a de Frankie.

— Mas ela não pretende voltar logo?

— Não. Ela vai voltar para Connecticut, para ficar perto da mãe.

— O que deixará você sem uma horticultora bem no meio de um projeto enorme. — Terraços de cobertura eram a especialidade de Matt e seus projetos iam de residências a grandes propriedades comerciais. — E o resto da equipe?

— O James é especialista em paisagismo bruto e Roxy, por mais atenta e empenhada que seja, não tem treinamento formal. Victoria começou a ensinar o básico, mas ela não tem habilidade o bastante para criar um projeto sozinha. — Matt apoiou a garrafa sobre a mesa. — Vou ter que recrutar alguém e vou ter que torcer para ter sorte. Rápido. — Ele deu mais gole na cerveja e Frankie não tirou os olhos da forte coluna de sua garganta, bem como da barba escura e por fazer no maxilar. Matt era arrebatadoramente bonito; seu corpo era firme e forte. Ele passava metade do dia trabalhando com as mangas arregaçadas, coberto de terra, mas, mesmo vestido casualmente, seu senso inato de estilo transparecia. Foi esse olhar discreto e estiloso que o ajudou a erguer seus negócios.

Se Frankie *tivesse* interesse em relacionamentos, ele seria o primeiro candidato da lista.

Mas ela não tinha. Definitivamente não.

A sabedoria popular diz que cada um joga com as armas que tem, não é mesmo? Pois bem, Frankie era muito, muito ruim com relacionamentos.

Matt colocou a cerveja novamente sobre a mesa e, por um breve instante, seus olhos se encontraram com os dela. Ele lhe ofereceu um olhar cheio de intimidade, o que fez o coração e a respiração de Frankie acelerarem.

Droga, seus pensamentos estavam lhe pregando peças.

Frankie tinha uma mente hiperativa, cortesia de uma vida sexual um tanto parada.

Ela desviou o olhar:

— Conheço bastante gente. Vou dar alguns telefonemas. Fazer terraços de cobertura exige habilidades especiais. Não é só plantar umas flores bonitinhas. É preciso árvores e arbustos para dar cor o ano inteiro.

— Exatamente. Preciso de alguém que entenda as complexidades do projeto. Alguém habilidoso e de fácil convívio no trabalho. Somos uma equipe pequena. Não temos espaço para egos inflados e exibicionistas.

— Claro, entendo. — Era tão idiota ficar afobada perto do Matt, já que se conheciam desde sempre. O fato de ele ter amadurecido de um moleque magricela para um homem insanamente maravilhoso não devia afetá-la tanto assim.

Ele era o irmão mais velho de sua melhor amiga e os dois cresceram na mesma ilha na costa do Maine. Ele vivera as mesmas frustrações da vida em cidade pequena, mesmo que sua trajetória não tenha sido nada parecida com a dela. Ninguém passou pelo mesmo que Frankie.

Depois que o caso extraconjugal de seu pai se tornou público, a resposta da mãe de Frankie foi ter seus próprios casos. Ela dizia a todos que havia se casado jovem demais e que estava a fim de correr atrás do tempo perdido. Em uma tentativa de redescobrir sua juventude e confiança, cortou o cabelo curtinho, perdeu dez quilos e começou a pegar as roupas de Frankie emprestadas. Não havia homem jovem demais, velho demais ou casado demais que escapasse à atenção de sua mãe.

Frankie logo descobriu que a reputação não era necessariamente algo a se conquistar. Era possível herdar uma.

Não importava o que fizesse, na Ilha de Puffin ela sempre seria a filha "daquela mulher".

Era como se sua identidade tivesse se fundido à da mãe.

Alguns meninos da escola presumiram que ela era o atalho para uma vida de aventuras sexuais. Um deles, em particular.

Frankie afastou essa lembrança e se concentrou em Matt ao dizer:

— Quer comer alguma coisa? Não tenho as habilidades da Eva, mas tenho ovos e ervas frescas. Uma omelete?

— Seria ótimo. E enquanto você prepara, vai me contando do seu dia ruim. Paige me disse que vocês fizeram um chá de panela. — Matt pegou a cerveja. — Imagino que não seja seu tipo de evento predileto.

— Nisso você tem razão. — Ela não quis se dar ao trabalho de negar. Era inútil, já que Matt a conhecia melhor do que qualquer pessoa.

— O que aconteceu?

— Ah, você sabe... o de sempre. O noivo desistiu, a noiva chorou, blá-blá-blá... — Ela quebrou os ovos em uma tigela, mantendo o tom sempre firme, fingindo não estar nem aí enquanto, na verdade, tinha a impressão de ter passado a tarde dentro de uma batedeira elétrica. Suas emoções estavam remexidas. Apesar de seus grandes esforços para reprimi-las, as lembranças a devoravam. Sua mãe ateando fogo ao álbum de casamento e cortando o vestido com uma tesoura. O encontro de família agonizante por conta do aniversário de 80 anos da avó de Frankie, no qual o pai levou a namorada nova e passou a tarde inteira com a mão dentro da saia dela. — Paige salvou o dia, é claro. Ela transformou uma tempestade em calmaria. A comida estava ótima, as flores espetaculares e os pais da noiva pagaram a conta, então tivemos um final feliz. Ou o mais próximo que é possível chegar de um final feliz na vida real. — Ela pegou um garfo na gaveta e bateu os ovos do jeito que Eva lhe ensinara, até ficarem leves e macios.

— Você deve ter detestado cada minuto.

— Cada segundo. E agosto parece não passar de um imenso chá de panela. Se não tivéssemos acabado de abrir a empresa, eu iria precisar de férias prolongadas. — Ela podou uma seleção de ervas dos vasos no parapeito. Além de salsinha e manjericão, havia cebolinha e estragão em uma mistura profusa e aromática de verdes que transformavam sua pequena cozinha em um verdadeiro jardim. Ela os picou e acrescentou aos ovos. — Comecei até a me lembrar de coisas que não me ocorriam há séculos. Por que isso acontece? Eu fico doida.

O olhar de Matt era caloroso e cheio de simpatia.

— É isso que as lembranças fazem com a gente. Elas surgem quando menos esperamos. São inconvenientes.

— São irritantes. — Ela colocou um pouco de manteiga na frigideira, esperou chiar e então despejou os ovos. — Não sou boa com casamentos. Eu não deveria trabalhar nesse ramo. Sou uma estraga-prazeres.

— Nunca imaginei que alguém pudesse ser bom ou ruim com casamentos. Eu achava que era só comprar um presente, aparecer e sorrir.

— Dou conta das duas primeiras tarefas. Meus problemas são com a última. — Frankie remexe a panela, espalhando a mistura igualmente na superfície.

— Sorrir?

— Sim, as pessoas esperam que você seja um misto de líder de torcida e *groupie*. O humor tem que ser feliz e empolgante, mas a minha vontade é de mandá-los fugir enquanto há tempo. Torço para que um dia a Gênio Urbano tenha sucesso suficiente para recusar casamentos e possa focar apenas em eventos corporativos. Acho que sou alérgica a casamentos da mesma forma que certas pessoas são alérgicas a picadas de abelhas. — Enquanto os ovos fritavam, Frankie preparou uma salada verde simples, temperou-a com azeite de oliva e vinagre balsâmico e colocou-a sobre a mesa.

— Então a única forma de você dizer "aceito" seria tomando uma injeção de adrenalina? — Havia um tom bem-humorado na voz de Matt e Frankie sorriu em retribuição enquanto soltava as bordas da omelete e a dobrava no meio. A superfície estava dourada e de formato perfeito.

— Eu precisaria de mais do que adrenalina. A chance de eu dizer essas palavras é a mesma de sair nua pela Times Square. — Ela pegou a taça e bebeu um gole de vinho. — Olha só para a gente. É noite de sábado e você está passando o tempo na cozinha da minha casa com sua gatinha maluca. E comigo. Você precisa arranjar o que fazer, Matt.

Ele colocou a cerveja sobre a mesa.
— Gosto da minha vida.
— Você está no melhor momento dela. Era para estar num encontro com quatro louras suecas.
— Isso me parece bem trabalhoso. E também como algo que Eva diria, não você.
— Sim, bem, às vezes tento soar normal. — Frankie tomou mais um gole de vinho. — Estamos em um planeta alienígena, é bom tentar se misturar aos locais.
— Você não está em outro planeta, Frankie. E não precisa ser diferente do que é. Não comigo.
— É porque você já conhece todos os meus segredos, inclusive o fato de que a camiseta que estou vestindo tem cinco anos. — Ela deslizou a omelete perfeita em um prato, acrescentou uma porção de torradas e o entregou a Matt. — Pode me ignorar. Estou meio estranha hoje à noite. É o efeito da palavra *casamento*. Essa conversinha toda de contos de fada me tira do sério. — E estar com Matt também. Estar perto dele fazia a alegria cintilar por sua pele e o desejo arder em seu corpo. Ela reconhecia os efeitos da atração sexual. Ela só não sabia como lidar com esse sentimento.

O telefone de Frankie tocou, ela conferiu o número no identificador de chamadas e ignorou a ligação.

Bem na hora. Se houve um momento em sua vida em que ela precisou ser arrancada de uma fantasia sexual, era aquele exato momento.

Matt lançou-lhe um olhar.
— Você não quer atender?
— Não.
A curiosidade cedeu lugar à compreensão:
— Era sua mãe?

— Sim. Ela está tentando se aproximar de mim, mas isso envolve contar sobre seu último namoradinho de vinte e poucos anos e hoje à noite não estou com ânimo para isso. É sábado. Ninguém invade meu espaço assim.

— Eu estou invadindo seu espaço.

O coração de Frankie deu um leve chute.

— Você é dono do espaço.

— E voltamos ao tema dos privilégios de proprietário. — Matt lançou um olhar demorado a Frankie. Depois, pegou o garfo e começou a comer. — A sua mãe já sabe que você perdeu o emprego e criou a Gênio Urbano?

— Não.

— Você tem medo de que ela faça um estardalhaço? Minha mãe sempre fala que uma mãe nunca deixa de se preocupar com os filhos, Paige deve ter comentado isso com você.

Frankie sentiu uma pontada.

— Minha mãe não faria um estardalhaço. Ela não se interessa muito pelo que faço. Como você sabe, não somos próximas.

— E você queria que fossem?

— Não. — Ela jogou as cascas de ovo no lixo. — Não sei. Talvez. Faz anos desde nossa última conversa decente. Na verdade, nem sei se já tivemos alguma. A maioria das nossas trocas verbais se deram em torno dos temas "vá escovar os dentes" e "não se atrase para a escola". Não me lembro de conversarmos sobre algo de verdade. — Talvez viesse daí sua própria incapacidade. Ou talvez Frankie seja naturalmente uma pessoa reservada. — Vamos mudar de assunto.

Ele olhou à volta.

— A maioria das pessoas mantém potes e panelas na cozinha. Você tem estantes de livros.

— Não tem espaço para eles na sala de estar. Além disso, adoro livros. Algumas pessoas gostam de olhar para pinturas. Eu gosto de olhar para livros. O que você está lendo no momento? — Ela ficou mais relaxada. Livros eram um assunto recorrente entre os dois. Era um tema confortável e seguro.

— Faz um mês que não leio nada. Ando cheio de trabalho. Quando meu corpo encosta na cama, já estou inconsciente. — Ele deu mais uma garfada e voltou a observar a prateleira de livros. — Qual é aquele marrom, ali no final? Não consigo enxergar o título. — Seu tom de voz era casual e Frankie seguiu a direção do olhar de Matt.

— Stephen King. *A dança da morte*. Quer emprestado?

— Não, eu tenho esse, mas valeu. — Ele respondeu com um olhar reflexivo e em seguida voltou a atenção à comida.

Frankie tinha a sensação de não estar entendendo algo.

— Está tudo bem?

— Está tudo ótimo. A omelete está fantástica. Eu não sabia que você era uma cozinheira de mão cheia.

— Comida é sempre melhor quando não é a gente mesmo quem prepara.

— Você não vai comer?

— Comi um pouco de queijo enquanto começava a ler um livro novo. Comida de leitura.

Ele espetou o garfo na salada:

— Comida de leitura?

— Comida que você pode comer enquanto lê. Comida que não exige sua atenção. Que pode ser comida com uma das mãos enquanto você vira as páginas com a outra. Você não sabe o que é comida de leitura?

— Falha minha. — Havia um leve sorriso em seus lábios. — O que mais qualifica uma comida de leitura?

Ela se sentou e ajeitou o cabelo sobre os olhos.

— Pipoca, é claro. Chocolate, se você quebrar os quadradinhos antes. Salgadinhos. Sanduíches de queijo quente se você cortar em pedacinhos.

Ele se esticou até o outro lado da mesa e pegou o livro que ela estava lendo.

— O último do Lucas Blade? Eu pensei que só ia sair no mês que vem.

— Consegui uma cópia antecipada. Acontece que a cliente favorita da Eva é avó dele. É um dos benefícios de nossa amizade.

— Bem, agora entendo por que você precisa comer enquanto lê. Vou pegar emprestado quando você terminar. Adoro o trabalho dele. Então era isso o que você estava fazendo quando bati? Você estava sentada aqui lendo?

Frankie confirmou com a cabeça:

— Estou na metade do capítulo três. É viciante.

Matt devolveu o livro cuidadosamente à mesa.

— Posso perguntar uma coisa?

— Claro. Mas ainda não adivinhei qual vai ser a reviravolta na trama, caso você queira saber.

— Não é isso. — Ele terminou de comer e colocou o garfo sobre a mesa. Houve um instante de silêncio. O coração de Frankie começou a bater um pouco mais forte.

Sua expressão era grave, mas, se fosse algo sério, teria dito imediatamente.

— Matt?

Ele empurrou o prato e ergueu os olhos.

— Há quanto tempo você usa óculos sem precisar?

Meu Deus.

Ele disse mesmo o que ela achou que ele disse?

O que responder? Ela olhou para ele estupidamente:

— Oi? Como assim?

— Você estava lendo quando cheguei, mas vi seus óculos no móvel da entrada, então não tem como você ter hipermetropia. Você poderia ser míope, é claro, mas você acabou de ler o título daquele livro na estante sem qualquer dificuldade. Isso me leva a crer que você não tem nenhum dos dois problemas de visão. — O tom de Matt permaneceu neutro. — Você não precisa de óculos, não é mesmo?

Abalada, Frankie levou a mão ao rosto.

Os óculos. Ela se esqueceu de colocar os óculos.

Ele se lembrou de tirá-los quando chegou em casa naquela noite, mas não os colocou de volta, pois não imaginou que teria companhia.

— Eu preciso deles. — E agora, o que fazer? Ela poderia se fazer de vesga e esbarrar numa cadeira, mas já era tarde demais. — É complicado. — Que tosca, Frankie. Que *tosca*.

— Tenho certeza disso. — O tom de Matt era gentil. — Mas o motivo para você precisar deles não tem nada a ver com sua visão, não é mesmo?

Ele sabia.

Frankie foi tomada de horror. Era como chegar no trabalho e perceber que tinha esquecido de se vestir.

— Você terminou de comer, então é melhor ir embora. — Com o rosto em chamas, ela puxou o prato da frente dele. — Garrinhas está arranhando o sofá. Além disso, preciso voltar para o meu livro.

Livro este que podia ser lido perfeitamente sem óculos.

Matt não saiu do lugar:

— Não vamos conversar sobre isso?

— Não há nada para conversar. Boa noite, Matt. — Ela queria tão desesperadamente que ele fosse embora que esbarrou na cadeira da cozinha a caminho da porta. Frankie quase riu com tamanha ironia. Se tivesse acontecido antes, ele nunca teria percebido. — Tenha uma excelente noite.

Ele se levantou lentamente e a seguiu.

— Frankie... — De alguma forma, a bondade em seu tom de voz intensificava a humilhação.

— Boa noite. — Ela o empurrou porta a fora e Garrinhas foi atrás, nem um pouco impressionada com o nível de hospitalidade.

Frankie bateu a porta, quase prendendo a mão de Matt.

Então se apoiou contra ela e fechou os olhos.

Droga, droga e *droga*.

Sua máscara estava total e definitivamente arruinada.

Matt entrou em casa e jogou as chaves sobre a mesa.

Ele conhecia Frankie desde que tinham 6 anos e, nos últimos dez anos — desde que ela se mudara para Nova York —, ela vinha sendo uma constante em sua vida. Ele não apenas a conhecia, ele *sabia quem ela era*. Sabia que ficava vermelha com facilidade e que sempre usava protetor solar. Sabia que ela detestava tomate, filmes românticos e o metrô. Sabia que ela era faixa preta de caratê. E Matt não sabia apenas dos fatos mais básicos. Ele tinha conhecimento de coisas mais profundas. De coisas importantes. Como o fato de a relação de Frankie com a mãe ser complicada e o quanto o divórcio dos pais a afetou.

Ele sabia de todas essas coisas, mas, até esta noite, não tinha se dado conta de que ela não precisava dos óculos que sempre usava.

Matt esfregou o rosto com a mão. *Como ele não tinha percebido antes?*

Frankie usava aqueles óculos desde sempre e ele nunca questionara por que ela precisava deles. Ele havia notado que ela os ajeitava sempre que uma situação a deixava nervosa ou desconfortável, como se a oferecessem algum tipo de segurança, mas nunca entendera o porquê disso. Eles deviam ser a coisa mais feia que Matt já vira. A armação era grossa, pesada e de um tom marrom nada agradável, como se tivessem sido enfiados numa poça de lama. Eles eram bem pouco atraentes e, conhecendo Frankie como conhecia, Matt tinha certeza de que esse era o motivo por que os escolhera. Os óculos eram uma armadura. Arame farpado, para afastar invasores.

Relacionamentos, pensou ele. Havia algo mais complicado na vida?

Garrinhas se esfregou contra suas pernas e Matt se inclinou para acariciá-la.

Quem ia ser o emissário das más notícias, informando Frankie de que ela era muito linda com ou sem os óculos? O fato de ela parecer negligenciar isso só a tornava ainda mais atraente. Havia tanto que ela desconhecia sobre si...

A gata saltou sobre o sofá, cravando suas garras nele, ao que Matt deu uma risada mesmo sem achar graça.

— Sim, ela provavelmente faria o mesmo se eu lhe dissesse isso. Ela enfiaria as garras em mim. E iria se esconder debaixo da mesa da cozinha. Vocês duas têm muito em comum.

Depois de pegar uma cerveja na geladeira, Matt subiu os degraus que levavam ao terraço da cobertura.

O sol que se punha lançava estilhaços de vermelho e laranja sobre a silhueta de Manhattan.

Nova York era a cidade dos bairros famosos, dos arranha-céus, das buzinas estridentes dos táxis, do vapor sibilante e dos ruídos sem fim dos canteiros de obras. Era a cidade dos pontos turísticos icônicos: o Empire State, o Chrysler, o Flatiron. Era o destino dos sonhos de muita gente e Matt entendia o motivo. Os turistas que pisavam ali tinham a impressão imediata de serem figurantes em um set de filmagem. Eles apontavam para todos os lados: *Foi ali que filmaram* Homem-aranha ou *É ali que Harry e Sally foram feitos um para o outro.*

E era uma cidade de indivíduos. Os ricos, os pobres, os solitários, os ambiciosos. Solteiros, famílias, locais e turistas: todos se misturavam nessa faixa de terra cercada por água.

— Você vai ficar aí a noite inteira admirando seu reino ou vai dividir uma cerveja comigo?

Matt virou-se bruscamente e viu Jake esparramado em uma das espreguiçadeiras com uma cerveja na mão. Ele xingou baixinho:

— Quer me matar de susto?

Jake deu risada:

— O quê? Um cara durão como você? Jamais.

— O que você está fazendo aqui? — Normalmente ele ficaria feliz de ver seu amigo, mas, naquele momento, queria espaço para processar o novo dado sobre Frankie. O que mais ele desconhecia sobre ela? *O que mais ela escondia?*

Jake ergueu a garrafa na direção de Matt:

— Estou bebendo sua cerveja e curtindo a sua vista. É a melhor do Brooklyn.

— Você tem sua própria cobertura. E sei disso, pois fui eu quem a projetou. Você também tem suas próprias cervejas.

— Eu sei, mas minha cobertura e minha cerveja não vêm junto com sua companhia maravilhosa.

— Até onde eu sei, era a companhia maravilhosa da minha irmã que estava ocupando a maior parte de seu tempo e sua atenção. — Matt viu Jake abrir a boca para responder e o cortou rapidamente. — Nem pense em contar com o que vocês têm ocupado seu tempo e atenção. Dispenso os detalhes. Ainda estou me acostumando com a ideia de vocês dois juntos.

— Você será meu cunhado. É oficial. Vai ter cerimônia e tudo. De certo modo, você está se casando comigo.

Matt quase esboçou um sorriso:

— Vou entrar com um pedido de divórcio.

— Sob qual alegação?

— Conduta insensata. Arrombamento, invasão e... — ele olhou para a cerveja — roubo e apropriação indébita.

— Eu sempre disse que você seria um ótimo advogado. — Jake se encostou na espreguiçadeira e fechou os olhos. — Teve um dia ruim?

Não teve nada de errado com o dia. Foi a noite que não saiu como planejado.

Matt se deitou na espreguiçadeira ao lado do amigo.

— Você já teve a impressão de conhecer alguém e descobriu que na verdade não conhecia?

— Todo santo dia. Como ela se chama?

— O que faz você pensar que é uma mulher?

— Se você achava que conhecia alguém e descobriu que não, essa pessoa só pode ser do sexo feminino. A esfinge é uma mulher. É seu dia de sorte, pois o titio Jake está aqui para te dar conselhos.

— Quem sabe o titio Jake poderia apenas beber sua cervejinha e ficar de bico fechado.

— Poderia, mas como sou seu amigo vou lhe conceder a dádiva de meu conhecimento infinito acerca dos mistérios femininos. Não espere compreender uma mulher. Não é necessário. É como viajar a um país cuja língua você não fala. Dá para se virar apenas com algumas frases e gestos. Só não conta para sua irmã que eu disse isso, senão ela vai pegar o anel que eu dei de presente e jogar no East River.

— Falando na Paige, por que você está aqui em cima e não lá embaixo com ela?

— Ela está no telefone. Construindo um império.

— E você não tinha como ficar por lá até ela terminar? E a Eva?

— Eva está assistindo um filme em que todo mundo se beija e chora, então pensei em curtir o pôr do sol com meu velho amigo.

— Ele olhou para a cerveja e riu. — Foi quando você apareceu. O que aconteceu com Frankie? O que você descobriu que não sabia antes?

— O que faz você pensar que tem algo a ver com a Frankie?

— Conheço você não é de hoje, Matt. — Jake deu um belo gole na cerveja. — Sei que alimentou sentimentos por ela durante todo esse tempo.

— Como diabos você sabe disso? — Desconfortável, Matt se revirou na espreguiçadeira. — Eu sou tão previsível assim?

— Não, mas você gosta de proteger as pessoas que ama e é protetor além da conta com Frankie. Não é preciso ser um expert em relações humanas para ver o quanto ela é importante para você. Até onde consigo me lembrar, você sempre foi apaixonado por Frankie.

— Não sempre. Eu fiquei noivo da Caroline.

— Foi um lapso temporário do qual você se recuperou. Sorte da nossa amizade.

— Você não gostava da Caroline?

— Ela era o equivalente feminino de uma granada, um objeto pequeno e recurvo projetado para causar o máximo de destruição. — Jake fez uma pausa. — Ainda assim, ela me enganou por algum tempo. Totalmente diferente da Frankie.

Matt não discordava. Ele e Caroline se conheceram na faculdade e o relacionamento deles foi mais como um chute no saco do que um golpe no coração. Durou doze meses intensos e o despertou para o que ele queria de verdade. Não só queria, *precisava*. Confiança. Honestidade.

— Frankie esconde muita coisa.

— Talvez, mas a diferença é que Frankie não esconde por ser manipuladora ou aproveitadora. Ela esconde porque tem medo. Eu costumo brincar dizendo que as mulheres são difíceis de ler, mas a Paige é um livro bem aberto e quanto à Eva... ela não é apenas um livro: é um audiolivro. Tudo o que ela sente sai pela boca sem qualquer filtro. O que simplifica para caras como eu. Mas a Frankie... — Jake fez uma careta — Ela é diferente. Ela é reservada.

— Eu sei. — Matt não se importava com o fato de ela ser reservada. Ele se importava com o fato de ela ser reservada com ele. Por que ela achava necessário usar os óculos perto dele? Ela não confiava nele?

— O quê? Você espera mesmo que ela se abra e conte todos os segredos para você? — Jake balançou a cabeça em reprovação. — Você tem esperanças demais.

— Eu espero que ela tenha confiança. É pedir muito?

Jake deu de ombros.

— É pedir tudo. Confiança é algo sério. Mais sério do que sexo. Pense nisso. Quando você confia em alguém, você concede a essa pessoa o poder de te machucar. — Jake terminou a cerveja. — É um troço assustador. É tipo, "Ei, toma aqui um facão afiado. Pode enfiá-lo no meu peito sempre que quiser".

— Eu nunca machucaria a Frankie.

— Não é esse o ponto.

— Então qual é?

— Ela teve uma adolescência difícil, você sabe disso. A mãe dela é bizarra. Lembra da última vez que ela veio visitar? Ela me colocou contra a parede. Eu quase perdi a virgindade ali mesmo, na cozinha da Frankie. Não me surpreende que Frankie seja reservada.

Matt se lembrou de Paige contando que os meninos não saiam de cima da Frankie na escola, presumindo que ela era como a mãe e que sexo com ela seria algo garantido.

Tal mãe, tal filha.

— Não sei como lidar com isso.

— Você vai dar um jeito. Fazer seres feridos confiarem em você é seu dom especial. Se você não acredita em mim, basta olhar para aquela gata.

— Você está comparando a Frankie a uma gata? — Matt balançou a cabeça em reprovação. — Como você conseguiu conquistar alguma mulher nessa vida, principalmente minha irmã?

— Usei meu charme natural. — Jake bocejou. — Como anda o trabalho? Você nunca retorna minhas ligações. Está terminando comigo?

Matt estava preocupado demais para sorrir.

— Estou soterrado. Estou no meio de um projeto grande e perdi uma funcionária importante. — Matt tinha talento em projetar e em paisagismo bruto que, em grande parte, já havia sido concluído no projeto. Eles ainda precisavam terminar a iluminação e escolher os móveis. Ele tinha planejado três bancos compridos e terminara um deles. Seu problema estava nas plantas e essa continuaria sendo uma questão preocupante até que encontrasse alguém para ocupar o posto de Victoria. — Preciso recrutar alguém com as habilidades de Frankie.

Jake deu de ombros:

— Então peça para a Frankie.

— O quê?

— Por que se incomodar indo atrás de alguém como a Frankie quando você tem a própria à sua disposição? Se ela tem as habilidades necessárias, contrate-a.

— Ela já tem trabalho.

— Então você terá que ser criativo. Dê um jeito. — Jake fez uma pausa. — A melhor forma de conseguir a confiança de alguém é convivendo com a pessoa. Você tem a desculpa perfeita bem debaixo do seu nariz.

Matt encarou Jake, pensando em como essa solução não lhe ocorrera antes.

— Às vezes você não é um amigo tão ruim assim.

— Sou o melhor amigo no planeta. Você me ama. É por isso que vamos nos casar. E vamos viver felizes para sempre.

— Até eu me divorciar.

— Você não ia dar conta de um divórcio. Não assinamos um acordo pré-nupcial.

Capítulo 2

Quer amor incondicional? Adote um cachorro.

— Frankie

— A Mega Print ligou. Lembram deles? A gente fez a festa da firma deles no mês passado. — Paige conferiu os pedidos que chegaram de um dia para o outro. — O vice-presidente de vendas quer contratar passeios regulares com o cachorro. A gente dá conta?

— Pode deixar comigo. Cuido de tudo o que for canino. — Eva deslizou na cadeira e tirou o tênis esportivo. — O Matt recomendou uma empresa ótima de passeadores de cães no Upper East Side chamada Os Guardiões do Latido e, até o momento, nossos clientes ficaram bem impressionados. As donas são gêmeas, Fliss e Harry. Meu novo jogo favorito é tentar diferenciar uma da outra.

— Os donos, né? Você não consegue diferenciar um homem de uma mulher?

— Donas... Harry é apelido de Harriet. Vou ligar para elas.

Paige franziu a testa.

— O Matt que recomendou? Ele tem uma gata. Por que precisaria de um passeador de cão?

— As gêmeas têm outro irmão que é cliente dele. Eles jogam pôquer de vez em quando. Acho que se chama Daniel Knight.

— O advogado? Eu o conheci. Ele é brilhante em todos os aspectos, com menção honrosa para o charme e a desenvoltura.

— É solteiro?

Paige deu risada.

— Bastante. Perigoso ao extremo. Definitivamente não é um companheiro para a vida inteira.

Eva suspirou.

— Então não faz meu tipo. Vou continuar procurando. — Ela se animou ao conferir os compromissos do dia. — Eu costumava detestar segundas-feiras quando trabalhávamos na Estrela Eventos, mas agora eu adoro. — Por meio das janelas que iam do chão ao teto atrás dela, Manhattan se regozijava em uma piscina de luz solar. A Gênio Urbano operava a partir do prédio da empresa de Jake. Ele era dono de uma empresa de marketing digital e generosamente as deixou usar uma de suas salas até que começassem a dar certo. — Adoro administrar meu próprio negócio. O número de seguidores do meu blog triplicou repentinamente. Minha vida profissional está perfeita. O que significa, é claro, que minha vida amorosa está uma bela porcaria, pois todo mundo sabe que quando uma vai bem, a outra vai mal.

— Você precisa me ensinar a flertar. — Essas palavras foram pronunciadas antes que Frankie pudesse fazer algo. Eva olhou fixamente para a amiga.

— Como é que é?

— Flertar. Você sabe. Aquele lance que você faz com os homens sem nem perceber.

— Hum... É verdade que eu flerto quando conheço um homem interessante, mas a última vez que encontrei alguém já faz tanto tempo que provavelmente esqueci como se faz. — Eva caiu na cadeira. — Tem tantos caras em Manhattan. Eles estão por toda parte. E não consigo um encontro sequer. Minha vida é um deserto sem homem ou sexo. E a camis...

— A camisinha na sua bolsa passou da validade. A gente sabe. Você sempre diz isso. — Paige lançou um olhar exasperado à amiga. — Essa história já encheu o saco, Ev!

— É uma tragédia, isso sim. Cá estou eu, uma mulher calorosa e cheia de boa vontade e ninguém me quer. E você não tem permissão para comentar, Paige, pois você tem transado regularmente.

— Vou comprar uma camisinha nova para você.

— Não se preocupe com isso — disse Eva em tom pessimista. — Ela vai passar da validade de novo e vou me sentir culpada por sua existência ter sido em vão. Enfim, voltando ao tema do flerte, posso quebrar a cabeça e tentar me lembrar de como se faz se isso for ajudar. Você está planejando flertar com quem?

Frankie sentiu seu rosto esquentar:

— Com ninguém em especial. É um treinamento de precaução. Tipo autodefesa ou noções básicas de culinária.

— Noções básicas de flerte. Bê-á-bá do flerte. Sem problemas. Vou marcar uma sessão individual para você. — Eva alcançou o celular. — Quando você quer começar?

— Não agora. Preciso estar no humor certo.

— Nossa sessão vai ser regada a vinho. Vai te ajudar a se soltar.

— Você acha que eu preciso me soltar?

— Vamos dizer da seguinte forma... Você sempre olha para os caras como se estivesse pensando em enfiar um utensílio afiado bem no meio da escápula deles... Vamos ter um longo caminho pela frente.

— Sou tão ruim assim?

Eva trocou olhares com Paige, que balançou a cabeça.

— Você é encantadora do jeito que é. Por que quer aprender a flertar?

— Detesto ficar travada quando um cara diz algo. Quero decorar algumas respostas rápidas e sagazes, só isso. — Ela observou Eva deslizar o celular para dentro da bolsa. — Por que seu número de seguidores triplicou?

— Não sei. Deve ter sido uma foto que postei no Instagram. — Eva abriu uma gaveta na escrivaninha e escolheu um par de sapatos cujos saltos poderiam ser usados como arma branca. — Tirei uma foto de um cupcake que parecia delicioso.

— Você também estava na foto?

— Era uma selfie. — Eva deslizou os pés para dentro do sapato com o deleite de Cinderela descobrindo que o sapatinho de cristal lhe servia.

— E você estava vestida? Deve estar aí sua resposta.

— Eu estava vestida!

Paige estava enviando uma resposta ao vice-presidente de vendas da Mega Print.

— Graças a Deus ela não estava comendo uma banana, senão teria recebido o prêmio de Momento Mais Constrangedor do Ano.

Frankie não respondeu.

No quesito Momento Mais Constrangedor do Ano, ela estava no topo da lista.

Ela passou o domingo inteiro revivendo o momento que se seguiu à descoberta de Matt de que sua visão é perfeita. Sentindo-se nua e exposta como uma lesma arrancada da proteção de seu casco, ela praticamente o chutou porta a fora.

Ela sequer disse "tchau"?

Não sabia ao certo. Lembrava-se apenas de ter colocado a mão no peito dele — aquele peitoral forte e musculoso — e de ter dado um belo e forte empurrão. É claro que Matt com seu corpo de jogador de futebol americano poderia ter resistido se quisesses. Mas não o fez. O que queria dizer que ou desejava ir embora do apartamento tanto quanto Frankie queria expulsá-lo, ou que se sentiu fragilizado com o choque de descobrir que ela usava óculos sem necessidade. De um jeito ou de outro, "constrangedor" não descreve *aquele* momento.

Frankie se contorceu na cadeira.

O que será que ele deve estar pensando dela?

Frankie queria se enfiar debaixo da mesa e nunca mais sair, mas essa atitude seria tão madura quanto fora sua reação no sábado, quando Matt tocou no assunto dos óculos.

Ela queria poder voltar no tempo.

Havia tantas outras formas mais dignas de reagir. Uma resposta leve, com um tom de flerte, teria sido perfeita.

— Você viu o Matt ontem? — Ela manteve o tom de voz casual e Paige olhou por cima da tela do computador.

— Rapidinho. Por quê?

— Por nada. Queria saber se ele falou de algo. — Que tinha uma mulher descompensada vivendo em seu prédio ou algo do tipo. Uma mulher descompensada, mas com a visão perfeita.

— Ele falou que estava atolado em trabalho. Prometi dar comida para a Garrinhas hoje pois ele chegará tarde. Ele vai me dever um belo favor depois dessa. Quem sabe um serviço de guarda-costas.

— Em geral, sou vista como alguém que gosta de agradar aos outros e o fato de não me dispor a fazer isso por você diz bastante do que penso sobre essa gata. — Eva se levantou. — Posso ligar para o zoológico do Bronx para perguntar se eles têm alguma dica sobre alimentar predadores. A gente talvez possa abrir a janela e jogar um pedaço de carne com uma vara de pau.

— Eu faço. — Frankie deu de ombros quando as duas olharam para ela. — Por que não? É só uma gatinha. — E assim teria chance de deixar um bilhete no apartamento de Matt. Poderia pedir desculpas por ter sido grossa. Não precisaria fazer pessoalmente.

O que quer dizer que Frankie poderia acrescentar "covardia" à lista de seus defeitos, mas deixa para lá.

Voltando ao trabalho, ela respondeu ao e-mail de um cliente que queria que entregassem flores mensalmente para a esposa.

— A Garrinhas não é *só uma gatinha*. Ela é uma gata psicótica — disse Eva. — Ela me arranhou tão forte na semana passada, que achei que o osso ia sair pelo buraco.

Paige deu de ombros.

— Que maldade.

— Maldade foi o que ela fez! Lucas Blade poderia usar aquele animal com arma de algum assassino em seus livros.

— O que você fez para ela?

— Nada! Eu só estava tentando abraçá-la! Ela foi abandonada e maltratada. Eu queria mostrar que nem todos os humanos são ruins.

— Você tem que deixar ela querer isso, Ev. Não é possível amar alguém que não queira ser amado.

— Todo mundo quer ser amado. Se não quer, é porque está com medo.

Frankie apertou o botão de Enviar no e-mail:

— Ou porque acha que o amor causa problemas demais.

— Essa é outra forma de dizer que está com medo. Não se preocupe, eu aprendi minha lição. Não vou mais chegar perto dela. De agora em diante, vou enviar meus sentimentos positivos de uma distância segura. — O celular de Eva tocou, ela atendeu a ligação e vagou para fora da sala. O tecido de sua minissaia vermelha roçava contra suas pernas longas e bronzeadas.

Frankie ficou observando a amiga, pensando em qual seria a sensação de ter tamanha confiança sexual.

— Ela se esqueceu de se vestir? Vai causar um caos na rua se sair assim.

Paige espetou o carregador no celular:

— Ela está incrível, não acha? Saímos às compras ontem enquanto você se perdeu com seu livro. Sua resposta ao estresse é ler, a nossa é comprar. Aliás, como foi?

— Não consegui passar do terceiro capítulo.

— Você não é assim. O que houve?

— Não houve nada.

— Frankie...

— É o Matt. — Ela fechou o laptop. — Ele descobriu que não preciso usar óculos.

— Ele... Ah. — Paige respirou fundo. — Como? Quando?

— No sábado à noite. Ele desceu à procura da Garrinhas. Eu estava sozinha e não esperava visita. Estava lendo, cozinhando e... estava distraída. Tinha sido um longo dia. — Ela fechou os olhos por um instante. — Não acredito que fui tão descuidada.

— Você acha isso um problemão?

— É um problemão.

— Por quê? — Paige se encostou na cadeira. — Frankie, ele não é um estranho. O Matt te conhece desde que vocês são crianças. Ele sabe praticamente tudo sobre você.

— Ele não sabia que eu usava óculos apesar de ter a visão perfeita.

— Como ele reagiu?

— Não sei. Eu o enxotei de casa antes de perguntar. — Relembrar a cena lhe deu vontade de rastejar para debaixo da mesa. — Eu poderia ter dito ou feito um milhão de coisas. Eu poderia ter sorrido e dito que não precisava dos óculos no apartamento, mas não, eu lhe dei um empurrão que provavelmente teria machucado uma pessoa menos musculosa do que seu irmão.

— Se ele te magoar, eu vou matá-lo. — Paige pareceu incomodada. — Ele disse algo rude?

— Eu não lhe dei a chance. Não foi culpa dele. Fui eu. Tudo eu. — Ela deixou a cabeça cair entre as mãos. — O que há de *errado* comigo? Sou uma mulher sensata e independente. Sou boa no meu trabalho...

— Você é excelente no trabalho.

— Sim, sou mesmo. Sei que sou uma decepção como filha, mas sou uma ótima amiga ainda que, na opinião de Eva, eu não abrace o bastante. — Ela ergueu a cabeça. — Só estou dizendo que sou bastante normal em todos os aspectos da minha vida, que tudo funciona bem. Por que viro uma imprestável perto de homens?

— Você precisa mesmo que eu responda?

— Não, mas eu devia ter inteligência emocional para não deixar as sacanagens da minha mãe afetarem minha vida desse jeito. O Matt disse que gostava da minha camiseta... Ele teceu um elogio e eu respondi como se ele tivesse jogado antraz em mim.

— É por isso que você quer aprender a flertar?

— Quero aprender a ser *normal*. — Desesperada, Frankie olhou para a amiga. — O que eu vou fazer?

— O que você vai fazer a respeito dos óculos, do Matt ou dos homens em geral?

— Tudo isso! Como vou usar óculos perto dele sabendo que ele sabe? Me sinto uma idiota. E o que vou dizer na próxima vez que o encontrar?

— Usar ou não os óculos é uma escolha sua, Frankie. Se você se sente mais confortável com eles, use-os. E sobre o que aconteceu no sábado... — Paige refletiu por um instante. — Você deveria conversar com ele sobre o assunto.

— Eu estava mais inclinada a fingir que nada aconteceu.
— Se Frankie fosse capaz de ignorar o ocorrido, ela o faria. — Eu poderia deixar um bilhete pedindo desculpas por ter agido daquele jeito estranho.

— Você não precisa fazer isso, Frankie. Ele sabe quem você é.

— Você quer dizer que ele sabe que sou estranha?

Paige sorriu.

— Não. Quero dizer que ele sabe das circunstâncias em que você cresceu. Não sei por que isso te incomoda tanto. Estamos falando do Matt, não de um estranho qualquer.

A situação incomodava Frankie justamente por se tratar do Matt. Mostrar seus bloqueios mais profundos a um cara que conhecia desde sempre e que considerava atraente era torturante.

Ela geralmente não se importava com o que os homens pensavam a seu respeito, mas se importava com o que Matt pensava.

— Você tem razão. Eu deveria conversar com ele, como adultos. Mas não sei como transformar a frase "ei, eu uso óculos mesmo sem precisar deles" em algo vagamente maduro.

Eva voltou para a sala:

— Era a Mitzy. Ela quer virar oficialmente uma de nossas clientes. E antes que uma de vocês diga algo, sei que ela não será nossa principal fonte de renda, mas eu a amo. O que você tem? — Ela olhou para Frankie. — Você está com sua cara de perdida e a Paige está com a cara de solucionadora de problemas. O que aconteceu?

— Eu tenho cara de perdida? — Por um instante, Frankie desejou ter a confiança de Eva. Nunca na história ela sairia em público com uma saia daquele tamanho.

— Você faz essa cara quando algo dá errado.

Paige se levantou e foi buscar algumas folhas na impressora:

— O Matt descobriu que ela não precisa de óculos.

— Ah. — A testa de Eva deixou de ficar enrugada. — É só isso? Pensei que tinha acontecido alguma coisa horrível

— Isto é uma coisa horrível.

— Por quê? Usar óculos é parte de quem você é. É parte da sua individualidade.

— Você quis dizer que é parte dos meus bloqueios.

Eva deu de ombros.

— Os bloqueios fazem parte de quem somos. O mais importante é que você não precisa ter medo de deixar as pessoas conhecerem quem você é de verdade. Isso é intimidade.

— Não quero intimidade! É por isso que uso óculos, para repelir intimidades.

— Sim, mas... — Eva captou o olhar de Paige. — Defendo veementemente o direito de todos de usarem o que quiserem, então nem vou comentar. É por isso que você quer aprender a flertar? Para, da próxima vez que ele falar dos seus óculos, você transformar isso em uma chance de sedução?

— Uso óculos para garantir que esse ponto de sedução nunca ocorra.

Eva parecia perplexa:

— Eu te amo, mas nunca vou te entender.

— Eu digo o mesmo. E se você não comentar sobre meus óculos, não vou comentar sobre esse pedaço de pano aí que você chama de saia.

— Ei, eu estou arrasando com essa saia. — Um sorriso surgiu das covinhas nas bochechas de Eva enquanto ela girava os quadris em um movimento sensual. Em público, ela teria gerado um engavetamento em massa. — Você não gostou?

— Já vi faixas de cabelo mais largas do que ela, mas sim, ela é linda. Agora fale de Mitzy. — Frankie precisava parar de pensar em Matt e focar no trabalho. — O que ela precisa? Se ela conseguir me arranjar cópias adiantadas de todos os lançamentos do Lucas Blade, faço tudo o que ela quiser.

— Ela quer que eu prepare o bolo de aniversário dele.

Paige grampeou as páginas:

— Ela quer mesmo um bolo ou é só um pretexto para passar outra tarde fofocando com você?

— E isso importa? Ela é tão boazinha. E sábia. — A voz de Eva ficou mais grossa. — Ela lembra minha avó. E me trata como se eu fosse da família.

Eva tinha uma visão tão florida da própria família que Frankie ficava culpada por não se sentir assim em relação a sua.

— Vá visitá-la, Ev. Vou preparar um arranjo de flores para ela. Não cobre pelo bolo.

— Acho que ela não se importaria em pagar. Dinheiro não é um problema. Ela só é solitária.

Assim como você, pensou Frankie, tomando nota mental de passar mais tempo com a amiga. Como tinha uma personalidade introvertida, ela não procurava contato humano como Eva. Frankie amava suas amigas, porém se sentia igualmente à vontade em seu próprio espaço, cercada de livros e plantas. Mas sabia que, com Paige passando mais tempo ao lado de Jake, Eva ficaria mais tempo sozinha.

— Os netos não a visitam?

— Um deles quase nunca sai de Wall Street e Lucas, o que escreve os livros de terror que você adora, raramente sai do apartamento, a não ser para lançamentos. Pelo visto, ele sempre tem um prazo novo para cumprir e parece ser um tanto temperamental. Mitzy também quer que eu encha o freezer dele de comida saudável. Assim ele não corre o risco de desaparecer ou de encher a barriga de porcaria.

Frankie pensou no que acontecia com o personagem principal na cena de abertura do novo livro de Lucas Blade. Então olhou para Eva, tão delicada que poderia ser derrubada com um sorpro.

— Acho melhor você não ir sozinha ao apartamento desse cara perigoso e recluso.

— Quem disse que ele é perigoso? Eu nunca disse isso.

— Você disse que ele é temperamental.

— Bem, ele perdeu a esposa — disse Eva sensatamente. — Ele tem permissão para ser temperamental.

— Os livros dele são sombrios, Eva. Do tipo para ler com as luzes acesas. A mente desse cara funciona de um jeito tão estranho que até eu fico com medo.

— Vou ter que acreditar na sua palavra, pois eu preferiria doar minha coleção de sapatos a ler um conto de terror. Mas pode ficar tranquila. Vou levar a comida para a Mitzy e ela vai com o Amendoim entregar ao neto.

— Quem é Amendoim?

— O cachorro dela. Um fofo. Eu passeei com ele da última vez que fui lá. Bem mais agradável do que a Garrinhas. É um daqueles cachorrinhos que dá para levar na bolsa. Lucas que comprou para Mitzy, o que foi bem atencioso da parte dele. Não é possível que ele seja tão perigoso assim, não é? Mas obrigada por se preocupar.

— Bem, tenha cuidado. — Frankie checou a própria agenda. — Preciso ir ao bairro dos floristas amanhã de manhã. Estou nos últimos preparativos para a festa de arromba do Myers-Topper, na sexta-feira.

Paige levantou o olhar:

— E como estão as coisas?

— Tudo em ordem. Vamos fazer uma parede de plantas, temos que providenciar árvores e flores frescas. Alguém quer vir comigo?

— Ir ao bairro dos floristas às 5h? — Eva recuou. — Não, obrigada. Preferiria arrancar os cílios, provavelmente o que precisaria fazer para ficar acordada se levantasse a esse horário.

— Eu vou. Adoro passear por lá e eles tem um café incrível naquele bistrozinho. — Paige mandou outro documento para a impressora, levantou-se e se espreguiçou. — Hora de ir. Tenho uma reunião na Quinta Avenida. Tem certeza de que quer dar comida para a Garrinhas? Se você realmente for, não vou precisar voltar correndo para casa.

— Sim, tenho certeza.

Ela iria deixar um bilhete para o Matt e colocaria um fim nessa história.

Matt perceberia que Frankie não quer mais tocar no assunto e, sendo homem, era fácil de presumir que tampouco ele gostaria de voltar ao tema. Nenhum dos dois falaria de novo sobre os óculos.

— Você vai precisar das chaves do apartamento do Matt. — Paige vasculhou a bolsa e as puxou. — Toma. Boa sorte.

— Eu vou alimentar uma gatinha. Vou precisar de ração, não de sorte. — Frankie deixou o molho de chaves cair dentro da bolsa. — Que dificuldade poderia haver nisso?

Eva chegou a abrir a boca, mas viu o olhar de Paige e voltou a fechá-la.

— Não vou dizer nada. Mas se eu fosse você, levaria uma arma junto com a ração. E vista uma armadura.

— Eu sempre estou de armadura.

Mas, agora, perdera uma camada de proteção.

Seus óculos.

Cansado, e com a pele ardendo depois de um dia em grande parte gasto sob um calor escaldante, Matt entrou no apartamento e se deteve quando ouviu vozes.

Ele morava sozinho.

Não era para haver vozes ali.

Ele entrou na cozinha e parou. O invasor estava de quatro debaixo da mesa. Tudo o que conseguia ver era um bumbum redondo, perfeito, em calças jeans gastas, mas que ele reconheceria em qualquer lugar do mundo.

Ele o admirou por um momento, mas decidiu que seguraria o elogio dessa vez.

Em vez disso, pigarreou.

Frankie bateu a cabeça na mesa e xingou. Ela saiu com cuidado, de óculos tortos, esfregando a cabeça com os dedos:

— O que você está fazendo aqui? — Ela empurrou os óculos no nariz, como que desafiando Matt a comentar sobre o assunto.

Ele não respondeu nada, mas sentiu uma pontada de decepção por Frankie ainda sentir que precisava usá-los na presença dele.

— Eu moro aqui.

— Há quanto tempo você está aí?

— Faz um tempinho. — Talvez ele não devesse segurar o elogio. Não faz bem segurar as coisas, não é mesmo? — Tempo o bastante para admirar a sua bunda.

Os olhos dela turvaram-se em confusão:

— Em vez de olhar para a minha bunda, você deveria estar cuidando da sua gata. Ela tem necessidades.

Não só a gata, pensou ele.

— Realmente, você tem razão.

— Ela gostou de comer minha comida no sábado, mas pelo visto é ela quem deve decidir onde comer. Ela nem estranhou o fato de eu colocar comida na tigela dela.

— Ela está te dando problemas?

— Nada que um terapeuta não pudesse resolver em alguns anos. — Frankie afastou o cabelo do rosto. Matt se aproximou e, delicadamente, tirou seus óculos.

— Você não precisa usar isso quando está comigo.

— Matt... — Ela tentou fazer um movimento para recuperá-los, mas ele dobrou as hastes e os deslizou para dentro do bolso.

— O que você acha que eles fazem por você, Frankie? Escondem o fato de você ter olhos lindos? — Eles eram de um tom de verde vivo e faziam Matt se lembrar de colinas na Escócia ou de um jardim inglês depois de uma pancada de chuva. Ela o olhou tão desconcertada que ele teve vontade de abraçá-la. — Você precisa parar de se esconder.

— Não estou me escondendo.

— Está sim. Mas não precisa se esconder de mim. — Sabendo que a havia colocado contra a parede por tempo demais, Matt se virou e colocou o laptop sobre a mesa. — Obrigado por alimentar a Garrinhas. Foi a segunda vez na semana. Te devo um favor, fora um extra pelo alto risco.

— Você não me deve nada. — Ela estava equilibrada nos dedos do pé, pronta para correr. Matt entendeu que a melhor forma de deixá-la mais relaxada era falar de trabalho.

— Passei a manhã tentando encontrar uma especialista em horticultura que pudesse substituir a Victoria. Você tem alguns minutos para dar uma olhada nos projetos? Adoraria saber sua opinião. — Ele estava apostando no fato de que Frankie era apaixonada demais pelo que fazia para não ficar intrigada pelo projeto que estava demandando todo seu tempo. E Matt tinha razão.

— Claro. — A preocupação sumiu do rosto dela. — Me conte do projeto. Quais eram as diretrizes?

— Estilo arquitetônico aliado com sustentabilidade. É um espaço multifuncional. Para convivência familiar em geral, e alguns eventos corporativos. Eles são preocupados com o meio-ambiente e estão tentando reduzir a pegada de carbono. As coberturas verdes reduzem o calor e os custos com resfriamento. Todos saem no lucro, inclusive eu.

— Não tem lucro nenhum se você tiver um treco. A Victoria não poderia ter ficado mais algumas semanas até você encontrar outra pessoa?

— A mãe dela está doente. Essa deve ser a prioridade dela. E eu entendo. Talvez eu tenha mais empatia pela situação por causa da Paige. — Ele não elaborou mais. Não precisava. Frankie sabia dos problemas de saúde que a amiga sofrera na adolescência. — Vai dar certo. — Matt aprendeu cedo sobre o que importava na vida, ensinou a si mesmo a arrumar o que dava para ser arrumado e a encontrar um jeito de conviver com o que não tinha jeito.

— Fiz algumas ligações hoje. — O tom dela era informal. — Para pessoas que dominam as técnicas perfeitas que você precisa. A maioria já está ocupada. Uma delas vai estar livre em outubro.

Sabendo o quanto elas estavam ocupadas na Gênio Urbano, Matt ficou comovido:

— Você fez isso por mim?

— Você precisa de ajuda. — Ela tratou como se não fosse nada, mas ele sabia da importância daquele gesto. Frankie teve que arranjar tempo em uma agenda terrivelmente cheia para tentar ajudá-lo.

— Obrigado. Sou muito grato.

— Você faria o mesmo por nós.

Ele percebeu que ela escolhera a palavra *nós* em vez de tornar a resposta mais pessoal.

Frankie, percebia Matt, tinha um problema enorme com intimidade. Um problema bem maior do que ele supusera de início.

— O problema é que outubro já é tarde demais para esse projeto. Preciso de alguém que possa colocar a mão na massa imediatamente, que saiba como penso e que tenha a mesma visão criativa.

— E onde você vai encontrar uma pessoa assim?
— Estou olhando para ela.
Aqueles olhos verdes se arregalaram:
— Eu?
— Vi sua expressão enquanto descrevia o projeto... confesse, você se interessou.
— É verdade que jardins de cobertura têm seus charmes e desafios, mas já tenho trabalho. A Gênio Urbano está engatinhando e...
— Você já disse que vai ter vários casamentos no verão e sei que você detesta. Passe o trabalho para outra pessoa e venha trabalhar comigo. — Ele entregou os projetos a Frankie e viu pânico e indecisão em seus olhos.
— Não posso.
— Dê uma olhada nos projetos e pense no assunto. Converse com a Paige e a Eva. Não estou pedindo para você se mudar para o Alasca. Você ainda poderá ajudar a Gênio Urbano. Só reduza um pouco seu volume de trabalho prático. Qual é o nome daquele fornecedor com quem você tem trabalhado?
— A Brotos e Flores.
— Você estaria dando a eles uma chance de crescer nos negócios, estaria me ajudando e faria o que ama. Deixa outra pessoa lidar com esses casamentos triviais. Projete um jardim de cobertura para mim. Pelo menos pense no assunto. Só por esse verão. Só um projeto. — O olhar dele captou um pedaço de papel sobre a mesa. — O que é isso? Você me deixou um bilhete?
Frankie emitiu um som sufocado e pressionou o bilhete contra a mesa:
— Você não pode ler!
— Você me deixou um bilhete e eu não posso ler?
— Achei que já teria ido embora quando você fosse ler. — Com as bochechas roxas, ela puxou o bilhete da mesa.

— Você não vai nem me dizer o que ele diz?

— É um pedido de desculpas pelo que aconteceu no sábado, só isso. — Ela estava adoravelmente corada e Matt resistiu à vontade de pegar o bilhete de seus dedos.

— Por que você sentiria necessidade de me pedir desculpas?

— Ah, sei lá. Talvez porque quase prendi sua mão na porta logo depois de quase te expulsar de seu próprio apartamento. — Ela empurrou o papel no bolso da calça jeans e partiu em direção à porta.

— O apartamento é seu. — Dessa vez ele estava determinado a não deixá-la ir até que tivessem terminado de conversar. — Você mora nele.

— Mas você é o proprietário.

— Deixei você desconfortável.

— Não é você, sou eu. Sempre eu.

Eles chegaram à porta ao mesmo tempo.

— Espera. — Ele espalmou a mão no meio da porta para evitar que ela fosse embora. Frankie congelou.

— O que você está fazendo?

— Quero dizer algo sem me preocupar com possibilidade de você prender um dos meus membros na porta. — Ele poderia ter se afastado, mas não o fez. Se para fazê-la se abrir era preciso invadir sua zona de conforto, então Matt o faria. Mas tentaria invadir da forma mais sensível que pudesse.

— Olha, sei que você acha estranho que eu use óculos sem precisar, mas...

— Não precisa se explicar.

— Preciso sim. Você deve estar se perguntando por que alguém faria algo tão bizarro. — Ela manteve a cabeça baixa e tudo o que Matt podia ver eram seus cílios escuros e as sardas delicadas que polvilhavam seu nariz como pólen.

— Não estou me perguntando nada, eu já sei a resposta.

— Sabe?

— Você acha que os óculos colocam uma barreira entre você e o mundo. Ou melhor, entre você e os homens. — A tentação de tocá-la era quase avassaladora. — O que não entendo é por que você ficou tão brava por eu saber?

— Porque é algo muito pessoal.

— É justamente isso que um relacionamento é, Frankie. Trata-se de saber coisas muito pessoais sobre alguém, coisas que os outros não veem. A gente se conhece há muito tempo.

— Mas tem coisas que são informação demais. — Se ela se pressionasse mais contra a porta, deixaria uma marca.

— Isso se chama intimidade, Frankie. É o que acontece quando duas pessoas se conhecem bem. E, só para constar, não acho estranho.

Por fim, ela lhe voltou o olhar:

— Não?

— Não. Mas como estamos sendo honestos um com o outro, acho justo dizer que você está desperdiçando o seu tempo.

— Como é que é?

— Você tem olhos lindos, com ou sem óculos. E, para te poupar de maiores análises a respeito do meu comentário, digo que sim, isso foi um elogio. — Ele tirou o braço da entrada e abriu a porta, empurrando Frankie delicadamente para fora. — Pense em minha oferta de trabalho e obrigado por alimentar minha gata.

Agarrando-se a seus instintos protetores, Matt fechou a porta antes que pudesse fazer algo menos apropriado como puxá-la em seus braços.

Haveria muito tempo para isso.

Este tinha sido apenas o primeiro passo.

Eles voltariam a se ver. E, em algum momento, ela perceberia que Matt ainda estava com seus óculos no bolso.

Capítulo 3

Um elogio é um presente. Aceite-o com gratidão.

— Eva

OLHOS LINDOS?

Frankie vagou zonza pelo bairro dos floristas em Manhattan, e seu estado não tinha nada a ver com o fato de ter começado o dia cedo demais ou não ter dormido na noite anterior.

— Adoro esse lugar. — Paige deu o braço para Frankie. — É tranquilizador, não é?

— Hein? — Frankie não estava concentrada. Ela não conseguia esquecer o momento em que ficou encurralada entre Matt e a porta. Ele não chegou a tocá-la, mas bem que podia, pois ela estava tão perturbadoramente próxima de seu corpo, que mal conseguia respirar. A avalanche de sentimentos desconhecidos veio como um choque. Ela não era do tipo de pessoa que fica pensando em sexo o tempo todo. Na verdade, quase nunca pensava. Ela já havia aceitado que isso não tinha um papel importante em sua vida e que — ainda que fosse inteligente o bastante para perceber que ao menos parte disso cabia a seus pais — não achava que a situação mudaria.

Mas tudo estava mudando. Ou talvez seja mais correto dizer que Matt estava mudando tudo. Ele não tocou em Frankie, mas ela se viu querendo tocá-lo. Ela queria agarrá-lo e beijá-lo, impulso que a deixara um pouco fora de si. Por sorte ela deu um jeito de se controlar, ainda que não tenha conseguido impedir aquele sentimento estranho surgindo dentro de si, uma inquietação de tirar o fôlego que ela associava ao Natal ou ao último dia de aula. Estar perto de Matt parecia ligar um botão em uma parte de si que Frankie nunca havia acessado. Ela precisava ficar se lembrando de respirar, algo que até aquele ponto da vida havia feito de modo inconsciente.

Paige deu uma cotovelada na amiga:

— Você não está me ouvindo. Está precisando de um café bem forte. — Ela arrastou Frankie para dentro de uma pequena cafeteria e pediu dois expressos. — Isso irá acordá-la.

Frankie não mencionou que seu problema não seria resolvido com café.

Ela não fazia ideia de como resolvê-lo. Dois banhos frios não tinham funcionado.

Elas beberam o café e Paige falou sobre novos clientes enquanto Frankie tentava esquecer a força do corpo de Matt contra o seu, buscando focar nos negócios.

Abastecidas de cafeína, elas adentraram o mercado de flores. Localizado entre a Sétima Avenida e a Broadway, o mercado era uma floresta escondida de plantas cercada por torres de vidro e aço. Era 5h da manhã, mas apesar de ser cedo o local estava lotado de gente.

Elas entraram em uma das muitas lojas e Frankie se inclinou e aproximou o nariz de um grupo de flores.

— Essas aqui são perfeitas. — Ela pegou uma boa quantidade delas e as escondeu cuidadosamente em uma prateleira de metal, para comprar depois, e selecionou mais algumas flores.

— Elas são lindas. E aí, você conversou com o Matt?

Frankie quase deixou as flores caírem. Como o simples fato de ouvir o nome daquele homem era capaz de deixá-la confusa? Ela parecia uma adolescente no ápice de seu primeiro grande amor. Exceto pelo fato de que nunca se sentira daquele jeito na adolescência.

— Eu escrevi um bilhete, mas ele apareceu enquanto eu estava dando comida para a Garrinhas, então o amassei, pois sou uma covarde.

— Ele não disse nada?

— Ele disse umas coisas. — Coisas que deixaram Frankie desnorteada. Coisas que ficaram dançando em sua mente e a fizeram passar a noite em claro.

Você tem olhos lindos.

Ela ficou tão surpresa com o elogio, que não respondeu nada. Eva teria dito alguma coisa sagaz. Paige provavelmente teria feito o mesmo.

Mas ficou muda.

E, pela manhã, encontrou os óculos na caixa de correio.

Frankie ficou imaginando se não era um teste para ver se ela voltaria a usá-los.

Frustrada consigo mesma, ela virou a cabeça e lançou um olhar discreto no espelho do outro lado da loja. Os óculos dominavam seu rosto, conforme o planejado quando os comprara.

Paige se inclinou para ver uma caixa de rosas brancas.

— Ele falou algo do trabalho?

— Trabalho? — Incapaz de entender como alguém poderia achar seus olhos bonitos, Frankie se voltou para a amiga. — Você quer saber se ele falou sobre a saída de Victoria? Sim. Ele está tentando recrutar alguém. Depois que ele tocou no assunto no sábado, liguei para uns colegas do curso no Jardim Botânico e para pessoas com quem trabalhei, mas não tive sorte até agora. Ainda estou tentando achar alguém.

— Ele quer que você faça o trabalho.

O coração de Frankie bateu em falso.

— Isso não vai acontecer.

— Por que não? Você adora fazer jardins de cobertura! É seu trabalho favorito. Por que você não faria?

Porque se esquecer de como respirar por um breve momento, quando estava com ele, era uma coisa, mas durante uma jornada de trabalho inteira era outra absolutamente diferente. E se acabasse sufocada? Além disso, havia aquela sensação eletrizante que percorria seu corpo e que não conseguia desligar. Frankie não sabia se seria capaz de sobreviver a esse sentimento por um dia inteiro. Não havia a menor chance de trabalhar com ele.

Isso talvez a qualificasse como covarde, mas era melhor ser covarde do que acabar asfixiada de desejo. Pois era isso de que se tratava. Frankie podia até ser inexperiente, mas sabia reconhecer o desejo.

Ela conseguia até ver seu relatório de autopsia: morta por frustração sexual.

— A gente acabou de abrir a Gênio Urbano. Não posso trabalhar para outra empresa.

— Não estou sugerindo que você faça uma parceria com Matt, apenas que o ajude nesse projeto durante o verão.

— Nós teremos dois grandes eventos daqui a duas semanas.

— Dois eventos cujos planejamentos você já fez. A Brotos e Flores tem uma equipe ótima. Eles fizeram um bom trabalho no evento da semana passada para a Harrison Imobiliária. Se tiverem algum problema, eles podem ligar para você.

É o mesmo argumento que Matt tinha usado.

— Não acho uma boa ideia.

— Por que não?

— Porque misturar negócios com a vida pessoal nunca dá certo.

Paige caiu na gargalhada.

— Não é como se você estivesse transando com ele! — O riso cedeu lugar para a curiosidade. — Ou você está?

— Não! — Mas agora que Paige havia tocado no assunto, a mente de Frankie foi povoada de novas imagens. Imagens de Matt nu, com aquele corpo forte e musculoso intimamente agarrado ao dela. — É claro que não. Por que você acharia isso?

— Talvez porque seu rosto tenha ficado vermelho.

— É porque odeio falar sobre sexo em público. Não acho que trabalhar com o Matt seja uma boa ideia, só isso. Minha atenção deveria estar voltada para a Gênio Urbano.

— Não é algo que imaginaria vindo de você. Pensei que você fosse querer ajudar.

— Eu ajudei! Fiz várias ligações. E quero fazer ainda mais.

— Mas por que não fazer o trabalho você mesma? Você é do tipo de pessoa que faria qualquer coisa por seus amigos. — Paige hesitou. — Se não fosse o Matt, estaríamos morando em uma caixa de sapatos.

— Você está tentando me chantagear com culpa? — O que funcionou, pois Frankie sabia que, se não fossem esses sentimentos novos e desconhecidos, teria ajudado Matt na hora. Não apenas como um meio de evitar os chás de panela que já estavam marcados para o verão, mas porque ela era uma amiga de verdade e Paige tinha razão. Ela sempre, sempre ajudaria um amigo.

— É por causa daquele lance dos óculos? O meu irmão te magoou? É por isso que você não quer ajudar?

— Não. — Um calor se espalhou pela nuca de Frankie. — Ele é um cara incrível. Forte, com princípios, decente... — *e insanamente gostoso*.

E era essa parte insanamente gostosa dele que a impedia de se voluntariar ao trabalho.

Frankie normalmente não tinha problemas com homens. Era simples. Ela não tinha interesse. Mas com Matt era diferente. Com Matt era... confuso.

Paige tocou seu braço:

— Matt sempre cuidou de mim, sempre esteve ao meu lado.

— Eu sei. — A lealdade da família Walker era algo que Frankie sempre invejara. Em vez de tentar causar o máximo de estresse e constrangimento possível um ao outro, eles se ajudavam. Era uma dinâmica familiar tão distinta da dela que era praticamente incompreensível.

— Seria bom poder retribuir o favor ao menos uma vez.

— Mas seria eu quem estaria retribuindo.

— Você faria o trabalho, mas isso teria um impacto para todos nós. Somos uma equipe. — Paige fez uma pausa. — Você e Matt pensam de forma parecida, têm gostos e estilos parecidos em relação aos projetos ao ar livre. Ele te acha muito talentosa. Depois que você fez o jardim no terraço dele, ele não parava de falar em quão inteligente você é. Sei que você também admira o trabalho do meu irmão. Eu pensei que você não hesitaria em se jogar na primeira chance que tivesse de fazer algo com ele.

Fazer algo com Matt?

Imagens corriam soltas em sua mente e um calor se espalhava por sua nuca:

— Vou pensar no assunto.

Paige estudou o rosto da amiga:

— Tem certeza que não tem a ver com o lance dos óculos? Porque...

— Não tem nada a ver com o lance dos óculos.

Tinha a ver com o lance da porta. E com o lance do elogio. E com o lance da química.

Principalmente com o lance da química.

— Ele te disse que o cliente inseriu cláusulas de indenização no contrato? Caso o serviço não seja entregue, Matt terá que pagar do próprio bolso.

— Não. Ele não me disse nada.

A culpa aumentou.

Paige tinha razão: Frankie conquistara seu apartamento e sua independência graças a Matt.

Era verdade que ela pagava o aluguel, mas era um valor irrisório. E era besteira ficar se preocupando com a química e com a forma como reagiria a ele. Ela precisava aprender a lidar com a situação.

Inquieta, Frankie terminou as compras e as duas atravessaram o mercado.

Arbustos, flores de corte, flores tropicais e secas povoavam as calçadas de ambos os lados, criando uma avenida exuberante de clima caloroso. Frankie normalmente relaxava ali, mas não naquele dia.

Paige se aproximou para tocar as folhas de uma palmeira tropical. O matagal denso e verdejante bloqueava o som dos carros e, por um instante, era possível esquecer que as duas estavam no meio da cidade.

— Falando na Gênio Urbano, precisamos discutir sobre a festa de noivado de Smyth-Bennet, que será em poucas semanas.

O coração de Frankie afundou.

Outra festa de noivado.

— Precisamos discutir o quê?

— Eles querem mudar as diretrizes.

— Não é um pouco tarde demais?

— Eles são os clientes. — Paige deu de ombros. — E agora querem algo mais romântico. Ou melhor, a futura noiva quer algo mais romântico e o futuro noivo acatou ao desejo dela.

— Por que estamos organizando tantos eventos românticos?
— Frankie enfiou o rosto em um buquê de flores. — O que aconteceu com os lançamentos de produtos e os eventos corporativos?
— Temos alguns na agenda, mas é verão e o amor está no ar.
— Francesca! Francesca! É você?
Reconhecendo a voz da mãe, Frankie recuou para a loja mais próxima.
— Droga, *não*.
Paige se virou:
— Fique calma.
— Por quê? Podemos nos esconder? É tarde demais? Por que ela está aqui? Como ela me encontrou?
—Acho que ela não estava atrás de você. Deve ter sido uma coincidência.
Frankie resmungou:
— Ela está com um vestido de festa?
Paige espiou entre as flores:
— Roxo. Brilhante. Curto. Ou é um vestido de festa ou ela está vestida de forma bem alegre para o café da manhã. É uma pegada bem cabaré.
— Pode me matar. Está cheio de gente aqui. Vários conhecidos. Se ela conversar comigo por mais de cinco segundos, vou ter que me mudar para Seattle.
— Então vamos ter que ser breves, pois não me vejo morando em Seattle. Adoraria o café de lá, mas o clima acabaria comigo. — Paige voltou para a rua e Frankie a seguiu, segurando seu braço.
— Ela está sozinha?
— Não.
— Ele é mais novo que a gente?
— Não dá para dizer, mas com certeza ele está longe de se aposentar. — Paige segurou nos ombros da amiga do mesmo jeito

que fazia quando tinha que lidar com um cliente difícil. — Bom dia, sra. Cole.

— Paige! — Gina Cole dirigiu-se às duas, agarrada ao braço de um moço que Frankie imaginou ter vinte e poucos anos. — Quantas vezes já pedi para você me chamar de Gina? Senhora Cole me soa tão *velho*. Você está muito pálida, Paige. Espero que não esteja doente de novo, querida.

— Não estou doente. — Paige tentou manter um tom educado. — São 5h30 da manhã e...

— Você precisa de uma boa base facial. Posso te recomendar uma. Mesmo preferindo misturar vários produtos, sou uma grande fã de uma maquiagem com efeito iluminado e saudável. Olhe minha pele. Você não diria que eu passei a noite em claro, diria? — Ela cutucou o braço do moço ao lado. — Vocês conhecem o Dev? Dev, essas são Paige e Frankie. A Frankie é... — houve um breve momento de hesitação — ...a minha filha.

— Tá *brincando*. — Dev respondeu com a quantidade exata de descrença. Frankie captou o olhar de Paige.

Ver a amiga achando graça a fez se sentir melhor até a mãe deslizar a mão na bunda de Dev e apertá-la.

— Mãe...

— Vocês também passaram a noite se divertindo, moças?

— Não. Estamos trabalhando.

— Bem, acho que isso explica a aparência de vocês. Se divertir faz bem, Frankie. Não jogue sua juventude fora, querida. Você *nunca* irá atrair um homem com essa cara de quem saiu de uma loja de caridade. Se quiser, posso transformá-la. Debaixo desse cabelo desgrenhado e dessas roupas largas... — Gina acenou com as mãos de unhas feitas e suas pulseiras balançaram — ...você tem o mesmo corpo que eu. Você poderia se parecer comigo, se quisesse.

Horrorizada, Frankie recuou. Ela passara a vida tentando ao máximo não se parecer ou ser como sua mãe:

— Adoro o jeito que sou.

— Você poderia ser bonita. Você não acha, Dev?

Dev, pelo menos, teve bom senso o bastante para não responder.

— Foi um prazer encontrá-la, sra. Cole — interviu Paige —, mas peço licença agora. Estamos escolhendo flores para um evento e estamos com a corda no pescoço.

— Que evento? Descobri essa semana que a Estrela Eventos demitiu um monte de gente. Você perdeu o emprego há dois meses e nem me *contou*? Sou sua mãe. Fiquei preocupada com você.

Frankie estava em choque. Sua mãe nunca se preocupou com ela. Se alguém se preocupava nessa relação, era ela.

— É por isso que você tem me ligado?

— É claro. Eu só queria dizer que você está melhor sem eles. Quantas *horas* eles não faziam você trabalhar. Era desumano. Não descansar o bastante faz mal para a pele e ninguém vai se apaixonar por você se parecer velha e feia. Não se preocupe com dinheiro. Dev pode te fazer um empréstimo. Ele trabalha em banco. — Ela se aconchegou mais junto a Dev e tocou seu braço. — Ele tem apenas 29 anos e já está no caminho do sucesso, dá para acreditar? No momento, sou sua forma predileta de gastar dinheiro. Por sorte ele não se parece nada com seu pai. Meu Deus, aquele homem era um miserável. Eu achava que ele ia me cobrar um aluguel só por ficar sentada no sofá. Esse é um dos pontos positivos de namorar homens mais novos. Eles sabem aproveitar o momento. Aliás, ele mora bem perto daqui.

Frankie sentiu a cor lhe fugir das bochechas:

— Quem? Meu pai?

— Não! Aquele homem é tão covarde que não fez contato desde o dia em que foi embora, você sabe disso. — Ela soltou uma risada estridente. — Estou falando do Dev!

— É melhor você ir embora, mãe. Você ainda não foi para a cama, deve estar cansada.

— Eu não disse que não estivemos na cama. Eu disse que a gente ainda não dormiu. — Gina deu uma cotovelada brincalhona em Dev. — Vou falar para vocês, esse rapaz aqui é um *animal*. Ele consegue até me cansar e olha que tenho mais energia do que a maioria. Mais um motivo por que gosto de homens mais novos. Vocês não imaginam quantas vezes ele consegue...

— Mãe! — disse Frankie horrorizada, praticamente uivando a palavra. Curiosas, todas as cabeças ao redor se voltaram e Frankie se sentiu transportada de novo para seus anos de adolescência, quando começou a sentir que todos ficavam olhando para ela. — Dispensamos os detalhes.

Ela cresceu ouvindo detalhes. Eles eram como cicatrizes em sua mente.

Será que ela teria menos problemas se sua mãe não tivesse se dado à liberdade de compartilhar tantos detalhes?

— Nunca vou entender como fui criar uma pudica assim. Você precisa relaxar. As pessoas costumam falar que é impossível encontrar um homem em Manhattan, mas eu respondo que estão procurando no lugar errado.

— Mãe...

— *É usar ou largar.* Quem dizia isso mesmo? Não me lembro. — Gina Cole franziu a testa, até lembrar que não era bom para o rosto, então alisou a testa com os dedos. — Se precisar de dinheiro ou de um lugar para ficar...

— Não preciso. Eu ganho meu próprio dinheiro e tenho minha própria casa.

E também tinha suas próprias neuroses, graças a ela.

Valeu, mãe.

— É claro que sim! E o proprietário é aquele gato, irmão da Paige. — Gina deu uma piscadela e se aproximou de Frankie. —

Ele é esperto, estiloso e com grana. Matt é a combinação irresistível de homem inteligente e atraente. Li uma reportagem sobre ele outro dia. Ele estava de cinto de ferramentas, fazendo um banco com um tronco de árvore. Aquele *abdômen*. Meu Deus, eu juro que...

— Mãe, por favor.

— Por favor o quê? Ah, não se preocupe com o Dev. Ele não é ciumento.

A vergonha se espalhou como uma peste, principalmente porque Frankie pensava a mesma coisa sobre Matt. A ideia de ter algo em comum com a mãe era assustadora. E, misturada à vergonha, havia a raiva por Gina poder contaminar uma relação que lhe era tão preciosa. E se ela dissesse algo parecido ao Matt? Frankie morreria. Foi como na adolescência. O constrangimento e a vergonha a cobriam como um manto, eram visíveis a todos. *Tal mãe, tal filha.*

— Precisamos ir. Estamos trabalhando.

— Então você arranjou outro emprego?

— Exato. E preciso voltar ao trabalho. Tenha um bom dia, mãe.
— Nauseada, Frankie olhou para a calçada.

— Espera! Quando você vai nos convidar para uma visita? Somos família, Frankie.

Frankie ficou imóvel na esperança de que a queimação em seu estômago passasse, tentando não imaginar o horror que seria sua mãe aparecer na casa de Matt. E se ela dissesse algo constrangedor? Ou pior: e se flertasse com ele?

Essa era sua realidade familiar e não tinha nada a ver com as fantasias aconchegantes e reconfortantes que Eva tinha. Era como abrir um saco em busca de açúcar e encontrar sal.

— Ando muito ocupada.

— Já faz séculos. E como vai a querida Eva? Ainda de luto pela avó? A gente deveria sair uma noite dessas. Só as meninas.

Seria divertido. Basta me ligar que eu organizo tudo. E pelo amor de Deus, jogue esses óculos fora e arranje umas lentes de contato. Homem nenhum vai querer dormir com você usando isso. Até breve! — Gina foi embora e Frankie se apoiou contra a parede.

— Qual é o problema dela? Ela é tão inconveniente. Me desculpe, Paige. Não sei o que dizer.

— Por que você está se desculpando?

— Por tudo. Pelos comentários sem noção a respeito da sua saúde, por dar detalhes sórdidos sobre a vida sexual dela no meio do mercado de flores e por ter dito aquelas coisas sobre Matt. Eu queria poder morrer, mas aí ela seria encarregada de tomar conta do meu corpo e faria barbaridades com ele.

— Você não precisa pedir desculpas. — Paige deslizou o braço sobre o da amiga. — Você não é responsável por sua mãe.

— Eu me sinto assim.

— Por quê? Nada disso é culpa sua.

Não mesmo? Frankie sentia aquela familiar sensação de culpa corroendo seu estômago. A verdade é que ela se sentia responsável, como sempre.

Quando esse sentimento apareceu pela primeira vez, Frankie descobriu que a culpa poderia ser tão grande que seria capaz de engolir uma pessoa inteira. Ela ficara paralisada pela indecisão, sem saber o que fazer para melhorar as coisas. A única coisa que Frankie sabia ao certo era que não queria que seus problemas respingassem em mais ninguém.

A culpa foi diminuindo gradualmente, como uma ferida terrível que pode até cicatrizar um pouco, mas que nunca some completamente.

Ela conseguia passar semanas, meses, sem pensar no assunto. E quando o fazia, normalmente na calada da madrugada, mantinha os pensamentos para si.

Não era algo que planejava compartilhar. Nem com suas amigas mais próximas. Essa oportunidade havia ficado para trás.

— Você já imaginou se Matt escutasse essas coisas? Eu com certeza me mudaria para Seattle. E odeio quando ela nos chama de *meninas*, como se tivéssemos 8 anos. Não acho certo uma mulher de 53 anos chamar a si mesma de *menina*. Há algo indigno nisso. Ou delirante. Não sei bem. — Lutando contra as emoções, ela mergulhou de novo para dentro da loja e esfregou as mãos no rosto. Seus olhos e garganta ardiam. — Não aguento mais. Mais um ricaço da minha idade. E por que esses caras nunca dizem "não"?

— Sei lá, mas não é problema seu. — Paige afagou delicadamente o braço da amiga. Sua voz era calorosa e cheia de simpatia.

— Sinto muito por termos esbarrado com ela.

— Eu também. Minha mãe não fala de outra coisa a não ser sexo. Ela adora me me fazer passar vergonha.

— Não acho que ela esteja pensando em você. Acho que ela só pensa em si mesma.

— Vamos mudar de assunto. Diga algo. Qualquer coisa. — Frankie se concentrou em um buquê de flores de cores vivas. Flores sempre a acalmavam. A natureza nunca a constrangia. — Fale sobre você. Por favor. Ou sobre trabalho. Trabalho é um ótimo assunto. A não ser que sejam casamentos.

— Eu te contei que a gente pegou aquele trabalho para a semana de moda de Nova York? Eles me mandaram um e-mail ontem à noite.

— Isso sim é um negócio e tanto. O evento é em setembro? — Frankie fez um enorme esforço para tentar tirar a mãe da cabeça. *É usar ou largar*, disse ela.

Frankie havia largado mão. Definitivamente.

— Sim. Nosso maior evento até o momento, então é uma boa notícia.

— Excelente notícia. — Seu coração estava começando a desacelerar. O ardor da humilhação diminuiu, mas aquelas palavras continuavam em sua mente. *É usar ou largar*. A frase estava grudada em sua cabeça como um carrapato. Como funciona a regra para "usar" algo que você não sabe se já teve? Como usar algo sem saber como? A maioria das mulheres da idade dela tinha experiência sexual. As experiências de Frankie se resumiam a um par de encontros constrangedores dos quais ela se sentiu aliviada de fugir. E os demais detalhes eram algo que ela nunca compartilhara.

— Como vão as coisas com o Jake?

— Ótimas. Ele tem me pressionado para ir morar com ele.

— Ah. — Ela, Matt, Eva e Paige viviam naquele prédio há bastante tempo. Frankie percebeu que não havia cogitado essa mudança. — Como você se sente a respeito?

— Um misto de sentimentos. Adoro estar com o Jake e o apartamento dele é espetacular, mas também amo o Brooklyn. — Paige hesitou. — E estou preocupada com a Eva.

— Eu também. Ela ficou muito emocionada no chá de panela do outro dia. Mas está melhor do que no Natal.

— Ela se faz de durona, mas morre de saudades da avó. Ela vai empurrando o dia com a barriga, mas, às vezes, ainda chora de noite. Eu consigo ouvir. — Paige deu um passo para trás para dar passagem a alguém que levava uma planta enorme. — Não consigo imaginar a sensação de não ter família. Eva me disse outro dia que se sentia como um barco que perdeu a âncora. Ela está no mar à deriva.

Frankie sentiu uma pontada de culpa:

— Agora estou me sentindo péssima de reclamar da minha mãe.

— Não se sinta assim. A sua mãe não ajuda em nada, só piora.

— Mas pelo menos sou conectada a alguém. O que podemos fazer para ajudar a Eva?

— Eu queria que ela encontrasse alguém. E antes que você franza a testa, sei que relacionamentos não são tudo, mas acho que é o que ela precisa. Eva precisa encontrar alguém que aprecie o quão especial ela é. Ela precisa criar a própria família.

— No momento, eu não ia querer que ela encontrasse ninguém. Ela está vulnerável. E se as coisas não vingarem? Imagine o tamanho da decepção. — A ideia de Eva sofrendo fez Frankie sentir uma dor no peito. — Ela confia tanto nas pessoas.

— Nem todos os relacionamentos acabam em decepção, Frankie.

— Muitos acabam e isso derrubaria a Eva. E se ela se apaixonar por um cara e descobrir que ele não passa de um mentiroso, traidor, filho de uma... — Frankie foi tomada de raiva. — Eu o mataria na hora.

— Ele também poderia ser uma pessoa decente, honesta, a melhor coisa que aconteceu a ela.

— Nesse caso, eu não o mataria. Mas nunca conheci um cara na vida que seria bom o bastante para a Eva. — Ela hesitou. — Com exceção, talvez, do Matt.

— Matt? Matt, o meu irmão?

— Por que não? Eles são bons amigos. Estão sempre rindo e brincando um com o outro. — Talvez essa fosse a resposta. Se Matt ficasse com Eva, ela pararia de pensar em coisas sobre as quais não conseguia parar de pensar.

— Eles são amigos, não vejo nenhuma química entre os dois.

— Ele é lindo de morrer e ela é mais do que estonteante. O que mais você quer?

— Você acha o meu irmão lindo de morrer? — Paige olhou com curiosidade para a amiga e Frankie quis ter ficado de boca fechada.

— Eu tenho olhos, não é mesmo? Só estou dizendo que acho que os dois seriam ótimos juntos e se o Matt ficasse com a Eva, eu não teria que matá-lo. Sei que ele seria bom para ela.

A expressão de Paige foi de curiosa a pensativa:

— Eles se matariam. Ela o faria assistir filmes românticos e ele ia querer beber. Não, eu escolheria outra mulher para ele. Além disso, Eva nunca toleraria a Garrinhas e Matt não se separaria daquela gata, então ela seria o primeiro grande motivo de briga entre os dois. Ela vai encontrar alguém. Até lá, tem a gente. Graças à Deus amizades existem.

Frankie não discordava. Sem as amigas, ela nunca teria sobrevivido aos momentos difíceis pelos quais passou.

— Eu vou ficar com a Eva nas noites que você passar no Jake.

— Você faria isso?

— Não quero que ela fique triste e sozinha.

— É muito generoso de sua parte, mas há um problema no plano.

— Que seria...

— Ela saberia que você só está fazendo isso por ela.

— E amizade não é isso? Ajudar as pessoas com quem nos importamos?

— Sim, mas ela ficaria péssima se descobrisse que eu a ouvi chorando. E ficaria ainda pior se descobrisse que te contei. Eva acha que já devia ter superado o luto pela avó.

— Isso é uma besteira. Ninguém supera uma perda dessas assim. O melhor que podemos esperar é aprender a viver com isso.

— Eu sei. Vamos ver no que vai dar. Enquanto isso, vou continuar tocando minha vida, dividindo a semana entre a casa do Jake e o Brooklyn. Você poderia encontrar um pretexto para passar lá nas noites em que eu não estiver. Não precisa ficar. Então, o que mais você quer comprar aqui? — Paige parou em frente a outra vitrine. — Essas rosas clarinhas são lindas.

— Sem tons pastel. Quero cores fortes. Vibrantes. Vigorosas. Eletrizantes. Futuristas. Uma fusão de cores e aromas. — Ela tirou uma lista de dentro da bolsa e a examinou, ansiosa por algo que a fizesse parar de pensar na mãe.

Elas estavam cercadas por cores. Rosas, roxos, azuis e amarelos. Hortênsias de cores que ela nunca imaginaria.

Era para ser um passeio tranquilizante, mas encontrar com sua mãe elevou o estresse a níveis inimagináveis.

Frankie pegou algumas rosas de caules longos:

— Eu não perguntei onde ela está morando.

— A sua mãe? E você quer saber?

— Não. Não há por quê. Ela não vai ficar muito tempo por lá. — Incapaz de se concentrar, ela olhou para as rosas. — Não me lembro da última vez que tivemos uma conversa decente. Você conversa com a sua mãe o tempo todo, e fala sobre coisas normais. A minha só fica me encorajando a transar. Há algo de errado comigo?

— Não há nada de errado com você. A sua mãe é uma pessoa difícil de lidar. A gente vai comprar essas rosas? Se não, vão cobrar um aluguel por as termos segurado por tanto tempo.

Frankie negociou o preço das rosas, discutiu sobre cores e caules, e então as duas saíram da loja e voltaram para a rua.

O aroma doce e açucarado das flores tomava o ar, mascarando a poluição dos carros e os cheiros da cidade.

Ela se sentia mais calma graças a Paige.

Frankie tentava imaginar como seria sua vida sem as amigas.

E não gostava do que via.

Ela parou de andar:

— Vou ajudar o Matt.

— Vai mesmo? — Paige pareceu surpresa. — O que fez você mudar de ideia?

— Você me fez mudar de ideia ao me lembrar do valor da amizade. Matt me ajudou quando precisei encontrar um lugar para morar. Não tenho como retribuir esse favor à altura. Mas posso fazer esse trabalho.

Trabalho, era só isso. Ela estava ajudando um amigo.

Sem dramas ou mistérios, era isso e ponto.

Capítulo 4

Amigas são como plástico-bolha: te protegem dos grandes impactos.

— Eva

Frankie estava em pé no terraço da cobertura e protegia os olhos com a mão. O sol estava forte e não havia uma brisa sequer. Nova York era asfixiante no pico dos meses de verão.

Ela havia visto as fotos do lugar antes e passara horas estudando o conceito que Matt criara para a obra, mas projetos e a realidade são coisas diferentes. Ele tinha transformado um simples espaço a céu aberto no que prometia ser um luxuoso jardim, perfeito tanto para relaxar quanto para passar o tempo. O uso inteligente de tijolos, pedras texturizadas e diferentes tipos de madeira havia criado um elemento arquitetônico que também seria parte importante da decoração.

Era de cair o queixo.

Frankie sentiu uma alegria enorme. Para ela, fazer esse trabalho era muito mais recompensador do que escolher flores para um casamento. Aquilo poderia alegrar um momento, mas isso aqui — ela olhou ao redor, imaginando como o lugar ficaria quando terminasse —, poderia alegrar uma vida.

Ela, mais do que ninguém, sabia da importância do verde e da natureza para a saúde e a felicidade.

Para ela, um jardim não era um luxo dispensável: era uma necessidade.

Em meio às turbulências de sua infância, o lindo jardim de sua casa tinha oferecido paz e refúgio.

Não importa o que dizia para as amigas, às vezes Frankie sentia saudade da Ilha de Puffin. Não das pessoas ou do passado; mas do lugar. Ela sentia falta do cheiro de maresia e do som das gaivotas. E, principalmente, ela tinha saudade da sensação de estar cercada por natureza. Aprendera porém que, usando técnicas de plantio inteligentes, poderia criar a mesma sensação em seu quintal. E poderia criar esse refúgio para outras pessoas.

Ela se virou e viu Matt conversando com James e Roxy, membros da equipe, que estavam terminando o bruto do projeto arquitetônico.

Seus braços estavam cruzados, posição que dava ênfase aos músculos bem desenvolvidos da parte superior do corpo. Ele apoiava uma das botas gastas sobre uma pilha de placas de concreto.

A luz do sol cintilava por seu cabelo escuro e os óculos escuros escondiam a expressão em seus olhos, mas Frankie via pela forma como Matt angulava a cabeça, e ocasionalmente a balançava, que estava escutando a conversa com bastante atenção.

Alguns homens não param de falar, como se suas vozes fossem as únicas que valessem a pena ser ouvidas, mas Matt não era assim. Ele sabia dar ouvidos aos outros.

Frankie tinha medo de que trabalhar tão perto dele pudesse ser estranho, mas acabou se mostrando algo mais fácil do que havia imaginado. A não ser pelo fato de ele tirar seus óculos sempre que Frankie os colocava, os dois estavam se dando muito bem. Havia poucos momentos em que se esquecia de respirar e não havia sombra de intimidade, nenhuma repetição do que se passara no apartamento dela. É claro que o motivo era não haver nada de íntimo em trabalhar torrando sob o sol do verão com uma equipe completa ao redor.

A cada dois minutos alguém ia até ele perguntar alguma coisa. Ele era a pessoa para quem todos apresentavam suas ideias e soluções, e não apenas por ser chefe. Matt era a pessoa com a criatividade e a habilidade necessárias para tornar essa visão uma realidade. Ele era o cérebro e os músculos por trás dos projetos. Literalmente. Matt passava seus dias arrastando materiais pesados para cima e para baixo pelas coberturas de Nova York, e isso estava na cara. Sua camiseta se agarrava aos ombros grossos e musculosos e suas pernas eram firmes e fortes.

Frankie sentiu um calor no estômago e secou a testa com a mão. Não era justo sentir desejo sexual sabendo que, se algum dia ele encostasse um dedo nela, não daria em nada.

Frankie era um "dois e meio, sem prêmio de consolação".

Matt terminou a conversa e veio caminhando na direção dela:

— Está tudo bem?

Não, não está tudo bem.

— Estou ardendo. — Ela respondeu sem pensar e viu o canto da boca dele se contrair. — Quer dizer, *está* quente. O clima. Não eu. O clima está me fazendo arder. Fazendo a sensação térmica do corpo parecer mais quente, não o... — A voz de Frankie foi ficando mais fraca e Matt ergueu uma sobrancelha.

— Não o quê?

Ela o encarou:

— Não tem graça.

— E por acaso estou rindo?

Sua boca estava firme e séria, e seus olhos... bem, ela não conseguia ver seus olhos, escondidos atrás dos óculos escuros. Mas ele não parecia rir. Ele parecia... parecia...

Frankie engoliu seco. Ele parecia durão e sexy, rústico o bastante para transformar aquele zumbido baixinho do desejo em cortes profundos.

Era em momentos assim que aquelas lições de como flertar teriam ajudado. Ela poderia ter dito algo para quebrar o gelo e fazer os dois rirem. E aí poderiam seguir em frente. Em vez disso, Frankie sentia como se fritasse em óleo quente. A atmosfera estava tomada de uma tensão sexual com a qual ela não fazia ideia de como lidar. E o fato de Matt estar tão perto dela não ajudava. Era perto demais. Na verdade, bastava ele abaixar a cabeça e...

— Esse terraço está pegando fogo — disse ela sem jeito. — Dá para fritar um ovo no parapeito.

— Você talvez devesse tirar uma camada de roupa. — A voz grossa de Matt acariciou a pele de Frankie e seu olhar derrapou sobre o dele.

Que porcaria de jogo ele estava fazendo? Era o Matt. *O Matt...* dizendo para ela tirar a roupa? Ela estava tão distante de sua zona de conforto que era como estar pendurada pelos dedos em um precipício.

— Não, obrigada. Me fale um pouco do projeto. Dei uma olhada nos planos de Victoria. Eles são bons. Vou manter as sugestões dela e talvez acrescentar algumas ideias. O que você tem em mente para a mobília? Bancos? — Outra mulher flertaria. Frankie falava sobre móveis. Além disso, balbuciava. A torrente de palavras que lhe saía da boca faziam um contraste absoluto com o silêncio atencioso de Matt.

Frankie tinha a sensação de que ele esperava por uma evasiva.

E eis que surgia novamente aquela estranha sensação eletrizante atrás das costelas. A pele de Frankie estava sensível, como se todos os seus nervos tivessem despertado subitamente de um sono profundo.

— Os assentos principais vão ser três bancos de tronco. — A voz calma e firme dele contrastava diretamente com a agitação nervosa dela. — Eles vão se fundir ao entorno rústico e o peso vai evitar que sejam levados pelo vento.

— Me parece bom. Você mesmo vai construí-los? Você é tão bom com as mãos. Quer dizer, bom em construir, não outra coisa. — Ai, o que havia de *errado* com ela? A risadinha leve de Matt foi a gota d'água e Frankie cobriu os olhos com as mãos.

— Chega! Não dá mais.

— Não dá mais o quê? — Ainda rindo, ele lhe tirou as mãos do rosto. — Não dá mais o quê, querida?

Os dedos dele eram quentes e fortes, e Frankie imaginou se ele conseguia sentir sua pulsação acelerar.

— Para ter essas conversas!

— O que têm essas conversas?

— Eu estou falando tudo errado.

— Não tem *errado* comigo. — Ele fez uma pausa. — E você tem razão. Sou muito bom com as mãos.

Frankie não tinha ideia se os bancos de tronco ainda faziam parte da conversa ou se eles estavam falando de outra coisa. Se *de fato* estavam falando de outra coisa, então...

A cabeça de Frankie girava.

Ela permaneceu imóvel, com o rosto ardendo de calor, com um nó na barriga e na língua.

Por fim, Matt se afastou e lhe deu espaço.

— Você deveria ver o banco que terminei. Está lá embaixo no ateliê. Temos mais coisas que você poderia usar.

Está bem, agora ele estava falando de trabalho. Ela dava conta de falar de trabalho.

De volta à zona de conforto, ela se sentiu relaxar.

— Alguma ideia para fazer sombra?

— Recomendo uma pérgula. Eles disseram que vão consultar a verba, mas acho que vão topar.

— Como você vai trazer o material de construção e suprimentos aqui para a cobertura?

— Estou usando materiais que podem ser trazidos de elevador, senão teríamos que alugar uma grua e perder 25.000 dólares. Você vai me dizer que precisaremos de uma grua para trazer a terra que planeja usar?

Frankie colocou os polegares nos bolsos.

— Não. Como é uma cobertura, uma mistura de terra compacta, de escoamento rápido, vai manter a carga leve. — Ela havia se esquecido do quanto gostava dos desafios de fazer um terraço. Havia tantos aspectos a serem considerados, desde privacidade à perspectiva de climas extremos.

— E os vasos?

— Temos algumas opções. — Ela olhou ao redor, imaginando tudo. — Podemos usar vasos leves, de fibra de vidro ou de pedra ornamental. Uma mistura dessas duas opções seria o ideal.

— Quando ficam desgastados, parecem pedra de verdade. — Ele assentiu. — Vai funcionar bem. Você realmente deveria dar uma olhada no que temos no ateliê. Talvez tenha algo lá que você possa usar.

— O cliente tem verba para irrigação por gotejamento?

— Ele achava que não, mas eu mostrei a vantagem, explicando o quanto eles iam gastar trocando as plantas que morreriam caso se esquecessem de regá-las duas vezes por dia. — Ele puxou Frankie de lado quando James passou carregando uma placa grande de piso. — Alguma ideia para as plantas?

Os dedos deles seguravam braço de Frankie com firmeza. Ela sentiu ondas de excitação se espalharem pelo corpo e convergirem para sua pélvis.

Sério mesmo? Ele tentou evitar que ela fosse esmagada por uma placa de concreto e ela achou isso excitante? O corpo dela devia ser a coisa mais estranha, bizarra e incompreensível do planeta. Quando tinha vontade de responder a um homem, não conseguia, e quando não queria, respondia.

Frankie não costumava lutar tanto para se concentrar em algo, por isso era irritante encontrar pensamentos indesejados rastejando por sua mente. Era como caminhar por uma floresta e ser atacada por insetos e mosquitos. Ela queria afastá-los ou matá-los com um inseticida.

— Frankie? — O chamado gentil de Matt a fez lembrar que estavam no meio de uma conversa.

Ela torceu para ele não ter percebido o lapso.

— Eu ficaria com uma paleta de cores simples e manteria o aspecto mais natural possível. A ideia é cobrir o terraço para dar privacidade, mas sem bloquear a vista da cidade.

— O prédio tem uma restrição de um metro e oitenta para a altura das plantas.

— Eu gosto de perenifólias, as folhas pequenas são perfeitas para coberturas. Folhas muito largas se soltam mais facilmente com o vento. — Ela olhou ao redor e observou o horizonte, aliviada por ter uma desculpa para olhar para outro lugar que não fosse ele. — Estamos muito expostos àquele prédio residencial ali, então precisamos pensar em como manter a privacidade.

— Pensamos em uma tela barata de bambu.

— Deve funcionar. — Anos de experiência ajudavam Frankie a imaginar como ficaria. — Você cogitou plantar uma magnólia perene naquele canto?

Ele seguiu o olhar dela.

— Não tinha cogitado, mas é uma boa ideia. Algo mais?

Ela passeou pela extensão da cobertura. Conforme se afastava de Matt, sua respiração voltava ao normal.

— Um buxo inglês. Quem sabe uma trepadeira. Não queremos perder a vista desse lado aqui.

— A vista é a melhor coisa.

— É um cartão-postal de Nova York. — Frankie recuou. — Precisamos pensar na corrente de ar. — Ela fez uma lista mental de opções. — Me conte um pouco mais dessa pérgula que você pensou. E dos seus projetos para irrigação.

Matt falou sobre o assunto enquanto Frankie mantinha o foco na vista e tentava se lembrar de respirar.

— Vou trabalhar nisso hoje à noite. — Ela fez algumas anotações num bloquinho. Ainda preferia trabalhar com lápis e papel. Seu bloquinho era cheio de esboços e ideias.

— Não perca a noite por minha causa. — Ele enrolou a planta do projeto. — Agradeço pela ajuda, sei que estamos em cima do prazo, mas não quero que você se sacrifique por isso.

— Não é um sacrifício. Vai ser divertido.

— Passar a noite fazendo projetos de botânica é divertido?

— Vai rolar um vinho junto. Não tenho uma noite livre desde que começamos a Gênio Urbano. — Frankie parou de falar quando uma pessoa da equipe apareceu com um documento para Matt assinar.

Ele rabiscou a assinatura com tinta preta.

— Você conferiu as informações, Roxy?

— Sim, chefe. — A moça deu uma risadinha e fez um gesto em continência. — Aprendi a lição depois da última vez.

Matt observou Roxy se afastar:

— É sexta à noite. Quando foi a última vez que você teve um encontro?

Frankie manteve os olhos na moça, imaginando como ela conseguia se agachar dentro de um jeans tão apertado.

— Acho que ela não te ouviu.

— Eu não estava falando com ela. Eu estava falando com você.

— *Comigo*? Ah... — Frankie hesitou, sabendo que sua resposta não ia pintar um grande retrato de sofisticação urbana. — Bem... sei lá... ando meio ocupada... e não costumo sair muito em encontros. — Para que mentir se ele já sabe que ela não é uma baladeira de marca maior? — Quando vou a um encontro, quase sempre me arrependo, então prefiro passar minhas noites pensando em plantas.

Lentamente, ele tirou os óculos escuros.

— E por que você se arrepende?

Os olhos dele eram de um azul incrível, caloroso, cheio de interesse e estavam focados nela.

Frankie sentiu como se suas entranhas estivessem se derretendo.

— Não sou boa com encontros.

— Não é muito difícil. É só passar um tempo com alguém. Como é possível não ser *boa* nisso?

O simples fato de ele ter formulado essa pergunta revelava o enorme abismo entre as experiências de vida e expectativas dos dois, bem como o pouco que ele sabia sobre o histórico amoroso dela. E, também, quão pouco ele parecia entender as inseguranças de Frankie, fora o incidente envolvendo os óculos. E por que entenderia? Matt era confiante e seguro de si. Encontros amorosos não pareciam ser um tema que demandasse terapia para ele.

— É a pressão — tentou explicar. — Se vou ou não gostar dos caras. Se preciso ser mais assim ou assado. Sair com um estranho é um negócio meio falso, não acha? As pessoas projetam uma imagem. Você vê o que elas querem que você veja e, em geral, tentam esconder o que realmente são. É como sair usando uma máscara.

Não tenho energia para isso. — Era um eufemismo. Frankie achava encontros uma fonte monumental de estresse, motivo pelo qual os eliminara de sua vida.

— E que tal sair e ser você mesma? Isso já aconteceu?

— Normalmente não funciona.

— Como é que ser você mesma não funciona?

Frankie não conseguia deixar de perceber a presença das pessoas trabalhando em volta deles e ficou pensando como o tema da conversa mudou tão facilmente de flores e plantas para suas próprias fobias.

E não era apenas a conversa que a desestabilizava. Era a forma como ele olhava para ela, com aquele olhar lânguido e sensual, como se ela fosse a única pessoa naquela cobertura. A única pessoa em Nova York. *No mundo.*

Ela sempre se sentiu segura com Matt, mas, naquele momento, não se sentia nem um pouco. Ela estava tentando se manter na zona de conforto e ele parecia querer arrancá-la de lá. O que não era comum.

Frankie estava repleta de sentimentos que não conhecia e com os quais não sabia lidar.

— Não espero que você entenda. Deve ser bem simples quando você está com uma mulher.

Ele levantou a mão e afastou uma mecha de cabelo do rosto dela. Frankie sentiu o toque rústico da ponta dos dedos de Matt roçar contra a sua pele e começou a tremer.

— Quando estou com uma mulher — disse ele delicadamente —, desejo que ela seja ela mesma. Se está saindo com alguém que não se interessa por quem você é ou não quer mostrar quem é de verdade, é provável que você esteja jogando seu tempo fora.

Ele recuou com a mão, mas o tremor não parou. Era como se ele tivesse apertado um gatilho. Ela viu o rosto dele através de um borrão de luz solar e das imagens febris formadas por sua própria mente.

Quando estou com uma mulher...

Tudo o que ela conseguia pensar era: *mulher de sorte.*

A atmosfera era eletrizante e Frankie sentiu um rompante de sensibilidade na pele. Seu coração batia tão forte que ela achava que a equipe de trabalho inteira ouviria a cadência.

— Você está saindo com alguém no momento? — Por que ela fez essa pergunta? Ela não queria saber a resposta. De verdade, ela não queria saber. Ela esfregou os braços com as mãos, imaginando como estava tendo calafrios naquele calor.

— Não estou saindo com ninguém.

— Está interessado em alguém?

— Tem alguém que me interessa bastante.

— Ah! — Frankie sentiu como se tivesse tomado um chute no estômago. — Bem, que... empolgante.

Nunca na vida ela esperaria que a resposta dele pudesse incomodá-la tanto. Uma tristeza desceu sobre ela como uma espessa névoa de inverno, dissolvendo seu bom humor.

Ela queria não ter feito essa pergunta, mas, ao mesmo tempo, sentia-se feliz, pois pelo menos deixaria de sonhar acordada e de ficar tanto tempo na esperança de que a relação deles mudasse.

Aquele comentário sobre ela ter olhos bonitos tinha sido apenas isso: um comentário.

Para alguns homens, sair com alguém era praticamente um passatempo, mas Matt era diferente.

Matt, Frankie sabia, não era do tipo de cara que saía transando com todas as mulheres da cidade só porque podia. Tampouco era do tipo que precisava de uma mulher nos braços para inflar o próprio ego. Se estava interessado em alguém, era porque era uma mulher especial.

Sentiu as costelas queimando na chama ácida do ciúme.

Ela teve uma visão do futuro, das noites na cobertura do prédio deles, com Matt e sua namorada emaranhados em um dos pufes.

— Fico feliz por você. — Ela pronunciou as palavras mesmo sem partilhar do sentimento. — Isso é ótimo.

Que tipo de mulher conquistou a atenção dele? Obviamente devia ser bonita. Inteligente. Não era nem preciso dizer. E confiante no aspecto sexual. Com certeza alguém que soubesse flertar quando era preciso.

Não uma mulher que usasse óculos sem precisar deles.

— Não é ótimo. — Ele colocou rolos de projetos debaixo do braço. — É complicado.

Frankie não fazia ideia do que dizer. Ela se sentia terrivelmente inadequada para a situação. Ela era a *última* pessoa no mundo capaz de dar conselhos amorosos.

— Relacionamentos são sempre complicados. É por isso que não me preocupo com isso. Não faço ideia do que seja um relacionamento normal e saudável. E lá vou eu de novo... a nuvem de chuva bloqueando o sol de alguém. Não me dê ouvidos, ok? Se quiser conselhos, fale com a Eva. Quando o assunto é amor, ela tem todas as respostas. E ela acredita em paixão, o que ajuda.

— Não quero falar com a Eva.

Ele estava dizendo que queria falar com *ela*?

Frankie se sentia encurralada entre querer fugir e ser uma boa amiga.

Ela não tinha nada de útil a falar sobre o amor, mas isso não queria dizer que era incapaz de ouvir. Era o Matt. Matt que, há tantos anos, lhe deu um lindo lar para viver.

— Não tenho conselhos, mas posso ouvir, se você quiser conversar.

E caso ficasse verde de inveja, pelo menos combinaria com as plantas.

— Você faria isso? — Havia uma pontada de humor na voz dele. — Mesmo se tratando de encontros, o último tema sobre o qual você gostaria de falar na vida?

— Não quero ver nenhuma mulher brincando com os seus sentimentos. Eu gosto de você. — Ah, porcaria. Ela não devia ter dito isso. — Somos amigos. É claro que gosto de você. Se quiser conversar, fale. Conte-me sobre essa mulher pela qual você está interessado. Para você gostar dela, ela deve ser bem especial.

— Ela é.

As palavras dele infligiram mais uma ferida junto às muitas outras que se acumulavam.

— Por que é complicado? Estou presumindo que ela não é casada ou não esteja frequentando a escola. — Ao ver as sobrancelhas dele se erguerem, ela corou, balançou a cabeça e pediu desculpas. — Foi mal. É por esse motivo que é melhor não falar sobre isso comigo. Quando o assunto é amor, minhas ideias são todas tortas. Então, qual é o problema? Fala para ela de uma vez. Ou você teme que ela não esteja interessada?

— Ela está interessada.

— Bem, é claro que sim! — A inveja deixava Frankie impaciente. — Só uma louca para não estar interessada. Você é um pacote completo, Matt... Três "s", como diz a Eva.

— Três "s"?

— Solteiro, sensato e s... — Ela ia dizer *sexy*, mas percebeu subitamente como poderia ser mal interpretada. Se ele soubesse que ela o achava sexy, ela nunca seria capaz de olhar em seus olhos novamente, o que já era difícil depois do incidente com os óculos.

— Solvente — murmurou ela. — Você é solvente.

— Solteiro, sensato e *solvente*? — Ele pareceu achar graça. — Isso é tão bom assim? Não me parece um padrão muito alto.

— Em Manhattan? Você ficaria surpreso... — disse Frankie em tom sombrio. — O que quero dizer é que, se você está interessado por alguém, não vai ter problemas. Milhões de mulheres se matariam para ter você na vida delas.

Houve uma pausa enquanto Matt observava o horizonte.

— Não quero milhões de mulheres. Quero apenas uma e ela tem medo de relacionamentos. Ela não confia muito nas pessoas, por isso estou indo devagar.

Algo no tom de voz dele atraiu bruscamente o olhar de Frankie, mas Matt tinha colocado os óculos escuros de novo e ela não pôde mais ver seus olhos.

Ela estava confusa.

Ele estava dizendo que...?

Queria dizer que...?

Uma empolgação deliciosa e aterrorizante percorreu seu corpo. Ela saltou do ciúme para a euforia. Frankie estava tomada por uma quantidade idêntica de alegria e calor. Matt estava interessado nela. *Nela. Ela* era a mulher que ele desejava. Essa simples ideia a deixou tonta de alegria. Suas mãos ficaram suadas e seu coração batia como a bateria de uma banda de rock. Foi quando ela se deu conta de que, se ele sabia que ela estava interessada e estando ele interessado também, o próximo passo lógico era aprofundar as coisas. É o que ele esperaria. Não é isso o que as pessoas normais fazem? Era por isso que eles estavam dizendo o que sentiam. E se eles fossem aprofundar as coisas...

A realidade atravessou sua alegria, perfurando a euforia como uma agulha estoura a bexiga de uma criança.

O júbilo deu lugar ao pânico.

— Pensando bem, deixa para lá. Você quer distância de relacionamentos complicados. — Frankie gaguejava, tropeçava nas palavras. *Mantenha distância de mim.* — É problema demais. Sério, Matt, não se envolva nisso.

Admirar alguém de uma distância segura era uma coisa. Quando você achava que essa pessoa não tinha interesse e que os sentimentos não iriam para frente, era um passatempo seguro. Mas o que estava acontecendo ali... o que estava acontecendo era diferente. Era como admirar um tigre no zoológico e de repente perceber que alguém tirou o vidro entre você e ele. Não havia nada impedindo que ele se aproximasse.

Até aquele momento, ela não fazia ideia de que Matt estava interessado nela, mas agora que sabia, tudo mudava.

O impossível agora era possível. E o possível a aterrorizava.

— Nunca tive medo de coisas complicadas, Frankie. Nunca fui do tipo que acha que algo valioso deve ser conquistado facilmente.

— Bem, você deveria ter. — *Respira, Frankie. Inspira, expira. Inspira, expira.* — Viver um relacionamento complicado não é legal. Se algo é complicado, você deveria pensar duas vezes. Você merece encontrar alguém especial. Uma mulher linda, confiável, descomplicada e meiga que não estrague sua vida. — Ela articulava cuidadosamente cada palavra, transmitindo, com o tom de voz, a mensagem: *não sou eu.*

— Frankie...

— E falando em projetos, é isso o que vou fazer. Conversamos amanhã.

Ela recuou, tropeçou em um saco de cimento e praticamente saiu correndo pela escada que levava da cobertura ao andar de cima da casa.

Sem chances de levar isso adiante, não apenas porque Frankie acreditava que relacionamentos eram fadados ao fracasso, mas porque seria impossível se aproximar de Matt sem que ele descobrisse as coisas que ela havia feito tanta questão de manter em segredo.

Porque sabia dos óculos, ele pensou que a conhecia. O que ele não sabia era que os óculos eram apenas a ponta do iceberg.

Com as mãos na cintura, Roxy ficou observando Frankie sair correndo:

— Você causa esse efeito nas mulheres, chefe?

Matt passou a mão na nuca e pensou em sua gatinha.

— Estou começando a achar que sim.

— O que você disse a ela?

— Nada. Porcaria nenhuma. — Bem, ele disse algumas coisas, mas era apenas o começo.

Roxy levantou o boné de beisebol e coçou a cabeça,

— Você deve ter dito *algo*. Ela saiu correndo como se estivesse sendo perseguida por um monte de zumbis.

— Eu levo jeito com as mulheres.

— Leva mesmo, é verdade... — disse Roxy sorrindo —, mas está na cara que seu charme natural te deixou na mão hoje. Talvez você devesse ir atrás, pode ser que ela caia e quebre o tornozelo ou coisa do tipo. Ela parecia bem perturbada. Deve ter te flagrado olhando para a bunda dela.

— Eu não estava olhando para a bunda dela.

— Você estava super olhando para a bunda dela.

Matt lançou um olhar severo:

— E seu respeito por mim, onde foi parar?

— Tenho tanto respeito por você, chefe, que não sei mais onde colocar.

Era uma luta para não cair na risada.

— Você poderia colocar bem aqui, Roxy. Bem aqui, onde eu possa vê-lo.

— Ei, você duvida mesmo? Você me ofereceu um emprego quando ninguém parecia querer me contratar e me ajudou a encontrar uma creche. Você tem que me dar o direito de te idolatrar um pouco, meu herói.

Agora, Matt sorriu:

— Como vai seu bebê?

— Pare de chamá-la de bebê. Ela já está com 2 anos, Matt!

— Você tem conseguido dormir um pouco mais?

— Um pouquinho, mas ela acorda cedo e pronta para brincar. Não me importo. Meu amor é tanto que não cabe no peito. Eu a amo, mesmo quando ela me acorda às quatro da madrugada, meus olhos ainda estão vedados e eu venderia minha alma por mais cinco minutos de sono. Tenho lido bastante para ela. Comprei uma pilha de livros em um sebo. Ela adora. — Roxy bebeu um gole na garrafa d'água. — Ela seria perfeita para você, chefe.

— Costumo preferir mulheres um pouquinho mais velhas.

Roxy engasgou:

— Não a Mia... A Frankie. Ela seria perfeita.

— Desde quando você virou especialista em relacionamentos?

— Ter tido um relacionamento catastrófico te dá credenciais avançadas. Praticamente um diploma universitário. Você vira especialista. Deveriam colocar umas letras antes do meu nome, que nem naqueles títulos de pós-graduação.

— E que letras seriam?

Roxy riu:

— NMC.

— Não vou nem perguntar o que significa.

— Não Mexe Comigo. Só não coloco palavrões, pois agora sou mãe e não quero que Mia cresça ouvindo merda. Quer dizer, "coisas". Coisas. Não quero que ela cresça ouvindo coisas. E quero que ela saiba que, se um relacionamento a fizer se sentir mal, é melhor sair. É melhor não ficar perdendo tempo, como eu.

Algo no ângulo do queixo de Roxy incitava à pergunta:

— Eddy anda te incomodando de novo?

— Desde a última vez, quando você mostrou a porta da rua para ele? Não. — Ela esboçou um sorriso parcial. — Cara, ele ficou morrendo de medo. A *cara* dele... E você nem encostou nele. Você só o mandou ir embora e deu aquele olhar assustador. Como você fez aquilo?

— Olhares assustadores são uma carta na manga. — Matt fez uma pausa. — Você não vai voltar com ele?

— Nunca. Ele não quer conhecer a Mia. Que tipo de homem não quer conhecer a própria filha? E ele me deixou mal comigo mesma. — Ela tampou a garrafa. — Não vou ficar com um cara que me faz sentir assim. A vida pode ser um lixo por si só. Não preciso convidar o lixo para morar comigo. Não quero que Mia cresça vendo esse tipo de relacionamento. Quero que ela saiba que pode escolher algo bom. Que ela merece isso.

Matt ficou observando as marcas fortes da expressão de Roxy e sentiu o mesmo respeito profundo que experimentou no dia em que ela apareceu à porta de seu escritório:

— Você é uma pessoa incrível, Roxanne.

— Ei, nada de se apaixonar por mim, hein? Esse lance de patrão e funcionário nunca dá certo. É o negócio do poder... — Ela balançou a cabeça e revelou bom humor nos olhos. — Não. Não faça isso.

— Vou tentar lembrar disso.

— A Frankie seria perfeita para você. Ela é super inteligente. Sabe o nome das plantas em latim e tudo mais. Eu a ouvi falando baixinho. E ela tem um corpo lindo. Quando foi a última vez que você teve um relacionamento sério?

Matt se remexeu:

— Já faz algum tempo.

Ele pensou em Caroline soluçando e se lamuriando, implorando por perdão, dizendo que não tinha sido nada, apenas um momento de loucura por conta do álcool. Dizendo que o que haviam compartilhado continuava intacto. Que não tinha morrido.

Para Matt, tinha morrido sim. Ele talvez conseguisse perdoar um erro cometido enquanto estava bêbada. O que não conseguia perdoar eram as mentiras. Caroline pegou uma faca e cortou a confiança entre eles. Sem confiança, tudo estava perdido.

Matt decidiu que era hora de terminar a conversa:

— Tenho coisas para fazer. Vou deixar você tomando conta da obra, Rox.

— Eu? — Ela estufou o peito. — Então agora sou a chefe?

— Você é a chefe.

— Vou ganhar um aumento?

— Só em sonhos. — Ele já lhe pagava bem acima da média para uma profissional não qualificada e ambos sabiam disso.

— Mas vou poder contratar e demitir? — Ela olhou para o James. — É melhor você prestar atenção no que faz.

James ainda estava carregando grandes placas de concreto. O suor cobria sua camiseta e seu cabelo se espetava pela cabeça.

— Quisera eu que você me demitisse. Assim, eu poderia sair dessa merda de calor e voltar para casa.

— Coloque 1 dólar no pote do palavrão! — Roxy largou a garrafinha. — Eu vou ajudar você, seu fracote.

James ergueu os ombros poderosos e atirou um olhar na direção de Matt.

— Por que você a contratou?

— Não me lembro no momento, mas sei que tive um bom motivo.

— Estou pensando em voltar a estudar Direito. Ela pode me acompanhar. — James atravessou a cobertura e Roxy deu risada conforme ele recuava.

— Ele me ama demais. Você consegue imaginar James como advogado? Essas coisas que você tem para fazer, elas envolvem a Frankie?

— Não. Não que seja da sua conta, mas preciso fazer umas coisas lá no ateliê.

— Você quer dizer que quer brincar com a motosserra. Entendi. Nada como ferramentas potentes para aliviar a tensão. Meninos e seus brinquedinhos. Conheço bem essa estória.

— Não sou um menino.

— Sim, sei bem disso. — Ela afastou o cabelo dos olhos e olhou para os bíceps de Matt. — Ando tentando não ver as coisas por esse viés. Nunca trabalhei para um chefe gostosão. É tudo novo para mim.

Ele suspirou:

— Roxy...

— Ei, meu chefe antes de ficar grávida tinha 1,65 de altura e pesava 110 quilos. Ainda estou me acostumando à novidade de ter para o que olhar durante o trabalho, então me dá um tempo. Vai lá. Eu dou conta daqui. Vou terminar o que falta e limpar tudo. E vou me certificar de que James trabalhe até virar uma batata frita. Não se preocupe com a gente. Somos a equipe dos sonhos.

Matt não estava preocupado com eles. Ele estava preocupado com Frankie.

Ele nunca viu alguém surtar daquele jeito.

Ela saiu correndo tão rápido que o ego dele poderia ter sofrido um dano permanente caso não soubesse que o motivo disso não era falta de interesse. O motivo era o contrário.

Isso o animou e ele parou para ajudar James com a última lajota.

— Você dá conta de tudo por aqui?

— Não se preocupe. — Os músculos de James se contraíram. — A vida amorosa de um homem é sempre a prioridade.

Matt refletiu que um dos pontos negativos de trabalhar com uma equipe pequena é que todos tinham uma opinião sobre sua vida amorosa.

— Estou indo ao ateliê. Ainda tenho dois bancos rústicos para fazer.

— Entendi. Nada como martelar e serrar para afastar sua mente dos problemas do coração. Mulheres, né? — James lhe deu um tapinha amigável no ombro. — Elas são incompreensíveis.

— É por isso que você é um tonto — disse Roxy em tom alegre. — Se você tiver paciência, somos bem fáceis de compreender. Ah, chefe? Eu não me preocuparia.

— Por quê?

— Porque ela também estava olhando para a sua bunda.

Essa, refletiu Matt, era a melhor notícia que havia recebido no dia.

Capítulo 5

Antes de sair correndo de algo, certifique-se de que seu perseguidor não é mais rápido.

— Paige

O ROMANO'S ESTAVA LOTADO, MESMO para os padrões de uma noite de sexta-feira. Propriedade de Maria, mãe adotiva de Jake, o restaurante siciliano fazia muito sucesso no Brooklyn. Nesta noite, todas as mesas estavam ocupadas e uma fila se estendia pelo quarteirão. Estava barulhento e movimentado. O espaçoso salão principal ecoava o som de conversas, o tintilar de talheres e os gritos ocasionais vindos da cozinha. Aromas deliciosos pairavam pelo ar, o cheiro de condimentos assados misturados ao cheiro mediterrâneo de orégano e alho.

Frankie se sentou à mesa junto à janela, onde Paige e Eva estavam.

— Me meti em uma encrenca. Encrenca de verdade.

Eva engasgou com a água:

— Você está grávida?

— *O quê?* Não! — Abismada, Frankie olhou ao redor para ver se ninguém tinha ouvido. — Como eu poderia estar grávida? Para engravidar, eu teria que transar e não transo desde... nem me lembro. — Na verdade, ela lembrava. Lembrava perfeitamente, mas não era do tipo de experiência que gostava de revisitar. Tampouco queria compartilhar da humilhação com as amigas.

Você é um dois e meio, Cole, e sem prêmio de consolação.

Essa experiência era, em grande parte, o motivo porque não poderia deixar o lance com o Matt ir adiante. Frankie precisava parar aquilo imediatamente. Deixar claro que não estava interessada. Ou fazê-lo perder o interesse.

— Também não lembro quando foi a última vez que transei — disse Eva em um tom triste. — Estou chegando ao ponto crítico. Tem dias que tenho vontade de agarrar o primeiro homem que vir na frente e dizer "me come, agora".

Paige estremeceu:

— Prometa que você *nunca* vai fazer isso.

— É que tudo está às mil maravilhas para você... você tem transado gostoso em todas as posições possíveis. — Eva esticou a mão em direção ao cesto de pão. — E ficar olhando para esse seu sorriso radiante de satisfação todos os dias também não tem ajudado muito. Chegou a hora de tomar uma atitude drástica.

— Comer pão é uma atitude drástica?

— Faz tanto tempo que ninguém me vê nua que posso comer o que quiser. — Eva pegou um pãozinho quente e cheiroso. — E, a título de atitude drástica, eu estava pensando em algo mais... criativo. Ainda é muito cedo para escrever para o Papai Noel?

— Estamos em agosto. — Paige ignorou o pão, mas pegou uma azeitona no potinho no centro da mesa. — Não acho que o Papai Noel checa as correspondências tão cedo. Por que você não entra em algum site de encontros on-line?

— Quero encontrar alguém do jeito tradicional. — Eva pegou um guardanapo e uma caneta e começou a escrever.

Paige se inclinou por cima do ombro da amiga, lendo conforme Eva escrevia:

— "Querido Papai Noel, fui uma menina boazinha este ano. Boazinha demais. No Natal, gostaria de ganhar uma noite de sexo selvagem com um homem bem durão. E uma camisinha nova, pois a minha venceu no mês passado. Com amor, Eva". — Paige caiu na risada. — O que você vai fazer com isso?

— Vou deixar guardado na minha bolsa até que o momento de usar chegue. — Eva dobrou o guardanapo cuidadosamente.

— E se você sofrer um acidente e os enfermeiros encontrarem isso na sua bolsa? — Frankie perguntou.

— Seria perfeito. Adoro homens uniformizados. E aí? Se você não está grávida, qual é a encrenca?

Frankie abriu a boca para explicar sua crise, mas viu Matt e Jake entrarem no restaurante envolvidos em um papo profundo.

Seu estômago se revirou.

Seus joelhos tremiam tanto que ficou aliviada por estar sentada. Ela ainda não estava pronta para vê-lo. Não tinha pensado no que diria ou em como lidaria com a situação.

— Deixa para lá. Mudem de assunto. — Ela esticou o braço para pegar um copo d'água. A mão tremeu tanto que derramou o líquido.

A água foi escorrendo pela mesa e Paige esticou a mão para Eva.

— Preciso daquele guardanapo.

— Sem chance! Usa o seu. O meu está prestes a viajar para a Lapônia. Ele vai mudar minha vida.

— Olá, coisa linda. — Jake deslizou na cadeira ao lado de Paige, tomou seu rosto nas mãos e lhe deu um beijo longo e lento. — Estava com saudades de você.

Esquecendo da água e dos guardanapos, Paige retribuiu com um sorriso.

— Uh. — Eva cobriu os olhos com as mãos. — Por favor, pensem no resto de nós que não transa desde que os dinossauros habitavam a Terra.

Matt se sentou na cadeira ao lado de Frankie.

Ela permaneceu rígida, quase sem ousar respirar.

Não era para ela ficar tão nervosa ao lado dele, era?

Ela sentiu o volume rígido da coxa de Matt contra a sua e tentou se afastar, mas estava espremida contra a parede e não tinha para onde ir.

— Interrompemos a conversa de vocês. — Matt pegou o cardápio. — Eva, você estava falando algo sobre sexo com dinossauros?

— *Desde* os dinossauros, não com eles. Prefiro sexo com humanos, mas isso não acontece há algum tempo. Não quero falar no assunto. É deprimente. Enfim, Frankie estava falando que está encrencada.

Frankie tentou reprimir a amiga com um olhar:

— Deixa para lá!

— Por que você está me olhando desse jeito? Estamos entre amigos. Se podemos conversar sobre eu fazer sexo com dinossauros, podemos conversar sobre suas encrencas. É só o Matt e, às vezes, ajuda ter uma visão masculina das coisas.

Não dessa vez.

— Você está encrencada, Frankie? — Matt fechou o cardápio sem consultá-lo. — Que tipo de encrenca?

Homem maldito. Ele sabia exatamente o que era.

— Não estou em encrenca nenhuma.

Eva franziu a testa:

— Mas você disse...

— Não era nada! Esquece.

— Aqui vai minha visão masculina... — Matt pressionou a coxa contra a de Frankie. — É um erro dar as costas a um problema ou tentar fugir dele.

A boca de Frankie ficou seca:

— Por quê?

— Porque ele te perseguirá. Esse problema não vai sair da sua cola, então é melhor se virar e encará-lo.

Ela encarou Matt e viu um brilho malicioso em seus olhos. Frankie se derreteu toda. Ele era o homem mais sexy que conhecera na vida.

— Tendo a encher de porrada os problemas que me seguem.

— Isso é ótimo. Enfrente-os. — O olhar dele estava preso no dela e Frankie sentiu o coração acelerar.

— E se o problema não sair da minha cola?

— Talvez não seja um problema. Talvez o problema seja o seu medo.

— O quê? — Eva parecia confusa. — Não faço ideia do que vocês dois estão falando. Podemos fazer os pedidos antes que eu morra de fome?

Matt transferiu o olhar de Frankie para Eva.

— Para uma mulher que nunca transa, você tem um apetite bem saudável.

— Sexo não é a única forma de exercício que existe, sabia disso?

Frankie queria apenas que eles parassem de falar sobre sexo. Oscilando entre isso e o fogo abrasador do olhar de Matt, ela estava prestes a entrar em combustão.

Por sorte, Maria se aproximou da mesa para anotar os pedidos e a conversa mudou para assuntos genéricos.

A julgar superficialmente, era uma noite normal de sexta-feira, mas, no fundo, havia uma nova tensão: a tensão da perna de Matt pressionando a de Frankie. Músculos rígidos.

Ele se esticou e pegou um pãozinho. As mangas de sua camisa estavam arregaçadas, revelando seus antebraços fortes. Sua pele, bronzeada de sol, era coberta de pelos pretos.

Frankie imaginou aquelas mãos, lentas e habilidosas, em sua pele. Mãos pacientes.

Imaginou aquelas mãos segurando-a firme enquanto ele a beijava.

Ah, *Meu Deus*, ela queria tanto beijá-lo... O que não fazia sentido algum, pois Frankie nunca fora muito fã de beijo. Sua mente sempre vagava e ela costumava pensar em plantas ou livros.

— Como a Roxy vai no trabalho? — Paige pegou seu drinque. — Deu certo com a creche?

— Graças a você. Ela está se saindo bem. Ela conseguiu um desconto, não foi?

— Estamos repassando vários clientes para eles — respondeu Paige. — Eles ficaram felizes em poder ajudar. Aliás, a empresa de passeadores de cães que você recomendou, Os Guardiões do Latido, é brilhante. Conheci as gêmeas e elas são ótimas, embora que nunca na vida eu consiga diferenciar uma da outra.

— Fico feliz que esteja funcionando. — Matt estava calmo e tranquilo. — Vou contar ao Dan da próxima vez que nos encontrarmos.

Frankie se sentia aliviada com a mudança de assunto.

Conseguiu chegar ao fim do jantar, mas então Matt sugeriu que todos fossem ao terraço para tomar drinques e ver um filme.

Frankie precisava de espaço e ele não lhe concederia nenhum. Sempre que tentava se afastar, Matt a puxava de volta.

Todos terminaram suas refeições e apoiaram a ideia de voltar para o terraço e assistir um filme, mas Frankie se esquivou.

— Preciso trabalhar. — Como foi Matt quem lhe deu o trabalho, não tinha muito como argumentar contra. Tampouco poderia abandonar Jake e os demais. — Podem ir sem mim.

Esse era seu plano, mas quando chegaram ao prédio, Paige e Eva não acompanharam Matt e Jake ao terraço. Em vez disso, colocaram-se uma de cada lado da amiga, como apoiadores de livros.

— Precisamos conversar. — Eva pegou as chaves das mãos de Frankie e entrou no apartamento.

— Acho melhor eu ficar sozinha esta noite.

— Não vou deixar você sozinha. Não sei lidar com tensão. Fico desconfortável, não consigo dormir e fico péssima quando estou cansada. — Eva empurrou a porta e tirou os sapatos. Tinha a habilidade invejável se se sentir instantaneamente à vontade em qualquer lugar.

— Por que você está tensa?

— Não sou eu, é você. Você que está tensa. Nós queremos saber o que está rolando entre você e o Matt.

Frankie congelou no corredor:

— Não está acontecendo nada.

Paige a empurrou para dentro do apartamento.

— Você dois brigaram?

— Não! Por que você acha isso?

— Você estava ríspida com ele.

— Ríspida?

— Sim. Você fez a Garrinhas parecer delicada e carinhosa. — Eva fechou a porta, emboscando a amiga dentro de casa. — Você tem vinho na geladeira?

— Por quê? Eu ia trabalhar e ler meu livro...

— Não vai mais. Seu livro pode esperar. Não vou embora até resolvermos isso. — Eva foi direto à cozinha e Frankie lançou um olhar de súplica para Paige, que deu de ombros.

— Eu concordo com ela. Você foi ríspida. O que está acontecendo? Foi difícil trabalhar junto com ele?

— Não! Não, a gente não brigou.

Eva colocou a cabeça para fora da porta da cozinha.

— Vocês nunca tinham trabalhado juntos. Quando trabalhamos com alguém, tudo muda. E o Matt consegue ser tão controlador quanto Paige. Tudo precisa sair do jeito dele. Ele está enlouquecendo você?

— Não sou controladora — protestou Paige. Quando as duas olharam para ela, fez uma careta. — Bem, talvez seja. Um pouquinho. Mas no bom sentido. Pois gosto das coisas do meu jeito.

Frankie interrompeu as duas:

— Não aconteceu nada e não há nada de estranho. Trabalhamos bem juntos. Ele é inteligente, criativo e... — ela deu de ombros — ...formamos uma boa equipe. — Eles formavam uma equipe bem melhor do que ela poderia imaginar. Não apenas porque Matt era um bom companheiro de trabalho, mas também porque tinham as ideias sintonizadas. Quando o assunto era jardinagem, tinham o mesmo gosto.

— Então qual é o problema?

Frankie deveria contar? Sim, pois ela não tinha ideia de como lidar com a situação:

— Acho que ele gosta de mim. — Pronunciar essas palavras lhe fez a adrenalina correr pelo corpo. Seu coração flutuou como uma folha levada pelo vento.

— É claro que ele gosta de você. Vocês são amigos há anos e... — Paige arregalou os olhos. — Ah! Você quer dizer que ele, tipo, *gosta* de você.

— Eu sabia. Vamos fazer um brinde a isso. — Com uma expressão triunfante no rosto, Eva serviu o vinho. — Ele está aprofundando as coisas. Cansou de ficar só na amizade. Ele quer mais. Cacete. Isso é demais. Posso até nunca mais transar na vida, mas é bom saber que minhas duas melhores amigas vão.

— Espera! Para! — Frankie ergueu a mão. — Não vamos aprofundar porcaria nenhuma. Não vai ter sexo!

Paige passou a taça de vinho à amiga:

— Você me disse que o achava atraente.

— Matt é meu amigo. Somos amigos há anos. Ele respeita meu trabalho. — Suas palavras soaram bestas, mesmo para ela. — Ele *me* respeita.

— Você teme que ele não te respeite mais caso a relação entre vocês mude?

— Eu sei que ele não faria isso. Só não quero que ele mude de opinião sobre mim.

— E por que mudaria?

— Não está na cara? Olha só para mim!

Eva se aconchegou no sofá.

— Estou olhando. Vejo uma mulher atraente, uma profissional confiante, cujo pior defeito é a incapacidade de entender que Coca Diet não é um café da manhã saudável.

— Se você acha que esse é meu pior defeito, não tem prestado muita atenção em mim. Não há chance *alguma* de eu me envolver com o Matt.

— Por que não? Ele é gostosíssimo. — Eva lançou um olhar de desculpas para Paige. — Foi mal. Soou estranho?

— Não. — Calma, Paige pegou a própria taça. — Seria estranho apenas se *eu* o achasse gostosíssimo.

— O problema não é ele, sou eu! — Será que elas não enxergavam? — Vocês já imaginaram o que aconteceria se o Matt abrisse meu moletom? Toda minha bagagem despencaria. Ele seria enterrado pela avalanche de traumas que escondo debaixo das roupas. Seria enterrado vivo. — Todas as neuroses, inadequações, tensões... estariam todas ao alcance das mãos dele. Frankie nunca conseguiria olhar de novo nos olhos de Matt.

— Ele já sabe dos óculos — indicou Paige.

— Sim, mas tem outras coisas. Coisas maiores. E dessas ele não sabe.

Elas tampouco, pois Frankie nunca lhes contara. E nunca contaria. Havia um episódio profundamente constrangedor em sua vida que Frankie pretendia enterrar a sete palmos.

Eva se levantou.

— Esqueçam o vinho. Essa situação pede um bolo de chocolate. Volto já. — Ela desapareceu do apartamento e Paige colocou sua taça cuidadosamente sobre a mesa.

— Matt também teve questões para resolver depois da Caroline.

— Eu sei. Mas há questões e questões. E a minha é... — Frankie gesticulou com a mão — ...bem grande.

— E você acha que ele vai se surpreender com isso? Ele te conhece bem.

— Acredite, tem muita coisa que ele ainda não sabe.

Eva voltou ao apartamento a tempo de escutar o final da conversa. Ela trazia um enorme bolo de chocolate nas mãos.

— Esse foi o meu experimento de hoje. Ele tem um ingrediente secreto. E Matt é mais do que capaz de entender suas questões. Aquele homem dá conta de tudo. Nunca o vi perder a cabeça. — Eva cortou o bolo em fatias generosas. — Na verdade, minto. Eu o vi perder a cabeça quando Paige e Jake começaram a namorar, mas aí é diferente. Paige é irmã dele e, quando se trata de irmãos, vale tudo.

— Como você sabe? Você é filha única.

— Mas sou expert em relacionamento. É meu superpoder. Acredite em mim, o Matt lidaria com suas questões com as mãos nas costas. — Eva pegou um garfo. — É uma das qualidades que o faz atraente.

— Não quero que ele lide com nada. Como você mesma disse, a Caroline fez uma bagunça na vida dele. Não vou acrescentar ao trauma.

— Estou confusa. Você está protegendo o Matt ou você mesma?

— Os dois!

— A Caroline mentiu. — Paige enterrou o garfo no bolo. — Ela não era honesta. Você não tem nada a ver com ela. O Matt confia em você. Mas se não tem interesse, diga a ele de uma vez.

Ele respeitará seus sentimentos e te deixará em paz. — Ela deu uma garfada generosa e fechou os olhos. — Está sublime, Eva. Qual é o ingrediente secreto?

— Se eu contasse, teria que te matar e te devorar, e já ultrapassei meu limite diário de calorias com esse pedaço de bolo.

Frankie olhou para o bolo, mas não o tocou.

— Eu *estou* interessada. Eis o problema.

Eva congelou com o garfo a meio caminho da boca.

— Você está interessada? No Matt? Era essa a "encrenca" sobre a qual você queria falar mais cedo?

— Sim! Estou interessada, mas não queria estar. — Frankie sentiu como se o coração estivesse prestes a explodir. — Minha cabeça está um caos. Eu começo a tremer quando ele chega perto, tenho uma sensação estranha aqui — ela esfregou o punho contra o peito — e quando ele começa a falar, não consigo me concentrar, pois não paro de pensar em...

— Em...?

— Coisas.

— Coisas? — Eva abaixou o garfo. — Você quer dizer "sexo"?

— Por que isso seria um problema? — Paige aparentava perplexidade. — Se vocês dois sentem o mesmo, o que os impede de ficar juntos?

— O fato de eu ser ruim com relacionamentos. *Muito* ruim. Se fosse para eu ter um relacionamento, a *última* pessoa com quem ficaria seria alguém como o Matt.

Paige terminou o bolo:

— Alguém com quem você se importa e, de fato, gosta.

— Exatamente.

— E que acha lindo.

— Exatamente isso.

Paige colocou o prato sobre a mesa.

— Frankie... — seu tom era paciente. — A maioria das pessoas pensa que encontrar alguém bonito e de quem se goste é um bom começo para um relacionamento. Mas você diz que isso torna Matt errado para você.

— Sim. Se... *quando*... tudo der errado, eu me importaria com ele para valer. Nenhum dos caras com quem tive relacionamentos ruins me importava muito. Eu não ligava o suficiente para me importar. Era por isso que eram perfeitos para mim.

— Não, Frankie — Paige parecia exasperada —, é isso o que os tornava menos do que perfeitos. É sério que você está dizendo que prefere namorar um cara com quem não se importa e que não acha bonito do que com um cara de quem você gosta?

— É isso mesmo que estou dizendo.

Eva abriu a boca e a fechou novamente.

— Você faz ideia de como isso parece loucura?

— Loucura por quê? Quando estrago um relacionamento com um cara de quem não gosto tanto e por quem não alimento sentimentos, ninguém se machuca. Não é importante. Todo mundo sai ileso. Com o Matt seria diferente. *Gosto* dele. Eu me importo com ele. Com o Matt, faria diferença. Um de nós, ou ambos, se machucaria.

— Então seu plano brilhante é continuar se relacionando com caras de quem não gosta para, quando tudo der errado, não se importar com nada.

— Exatamente. E agora que vocês entendem meu problema, preciso que me ajudem a corrigi-lo. Devo ignorar meus sentimentos e torcer para que ela faça o mesmo? Ou devo conversar com ele pessoalmente e dizer que não estou interessada?

— Você *está* interessada. — Eva terminou o bolo. — E ele já sabe disso.

— Ele não tem como saber.

— Matt é um cara experiente e você é uma péssima mentirosa.
Frankie não tinha pensado nisso.

— Sério mesmo que você acha que ele sabe? — Sem ter tocado no bolo, colocou o prato sobre a mesa.

— Sim, mas isso é bom.

— Não é, não. Se ele sabe, vou ter que me mudar para o Ártico.

— Ninguém vai se mudar coisa nenhuma. Tenho uma ideia melhor — disse Paige. — Dê o passo seguinte e veja o que acontece. Se você quer tanto beijá-lo, beije-o.

— Sem chances. Destruiria todos os sentimentos. — Frankie pensou no assunto. — O que imagino que seja um meio bem eficiente de lidar com a situação.

— Por que destruiria os sentimentos?

— Porque beijar é uma daquelas coisas que parece incrível no cinema e que é profundamente decepcionante na vida real. Mas poderia ser a resposta perfeita. Se nos beijássemos, talvez perceberíamos que tudo não passou de um *grande* equívoco e seguiríamos com nossas vidas.

Houve um breve silêncio.

— Que ideia brilhante — disse Eva descontraída. — Manda ver. Tenho certeza de que os dois ficarão curados imediatamente e poderemos todos voltar ao normal. Agora coma seu bolo de chocolate e vamos assistir algo na Netflix.

Capítulo 6

Não é porque um homem não pede informações, que você não deva ensiná-lo o caminho.

— Paige

MATT ESTAVA FALANDO AO TELEFONE quando ouviu baterem na porta. Sem parar de falar, ele a abriu, esperando que fosse Frankie. Vestida de lingerie, de preferência.

Sua irmã estava de pé no corredor. Ela usava um vestido sob medida e seu cabelo perfeitamente alisado dizia que ela estava a caminho de alguma reunião. Era manhã de segunda-feira e Matt sabia que o dia dela estava planejado hora por hora pois era assim que Paige conduzia a própria vida.

Ele investigou seu rosto e conferiu, instintivamente, sua cor.

Era um hábito desenvolvido havia muitos anos, quando a cor de Paige era um indicador de seu estado de saúde. Uma pele pálida demais e lábios de um tom azul ameaçador acionavam os alarmes. Ela nascera com um problema no coração e, mesmo agora, após uma cirurgia bem-sucedida e anos saudável, Matt achava difícil abandonar o velho hábito.

Ele havia se tornado excessivamente protetor, característica que, Matt sabia, deixava Paige louca.

Mas isso não o incomodava. No seu ponto de vista, fazia parte do papel de irmão mais velho deixar a irmã maluca.

Ele se colocou de lado, deu passagem a Paige e terminou a ligação:

— Vou aumentar o pedido se você reduzir os custos pela metade. — Ele acenou para a máquina de café, Paige atravessou até a cozinha e serviu uma caneca, enquanto Matt negociava um preço que pudesse digerir.

Quando finalmente desligou, Paige estava bebericando seu café com as mãos ao redor da caneca.

— Tinha me esquecido de como você é bom em negociar. Ainda me lembro dos habitantes da Ilha de Puffin murmurando ameaças quando você aumentou o preço do serviço de aparar grama no verão. Você tinha 14 anos.

— Era muita grama e o clima estava muito quente. — Ele deu uma olhada nos dez e-mails que entraram em sua caixa durante a ligação. — Adoro ficar recordando o passado, mas tenho uma reunião daqui a uma hora e provavelmente demorarei uma hora e meia para chegar lá. Está tudo bem? O que posso fazer por você?

— É mais o que eu posso fazer por você. — Ela abaixou a caneca devagar. — Eu posso te ajudar.

A irmã dele era uma organizadora nata — um dom, na opinião de Matt. Esse era um dos motivos que garantiam o sucesso de seu negócio. O lado negativo era uma tendência a querer tentar organizá-lo junto com o resto.

— Agradeço pela preocupação, Paige, mas já tenho mais trabalho do que consigo lidar.

— Não estou falando de trabalho. Não tenho como ajudar com isso. Estou falando sobre sua vida amorosa.

Matt já tinha funcionários se metendo em sua vida amorosa. Sua irmã era a última coisa que precisava.

— Não preciso de ajuda.

— Você está enganado.

— Você acha que sabe como conduzir minha vida amorosa melhor do que eu? — *Que pergunta estúpida*, pensou ele e viu Paige sorrir.

— Tenho certeza disso.

— Deixa eu dizer de outra forma — disse Matt com cautela.

— O que a faz pensar que tem o *direito* de interferir em minha vida amorosa?

— Talvez o fato de você ter interferido na minha?

Não tinha como discutir, de novo.

— Pensei que isso era página virada. Lembro-me de ter rastejado por perdão por um período humilhante de tempo.

— Não achei nada humilhante. Achei gratificante. Não é sempre que você admite estar errado.

— É uma característica de família. Já a sua característica é a crueldade.

— Sou sua irmã. É um dos meus trabalhos.

— Estou começando a sentir saudades da época em que você era doente demais para discutir comigo. Olha, estou disposto a suportar o que vier de você, mas é um momento ruim para se vingar. Eu disse que tenho uma reunião.

— Não se trata de vingança. Posso mesmo te ajudar. E você me deve uma. Resolvi o problema da creche para a sua Roxy.

— Ela não é *minha* Roxy e eu te passei um contato ótimo de passeadores de cães, então acho que estamos quites. Eu posso cuidar da minha própria vida, Paige. — E dessa vez não era brincadeira. — Não há nada de errado com minha capacidade de discernimento.

— Tem certeza? Você pediu a Caroline em casamento.

— Ai! — Só uma irmã para jogar uma dessas na cara.

— É a verdade, mas não seja tão duro consigo mesmo. Você estava cego com aquele cabelo loiro e um corpão incrível. O sangue foi drenado do seu cérebro e desceu todo para... bem, sabemos para onde foi. Agora não importa. Ela era totalmente errada para você, todo mundo sabia disso e você teve o bom senso de terminar com ela. Mas quando você acha uma mulher perfeita, é importante não estragar tudo.

Ele sabia muito bem para onde ela estava conduzindo a conversa. Já tinha visto esse filme antes, quando Paige ficou doente, quando Eva sofreu bullying... As três mulheres, juntas que nem cola.

— Estamos falando da Frankie.

— Fico feliz de saber que sobrou um pouco de sangue em seu cérebro.

— Eu dou conta da situação, Paige.

— Hum. — Pouco convencida, ela tomou mais um gole de café. — E como andam as coisas?

Familiarizado com cada nuance no tom de voz da irmã, ele colocou o celular na mesa:

— Ela disse algo?

— Sou mulher. Sou sua irmã. E não sou idiota. — Os olhos dela se iluminaram. — Estou tão feliz. Meu irmão e minha melhor amiga.

— Paige, não é...

— Não é mesmo, e nunca vai ser se você não me deixar ajudar! E se você ia dizer que não é problema meu, nem precisa gastar saliva. Você me deve uma.

Matt se esforçou para deixar a boca fechada.

— Está bem. Pode intervir. Mas vai ser a primeira e única vez.

— Prefiro a palavra "ajudar" a "intervir".

— Não me interessa como você chama... Eu preferiria lidar com a situação do meu próprio jeito.

— Mesmo se o seu jeito for uma porcaria e possivelmente arruíne suas chances *e* sua amizade com a Frankie? Relacionamentos sempre foram algo simples para você. Basta você olhar para as mulheres e elas se derretem todas. Não me pergunte por quê. Pessoalmente, eu não entendo. Não estou dizendo que você é um escroto ou coisa do tipo...

— Obrigado.

— Uma ex sua me disse uma vez que sua caraterística mais atraente é que, por fora, você parece um cara durão, mas por dentro é uma boa pessoa. O que dá a uma mulher o melhor dos dois.

Matt ficou intrigado:

— Que ex?

— Sempre protejo minhas fontes. Só quero dizer que você nunca teve que pensar no assunto. Nunca teve que trabalhar nisso. Você só tinha que escolher quem queria.

Matt estava começando a achar aquela conversa um tanto desconfortável.

— Paige...

— Frankie não é assim. Ela tem medo de relacionamentos e você a está deixando louca, Matt! Não pense em nossas experiências ou em nossos pais. Pense em Frankie e em como foi a vida dela. O pai dela teve um caso com uma mulher que tinha acabado de sair da faculdade e foi Frankie quem teve que tomar conta da mãe quando tudo foi pelo ralo. Desde então ela vê a mãe pular de namorado em namorado como um coelho dopado. Me surpreenderia se ela não achasse relacionamentos um fracasso. E ela não quer fracassar em um relacionamento com alguém com quem se importe tanto. Você precisa pegar leve. Recue e deixe ela vir até você.

Ele havia tentado pegar leve, mas percebeu que, se esperasse por ela, esperaria para sempre. E não tinha intenções de fazer isso.

— Sei o que estou fazendo, Paige.

Paige encheu a caneca novamente.

— Ter encontros sempre foi uma experiência um tanto vergonhosa e humilhante para Frankie. Você a deixou em alerta, Matt. Por que você acha que ela não quis subir no terraço ontem à noite? Você a tirou da zona de conforto e ela ficou toda afobada e inquieta.

Ótimo.

Ele a queria assim mesmo, afobada e inquieta. Ele queria tirar Frankie da zona de conforto.

— Deixa comigo, Paige.

— Matt...

— Eu disse "deixa comigo".

— Homens! Está bem, seja teimoso. Mas não me culpe quando tudo der errado. — Paige terminou o café e colocou a caneca vazia sobre o balcão. Seu olhar se fixou em um convite sobre uma das prateleiras. — O que é isso aqui?

— Um convite de casamento. Parece que você tem visto vários desse recentemente.

— Só no trabalho. — Ela pegou o convite. — Ryan, Emily e Lizzy? O cara vai se casar com duas mulheres?

— Lizzy é filha de Emily. Filha adotiva, mas eu acho que são parentes. Sobrinha ou coisa do tipo. — Matt pegou o laptop e o deslizou para dentro da bolsa. — É o Ryan Cooper. Lembra dele? Estudamos juntos na escola. A família dele é de...

— Harbor House. Adoro aquele lugar. Tem um vista ótima do Puffin Point. Fiquei de babá da Rachel Cooper algumas vezes.

— Já faz um tempo. Agora ela está dando aula para turmas do ensino fundamental lá em Puffin.

Paige examinou o convite.

— Estão quer dizer que o Ryan vai se casar e a cerimônia vai ser na praia. Os convidados vão comer lagosta e dançar no Ocean

Club. Me parece um bom programa para um fim de semana de verão. O melhor que há em Puffin. Vai ser divertido. Você vai?

— Sim. Sou amigo do Ryan. Vai ser um fim de semana legal.

Paige colocou o convite no lugar.

— Aqui diz "e convidado". Quem você vai levar?

Ele não tinha planejado levar ninguém, mas uma ideia lhe veio à mente.

— Vou levar a Frankie. — Seria bom para os dois sair um pouco da cidade. No verão, Nova York fica cheia de turistas e o calor é sufocante. Uma brisa marinha seria bem-vinda.

A julgar pela expressão da irmã, ela não concordava com a ideia.

— A Frankie não iria a Puffin nem dopada e inconsciente.

— Por que não?

— Em primeiro lugar, porque vai ser um casamento romântico na praia e nós dois sabemos o quanto Frankie detesta casamentos românticos. E em segundo lugar, tem o maior obstáculo de todos...

— Que é...?

— Frankie não visita a ilha desde que saiu da faculdade.

— Você está exagerando. — Consciente de que ia se atrasar, Matt pegou o celular e o colocou no bolso.

— E você é irritante! Ela é minha melhor amiga, Matt. Eu saberia se ela tivesse visitado.

Ele congelou, um choque percorria suas veias como água fria.

— Sério? Ela nunca voltou para lá? Nem uma vez sequer?

— Não. Por que voltaria? Ela não tem boas lembranças daquele lugar.

— Mas... — Matt levou a mão à nuca, tentando processo a nova informação. — Merda.

— Bem, isso foi bem eloquente.

— Eu pensei que...

— O que você pensou?

Ele pensou que conhecia Frankie, mas estava começando a ver quão pouco sabia sobre ela.

E o quanto gostaria de conhecer.

— Talvez seja hora de ela voltar.

Paige lançou um olhar exasperado ao irmão:

— Você nunca irá convencê-la, mas e se conseguir e alguém for grosseiro com ela? Já parou para pensar nisso?

— Ninguém vai ser grosseiro com ela. — Ele segurou o súbito rompante de raiva com rédeas curtas.

— Como você sabe disso?

— Eu estarei lá. O tempo todo.

Paige revirou os olhos.

— Sr. Protetor. Você vai levar armadura e cavalo branco também?

— Não. Apenas meu charme natural.

— Você é bem irritante às vezes.

— Você é bem irritante sempre. — Matt viu a preocupação nos olhos da irmã e abrandou o tom. — Sei que ela é sua amiga, mas você vai ter que confiar em mim.

— Mas...

— Eu disse que você vai ter que confiar em mim. — Ele colocou o paletó. — Agora vá se intrometer na vida amorosa de outra pessoa, você já se meteu demais na minha.

—⚘—

Frankie visitara poucas vezes o ateliê de Matt. Era um espaço grande embaixo de seus escritórios, que ele usava como armazém e lugar de construção para os serviços que não podiam ser feitos nas obras.

As portas se abriam para uma área externa repleta de vasos e lajotas de piso. Algumas árvores grandes esperavam ali, prontas para serem entregues nos vários projetos em andamento.

Hoje ele estava trabalhando no segundo dos três bancos de tronco que iriam para o terraço. James e Roxy estavam trabalhando na cobertura, portanto Frankie e Matt estavam sozinhos.

Frankie tentou não pensar nisso.

Em vez disso, olhou para o grosso tronco de árvore:

— Cedro?

— Cedro vermelho.— Ele tirou uma trena do bolso. — É fácil de moldar e aguenta os extremos de temperatura.

Frankie não precisava perguntar o que aquilo queria dizer. Ela passara vários invernos e verões em Nova York.

— Vai ficar lindo.

— Também acho. — Ele mediu o tronco e fez alguns cálculos.

— Enquanto faço isso, por que você não dá uma olhada nos vasos? Veja se algum deles pode servir. Se não, podemos criar algo sob medida para o projeto.

— Beleza. — Frankie tinha passado as últimas três noites planejando o que diria na conversa que teriam. Conversa em que diria que ele precisava parar de ficar olhando para ela, que não deveria ficar tão perto e outras coisas que perturbavam seu equilíbrio. Mas hoje Matt parecia mais preocupado com o trabalho do que com ela.

Frankie se agachou para olhar mais de perto um vaso de terracota. Decidindo que ele não era o que precisava, levantou-se e foi até o banco de tronco que Matt já havia feito.

Assim como Page, ele era atento aos detalhes e isso era evidente. O móvel era um testemunho de suas habilidades como artesão e designer.

Ela olhou para onde Matt estava transformando o outro tronco em um banco rústico estiloso.

Vê-lo trabalhar era como assistir a um artista. Ele usava um nivelador para marcar os cortes e os fazia com movimentos cuidadosos e precisos. Somente quando ficava satisfeito com a linha que tinha feito, Matt pegava a motosserra. Ele abaixou o visor do capacete e, segundos depois, o som da serra cortava o ar. Ele usava serras elétricas desde o final da adolescência, quando seu pai percebera que era mais do que um passatempo e se certificou de que o filho recebesse um treinamento adequado.

Frankie lembrou das várias ocasiões em que Matt era chamado para ajudar quando a neve pesada derrubava árvores na ilha em que viviam. Como outros membros da comunidade, Matt ajudava sem pestanejar.

Ele parecia não ter perdido nada de sua habilidade. Matt não esculpia simplesmente o banco: ele entendia a madeira. Sabia suas forças e fraquezas. Sabia como fazer o melhor produto e seu olhar para o estilo e as formas era impecável.

Ele fez os cortes principais e começou a moldá-los. Cada corte precisava ser exato. Cada ângulo perfeito. Era fascinante vê-lo trabalhar.

Por um breve e desconcertante momento, Frankie viu a imagem dele na cama com uma mulher. Ele devia ser bom nisso, pensou ela, e imediatamente desviou o olhar.

O que ela sabia sobre ser bom de cama?

Nada.

Um dois e meio sem prêmio de consolação.

Ela ficou tão absorta refletindo no motivo daquele pensamento não parava de persegui-la, que demorou alguns momentos até perceber que o barulho da motosserra havia parado.

Voltando o olhar de novo, viu que Matt tirara a camisa e todas as roupas de proteção. Secando a testa com a mão, ele pegou uma garrafa de água na geladeira e esvaziou-a sobre a cabeça e os ombros.

Seu peitoral brilhava sob as gotas de água e Frankie sentiu a boca secar. Matt estava fazendo de propósito, só para chamar atenção? Não. Ele sequer olhava para ela. E por que ele não tiraria a camisa? O ateliê era dele. Ele poderia fazer o que quisesse.

Frankie o conhecia há séculos, mas era a primeira vez que o via sem camisa.

A calça jeans dele estava baixa no quadril e sua rígida musculatura ondulava e brilhava sob o intenso raio de sol que adentrava pela janela. Ele tinha alguns arranhões nos braços e no ombro; se era cortesia de uma gata ou de um roseiral agressivo, Frankie não sabia.

Ela se sentiu estranha, levemente tonta, como se tivesse bebido uma garrafa de cerveja rápido demais ou como se tivesse passado o dia sem comer. *É o sol*, pensou ela, ao que tirou o boné do bolso de trás da calça.

Frankie era ruiva e precisava se proteger do sol.

Trabalhar na cobertura tinha sido mais fácil por conta da presença do resto da equipe. Mas agora eles estavam sozinhos.

Matt tirou a água dos olhos com os dedos, olhou para o outro lado da sala e seu olhar colidiu com o dela.

Frankie sentiu como se tivesse batido de frente com um meteorito.

Os olhos de Matt se escureceram e ele esboçou um sorrisinho:

— Está quente demais para esse tipo de trabalho.

— Sim. — Ela abaixou o boné sobre os olhos. Era o calor que a estava deixando louca. Só isso. Virando-se para o outro lado, ela focou a atenção nos vasos, mas havia um limite para a atenção que era possível dar a um recipiente. Quanto mais ela tentava não olhar para Matt, mais ela queria.

Ela estava queimando viva.

Com calor e frustrada, ela se agachou novamente para olhar melhor o vaso mais próximo.

Um par todo arranhado de botas reforçadas apareceu em seu campo de visão:

— Levante-se, Frankie.

— O quê? — Ela conseguia se levantar? Não tinha certeza e não queria tentar só para descobrir que seus joelhos haviam se enfraquecido. Cair de cara no chão seria mais um momento constrangedor para sua longa lista de momentos constrangedores: — Por quê?

— Porque somos adultos. Precisamos conversar. — Ele se abaixou e a levantou como se não pesasse nada.

Frankie ficou de pé, meio sem jeito, ciente da terra nos dedos e do suor na sobrancelha. O calor e a umidade indicavam que seu cabelo devia estar mais descontrolado do que de costume. Ela não precisava de um espelho para perceber que muito provavelmente parecia uma ovelha que tinha se chocado contra uma cerca elétrica.

— Não tenho nada a dizer. E você deveria parar de me importunar.

Ele estava muito próximo e ela conseguia ver sua pele lisa e bronzeada, bem como a profundidade e curvatura de seus músculos potentes.

Ela recuou até ser bloqueada por uma das árvores. Os galhos cutucavam através de sua camiseta como dedos acusativos empurrando-a de volta para ele.

Matt se aproximou:

— Estou te deixando desconfortável?

— Sim! Você está me deixando desconfortável.

— Ótimo. — Ele deu um sorriso sedutor que fez os ossos dela derreterem.

— Para trás. Vocês está invadindo meu espaço e se eu for para trás ainda mais, vou ter que me pendurar nessa árvore que nem decoração natalina. — Ela arriscou um olhar que foi imediatamente aprisionado pelo dele. Ela ficou hipnotizada. Era um olhar que nunca vira, mesmo conhecendo-o há tantos anos.

— Matt...

— O quê? — A voz dele era rouca e acariciou os sentidos dela como uma luva de veludo.

— Você sabe o quê. — Ela permaneceu imóvel, congelada pela deliciosa inevitabilidade do que estava por vir.

Ele ia beijá-la.

Sim, faça isso. Vamos superar isso de uma vez por todas. Assim, ele vai descobrir a verdade e ambos poderemos seguir com nossas vidas.

Ela fechou os olhos com força, tentando respirar, esperando pelo toque da boca dele, mas, em vez de beijá-la, ele percorreu o maxilar dela com a ponta dos dedos, elevando sua ansiedade a níveis insuportáveis.

Ela estava desolada, entorpecida pela delicadeza enganosa de Matt.

— Se duas pessoas solteiras e descompromissadas alimentam sentimentos mútuos, não vejo por que não tomariam uma atitude a respeito disso. Você não acha?

Falar era uma luta:

— Você está falando em geral ou especificamente?

— Estou falando de nós, Frankie. — A forma como ele enfatizou a palavra *nós* a fez segurar a respiração.

— Nesse caso, sim, vejo o porquê de não tomar uma atitude a respeito de quaisquer sentimentos. Acho que seria um erro tremendo. Você é meu amigo. É importante para mim.

— Você não considera a amizade uma boa base para um relacionamento?

— Neste caso, a amizade é valiosa demais para ser perdida. — Ela estava achando difícil de respirar. — Você está perto demais, Matt.

Ele não se moveu:

— Eu deixo você nervosa?

— Não estou nervosa. Sou faixa preta de caratê. Eu poderia derrubá-lo como uma árvore. — Era mentira. Os dois sabiam disso.

— Não precisa ficar com medo, Frankie.

— Não estou com medo... — Ela sentiu o polegar dele tocar-lhe o lábio inferior e parou de respirar imediatamente. — Ok, agora você está realmente perto demais. Eu não consigo respirar. Que diabos você está fazendo? — Então a resposta lhe ocorreu: — Você está fazendo isso porque sou um desafio.

O dedo dele parou:

— O quê?

— Sou um desafio. É por isso que você está interessado.

— Frankie...

— Homens adoram desafios, não é? Particularmente quando o assunto é relacionamento. Você deve estar pensando "ei, ela não é lá essas coisas em matéria de amor, mas eu posso transformá-la".

— Isso é uma besteira tão grande que não sei nem por onde começar.

— Não comece. Desista e vamos fingir que nunca aconteceu. Eu esqueço, você esquece, todos esquecemos. *Eu* sou toda errada, que nem a Garrinhas. Você precisa se afastar de mim. — Por que ela não conseguia parar de *falar*? Era como se cada pensamento que tivera na vida estivesse determinado a lhe sair pela boca.

— Você não tem nada a ver com a Garrinhas. Não quero mudar você, Frankie. Estou interessado em *você*, não em uma versão fajuta de quem você é. — A boca dele ainda estava perigosamente próxima da dela. — Gosto de quem você é. Sempre gostei.

— Você não me conhece. Não a fundo.

— Sei que você é uma mulher inteligente, criativa e incrivelmente sexy. Também sei que você teve alguns problemas com relacionamentos.

Alguns?

— Tenho mais do que alguns problemas com relacionamentos. Se você os empilhasse, a América do Norte teria uma nova cordilheira. Ela deixaria as Montanhas Rochosas no chinelo. Você não faz ideia.

— Faço sim. — Ele fez uma pausa. — Você não é sua mãe, Frankie.

A simples menção de sua mãe fez Frankie querer se esconder debaixo de uma pedra.

— Eu sei. Me esforcei bastante para não ser como ela.

— Talvez você tenha se esforçado um pouco *demais*.

— O que você quer dizer com isso?

— Que você se esforçou tanto para não ser como ela, que não sabe ser você mesma.

— Você está falando besteira. Matt, não quero machucar o seu ego, mas não te acho atraente.

— Eu sei que você me acha atraente.

— Que arrogante. — Ela esbarrou no brilho bem humorado dos olhos dele.

— Você não para de olhar para mim. — Ele deslizou a mão para dentro da densa massa de cabelo dela, afastando-a da nuca. — E o motivo de eu saber disso é que tenho olhado para você também. Acho que chegou a hora de fazermos mais do que só olhar.

Excitação e nervosismo se misturaram em uma nuvem sufocante.

Ah, droga, droga, droga.

Ela não tinha ideia do que fazer. Nenhuma ideia do que responder.

Ela era especialista em manter homens à distância.

Não tinha experiência em deixar homens se aproximarem.

Ela não sabia como fazer isso.

Matt era importante em sua vida. Deixá-lo se aproximar arruinaria tudo o que haviam construído ao longo dos anos. Apesar disso, parte dela queria muito que acontecesse. Parte dela queria descobrir onde terminava essa excitação estonteante. Um beijo bastaria. Um beijo seria suficiente para acabar com tudo.

Gotas de suor brotavam de sua testa. Ela sentiu como se estivesse sendo arrastada por uma correnteza, indo em direção ao meio do oceano, longe de qualquer porto seguro.

O que ela aprendeu nas aulas de natação em Puffin quando criança? Ela aprendeu que a melhor forma de lidar com uma correnteza é não tentar nadar. Era melhor fazer isso somente quando a maré começasse a acalmar e só então voltar ao porto.

— Você é realmente um cara atraente, Matt. Milhões de mulheres se interessariam por você. Você não precisa de mim.

— Vamos sair para jantar hoje à noite.

Ele estava escutando?

— Obrigada, mas não. Jantar com você complicaria tudo.

— A gente janta quase todas as sextas.

— Hoje é segunda. — Se ela o agarrasse e o beijasse agora, tudo acabaria.

Ela ergueu a mão e deixou-a cair novamente. Não conseguia.

As sobrancelhas dele se levantaram:

— E o dia da semana faz diferença?

— Não. O fato de estarmos sozinhos faz diferença. Seria algo como um encontro.

— Não seria *algo como* um encontro — disse ele devagar —, *seria* um encontro. É isso o que é. Um encontro. Estou convidando você para jantar comigo. Só nós dois.

— E eu estou dizendo que não.

— Deixa eu ver se entendi direito. Você não liga em jantar comigo quando não é um encontro, mas quando é, não se interessa.

— Exato.

— Você vê que isso soa meio louco?

— Tão louco quanto pensar que poderíamos ter um relacionamento íntimo e continuar amigos.

— Frankie, conheço você há mais de vinte anos. — Matt era paciente. — Nada vai nos impedir de sermos amigos.

— Não vou ter um encontro com você, Matt.

— Por que não?

— Poderíamos começar com o fato de eu poder perder minha casa.

— Ao fim do encontro?

— Ao fim do relacionamento. Pois ambos sabemos do que estamos falando aqui. Quando homens falam em jantar, o que realmente querem dizer é sexo. Vamos jantar, você vai querer acabar na cama e é aí que tudo vai por água a baixo.

Matt se sentiu tonto, como se tivessem lhe batido na cabeça com um objeto pesado:

— Frankie...

— Vamos simplesmente esquecer que tivemos essa conversa.

— Então quer dizer que você não vai jantar comigo porque acha que vai acabar em sexo, o que acabaria em namoro, o que acabaria em um fim? — Ele disse tudo vagarosamente, como se tivesse tentando entender o sentido do raciocínio.

— Isso mesmo. — O nível de estresse dela estava em alerta vermelho, por isso Frankie ficou aliviada por Matt parecer entender. — Agora, será que podemos...

— Nem todo relacionamento acaba, Frankie, e mesmo que acabasse, eu poderia garantir com cem por cento de certeza que sua casa e sua segurança não seriam afetadas por nada que acontecesse entre nós. — Ele percorreu o cabelo com os dedos. — Pareço um corretor de hipoteca falando.

— Você transaria comigo, me daria uma nota dois e meio sem prêmio de consolação, a situação ficaria desconfortável entre nós e eu teria que me mudar. — As palavras se precipitaram da boca de Frankie, que ficou imóvel de horror.

Ela realmente acabou de dizer isso? Normalmente, tinha problemas para se abrir com homens, não para se fechar. O último cara com quem saiu dizia que arrancar informação dela era como arrombar um cofre e, ainda assim, nesse momento Frankie sentia que as palavras jorravam como cachoeira depois de uma tempestade, derramando segredos que nunca compartilhara com ninguém.

Talvez ele não tenha escutado.

Por favor, que ele não tenha me escutado.

O silêncio de surpresa dele informava que as preces de Frankie não seriam atendidas.

Ela ficou com o olhar preso no chão, em choque. Seu rosto estava quente e o calor não tinha nada a ver com o tempo.

Como ela sairia dessa?

Ela ia ignorar a situação e torcer para que ele fizesse o mesmo.

— Amo minha casa e não quero me mudar — disse rapidamente. — Então não há chances de transarmos, o que significa que jantar também está fora de questão.

— Quem disse que você é um "dois e meio"?

Ai, meu Deus.

Ela queria morrer. Rápido. Já.

— Esquece. Não é...

— Me conta.

— Não quero falar desse assunto! Digamos apenas que eu não era das melhores na sala. Aposto que você só tirava dez, então deixa para lá e vamos seguir com a vida. — Tinha como piorar a situação? Sua relação com Matt estava virando uma dança dos sete véus. Pouco a pouco, ele a expunha. Primeiro os óculos. Agora isso. Em breve, ela não teria mais nada para esconder. Frankie se sentia nua emocionalmente. — Não quero falar sobre isso, mas acredite quando digo que você não quer transar comigo. Sinto-me lisonjeada por você me achar atraente, mas a verdade é que sexo não é meu forte.

— Como assim não é seu forte?

Esse cara não para de fazer perguntas?

— As pessoas são boas em coisas diferentes, não é mesmo? — Ela elevou o tom de voz. — Sou brilhante com plantas. Conheço todas, sei cultivá-las, faço arranjos... tudo. Sei cozinhar bem o suficiente para não ter uma intoxicação alimentar, entendo de tecnologia o bastante para consertar meu laptop quando ele quebra e sou uma ótima amiga. Já em sexo eu não sou boa.

— Foi isso o que ele te disse? O cara do "dois e meio"? — Havia tristeza no tom de Matt. — Se você tem a sensação de estar sendo avaliada, não surpreende que sexo deixe você tensa. É pare ser um prazer, não uma pressão.

— Bem, sim, isso mesmo. — Ela tirou o cabelo da frente dos olhos. — Para mim, é pura pressão, nada de prazer. E, como se não bastasse o negócio da performance, ainda tem a questão do apartamento.

— Você não consegue esquecer o apartamento por cinco minutos?

— Não, não consigo! É minha casa. Você faz ideia do quanto amo viver lá?

— Sei o quanto você ama viver lá, Frankie. — Ele levou o dedo ao dorso do nariz e respirou fundo. — Ninguém vai fazer você sair do apartamento. Ele é seu por quanto tempo quiser morar lá, então podemos tirá-lo da conversa?

Parecia que o único jeito de fazê-lo entender era sendo franca, o que envolvia, entre outras coisas, humilhar-se.

— Não vou transar com você, Matt. Não gosto muito de sexo. Não me surpreende ter recebido essa nota. E também não sei lidar direito com esse negócio emotivo e sentimental que vem com relacionamentos. Diferente da Eva, não sou uma pessoa muito sensível. Podemos seguir adiante agora? Realmente não quero mais falar sobre isso. Se você for mesmo meu amigo, vá para o seu canto e finja que essa conversa nunca aconteceu.

— A conversa em que te convidei para jantar comigo e que, de alguma forma, você transformou em um papo sobre ser ruim de cama e perder o apartamento? — Havia um brilho nos olhos dele.

— Me parece uma noite infernal. Não surpreende que você tenha dito não.

— Ótimo. Nesse caso...

— Eu passo para te pegar às sete.

— O quê? Pensei que você tivesse concordado...

— Concordei que o encontro que você descreveu é bem pouco convidativo, mas não tem nada a ver com a noite que vamos ter. Acho você bonita? Sim. Gostaria de transar com você? Sim, também. Estou te convidando para jantar, mas pretendo, em segredo, transformar o encontro em uma noite de sexo? Não, pois não tenho mais 15 anos, Frankie. Acredite se quiser, sou capaz de ações e pensamentos não induzidos por meus hormônios e consigo ter um encontro com uma mulher sem ter que transar com ela.

— Não quero um encontro. Não use essa palavra.

— Perfeito. Não vai ser um encontro. Vai ser um jantar com um amigo. — Ele se afastou dela. — Vejo você às sete.

Jantar com um amigo? Frankie ficou boquiaberta:

— Bem, eu...

Mas estava falando sozinha. Matt já tinha ido embora.

Capítulo 7

O perigo de um é a diversão de outro.

— Eva

— Então vocês vão jantar — disse Eva com cuidado —, mas não é um encontro?

— Exatamente. Tentei fazê-lo mudar de ideia, mas não consegui, então não tenho escapatória. Eu devia tê-lo beijado de uma vez! Ele teria saído correndo. — Frankie jogou as roupas na cama. Ela estava tremendo de nervosismo. Não conseguia comer nada desde o café da manhã. O que era ridículo, pois era o Matt. Matt, que ela conhecia havia uma eternidade. A não ser pelo fato de que a versão do Matt que ela conhecia não era aquela com olhos azul-claros maliciosos e sorriso sexy. — O que devo vestir? Você sabe dessas coisas. Use seus superpoderes.

— Preciso de mais informações. Se não é um encontro, então o que é?

— Não sei! Nós dois precisamos comer, só isso. — Frankie só não sabia se conseguiria comer. Ela tinha tantas borboletas no estômago, que não sobrava espaço para nada mais. — Duas pessoas não podem sair para jantar sem esmiuçar seus motivos e motivações?

— Claro que sim — disse Eva acalmando-a. — Podemos chamar de um… "não encontro".

Um "não encontro".

Frankie olhou desesperada para as roupas sobre a mesa.

— Quero ficar bonita. Não quero constrangê-lo. Mas é importante que eu envie a mensagem certa.

— E qual é a mensagem? Estou confusa.

Frankie também estava confusa:

— Que somos apenas amigos. Que não há relacionamento, nem nada do tipo.

— Você e Matt já têm um relacionamento. Um relacionamento adorável.

— Temos mesmo. — Os joelhos de Frankie tremiam tanto que ela desistiu de ficar em pé e se sentou na cama. Ela estava morrendo de medo, mas, por trás do pânico, havia um traço de algo mais. Algo mais perigoso. Empolgação. Ansiedade. *Matt*. — Temos, sim, um relacionamento bom, então para que estragar tudo? O que estamos fazendo? — Ela soltou um grunhido e se afundou na pilha de roupas. — Acho que você vai precisar dizer a ele que estou doente.

— Não vou fazer nada disso. Levante-se. Não tenho como ver suas roupas com você deitada nelas. — Eva puxou a amiga.

— Não tenho nada que preste. Passei minha vida lutando contra a beleza. Quando vou visitar clientes, visto camisa branca e calças pretas. Passo minhas noites de camiseta e moletom.

— Já sabemos que ele gosta de você assim. Que ele gosta de você independentemente das suas roupas.

Frankie sabia que era verdade. Ela vira como Matt a olhava. E sua forma de olhar a deixava... a deixava...

— Não tenho como usar moletom e camiseta num jantar.

— Onde ele vai te levar?

— Não sei. Ele não disse. — Ou talvez tenha dito e Frankie bloqueou a informação. Ela não ouviu mais nada depois das palavras *Vejo você às sete*. Ela tentou dizer não, que não ia rolar, mas quando recuperou a voz, Matt já tinha ido embora, James apareceu para pegar mais uma pilha de materiais e não houve outra oportunidade.

— O fato de ele não ter dito não ajuda muito — disse Eva. — Se você tivesse sido convidada para um encontro, saberíamos o que esperar. — Eva captou o olhar de Frankie e deu um sorrisinho. — Mas como não é um encontro, as regras não se aplicam. Vista qualquer coisa.

— O que *qualquer coisa* quer dizer? É por isso que odeio encontros. Se fosse somente algumas horas, eu daria conta, mas o estresse começa horas antes do encontro.

— Acalme-se. É o Matt. Você não precisa ficar com medo...

— Eu estou com medo! Todo mundo tem medo de algo, não é? Tenho medo de altura? Não. Pode me balançar no topo do Empire State que eu não paro a conversa. Tenho medo de rato? Eu acho fofo, especialmente o rabinho. Tenho medo de aranhas? Pode colocar uma daquelas bem cabeludas na minha mão que, por mim, tudo bem.

Eva ficou pálida:

— Você realmente acha que eu te daria uma aranha?

— Modo de falar, Ev. Eu estava falando sobre mim. Sobre minha fobia. Que, aliás, é de encontros.

— É porque você só saiu com um bando de fracassados. Mas o Matt é diferente. Você precisa se acalmar, senão vai estar ainda mais nervosa quando ele chegar.

Frankie estava nervosa justamente por Matt ser diferente.

— Não sei o que vestir.

— Bote um vestido.

— Não tenho vestido. Não uso um desde que aquele babaca arrogante colocou a mão debaixo da minha saia no baile da escola.

Ele disse, "tá na hora de você perder a virgindade" e eu respondi: "digo o mesmo sobre sua mão". Tiveram que colocar gelo no pulso dele.

— Eu sei. Eu estava lá. O incidente inteiro foi horrível, Frankie, mas já faz anos.

— Foi o começo de uma longa trajetória de encontros desastrosos. — Ela se levantou, sabendo que estava sendo injusta. Frankie esperava que a amiga entendesse, mas não tinha dado as informações completas, não é mesmo? Não tinha contado sobre o "dois e meio". Era uma história que nunca havia contado. Para ninguém. A não ser ao Matt.

O Matt sabia.

Ela soltou um gemido e cobriu o rosto com as mãos:

— Por que você não vai no meu lugar?

— Porque o Matt não me convidou e também tenho compromisso hoje à noite.

— O que você vai fazer?

— Vou ter um jantarzinho bem gostoso sozinha. — O tom de Eva carregava intensidade e, sentindo seus problemas recuarem, Frankie olhou para a amiga.

— A Paige vai sair com o Jake?

— Ele conseguiu ingressos para alguma *première* em Manhattan. Sorte deles. E não me olha desse jeito. Vou ficar bem. Estou ansiosa por minha noite sozinha.

— Mentirosa.

— Está bem, talvez não esteja tão ansiosa assim, mas é bom que eu me acostume a ficar sozinha.

Frankie sentiu algo se espremer dentro do peito:

— Você anda triste?

Eva deu um sorriso trêmulo:

— De vez em quando, mas estou bem. Não precisa se preocupar.

— Você deveria sair com o Matt. Assim, não fico estressada e você não fica sozinha. É a solução perfeita.

— Não é a solução perfeita. Ele não me convidou. Ele convidou você.

— Vocês seriam perfeitos juntos. Ele com todo aqueles valores familiares fortes e você com esse lance todo de Cinderela.

— Que lance de Cinderela? Você quer que eu vista trapos e fique limpando o apartamento dele?

— Não, vocês dois acreditam em amor. Fariam um casal perfeito.

— Só tem um grande problema... Não tenho esse tipo de interesse por Matt e ele não tem esse tipo de interesse por mim. — Eva se virou para as roupas e rejeitou duas calças legging. — Concordo que suas opções estão fracas. Certeza que não posso convencê-la a pegar um dos meus vestidos?

— Não, obrigada. Sem ofensa, mas todos os seus vestidos parecem vir estampados com o dizer "me pega".

— Nesse caso, gostaria que alguém prestasse atenção a eles. Está bem. Nada de vestido. Chega para lá, quero ver melhor as opções. — Ela disparou o olhar para as roupas de Frankie sobre a cama e pescou uma legging verde-esmeralda. — Essa daqui pode servir. É bonita. Onde você comprou?

— Não comprei. Você e Paige compararam para mim um dia na Bloomingdale's.

— Lembrei. Foi um dia incrível. Nunca vi você usando. Não gosta dela?

— Eu gosto dela — concordou Frankie —, mas não quero estragá-la usando.

— Mas ela é feita para isso.

— Nunca sei o que vestir com ela.

— Tenho uma túnica de seda que ficaria perfeita com ela. E uma bolsa que combina. Já, já vou lá em casa pegar, mas antes me mostre seus sapatos. Não quero ter que fazer duas viagens.

Frankie puxou dois pares de tênis de corrida, vários pares de All Star, três pares de coturno e duas sapatilhas.

Eva rejeitou todos:

— Você não tem nada com salto?

— Meu último salto quebrou quando entrei naquela grade na Quinta Avenida.

— Calçamos o mesmo número. Vou te emprestar algo.

— Não quero usar salto. Adoro minhas sapatilhas. Gosto de poder andar.

— Saltos te dão uma desculpa para segurar o braço dele... — Eva captou novamente o olhar da amiga — ...o que, é claro, você não quer fazer — acrescentou rapidamente —, então talvez seja melhor usar as sapatilhas. Excelente ideia.

— Nada disso é uma excelente ideia. Sobre o que vamos conversar?

— Sobre as mesmas coisas que conversamos quando estamos todos juntos. — Eva continuou examinando as roupas de Frankie. — Plantas, coberturas, Garrinhas, taxistas doidos, sobre a quantidade de canteiros de obras em Manhattan... a gama de assuntos é infindável. O que é *isso*? — Ela ergueu uma camiseta cinza esfarrapada com um buraco no ombro e Frankie respondeu com indiferença.

— Sei que é velha, mas tanto faz, eu uso para dormir.

— Não usa mais. — Eva começou a fazer uma pilha de roupas para jogar fora no chão.

— Eu moro sozinha. Quem se importa com o que visto para dormir?

— Eu me importo. Não vou conseguir dormir lá em cima pensando que você está aqui embaixo vestindo isso.

— Eu te amo, mas às vezes acho que você é bem estranha.

— O sentimento é mútuo. — Eva jogou outra camiseta sobre a pilha no chão. — E se houver um incêndio hoje à noite? Um bombeiro gostosão aparece para te resgatar e você está vestindo esse treco cinza horrível.

— Se houvesse um incêndio hoje à noite, eu estaria torcendo para o bombeiro se concentrar em tirar nós duas do fogo em vez de pensar em meu senso estético.

— Você escolheu comprar isso aqui? — Eva jogou outra camiseta na pilha. — Seu armário é abominável. Não surpreende você não saber o que vestir no jantar com o Matt. Não tem nada aqui.

A menção ao jantar fez a sensação corrosiva voltar à barriga de Frankie:

— Não sei por que ele quer fazer isso.

— Porque ele gosta de você — disse Eva em tom paciente — e quer passar tempo ao seu lado.

— Eu devia tê-lo beijado de uma vez. Teria acabado na hora com isso.

— Se ele te convidar para um segundo encontro, você poderá tentar. — Eva se aproximou e enrolou um dos cachos de Frankie no dedo. — Você tem um cabelo lindo. Imagino que não me deixaria...

— Não.

— Mas você não sabe o que eu vou...

— A resposta continua sendo não.

Eva soltou um suspiro e abaixou a mão:

— Que tal só um pouquinho de brilho labial? Só para destacar sua boca.

— Não quero destacar minha boca ou qualquer outra parte minha. Vou jantar e a coisa acaba aí. Pois se não acabar aí, quer dizer que...

Ela engoliu em seco e encontrou o olhar de Eva.

— Para! — Eva levantou-se. — Você precisa parar de esmiuçar cada detalhe da noite e se preparar. Vai tomar um banho enquanto eu busco a túnica. — Ela caminhou até a porta, parou com um olhar melancólico no rosto. — Estou tão feliz por vocês. Não acredito que finalmente vão tem um encontro.

— Não vai ser um encontro!

— Claro que não — atenuou Eva. — Só quis dizer que estou torcendo para que vocês se divirtam no seu... hum... jantar que não é um encontro. Não encontro. No seu não encontro.

—⁂—

— O que está acontecendo? — Paige estava comendo uma torrada e checando e-mails. — Aonde você está indo com sua túnica predileta?

— Vou emprestar para a Frankie. Ela vai ter um encontro com o Matt. — Eva dançou pelo quarto, cantarolando sozinha. — Mas não use essa palavra, senão ela surta. Vai ser um *não encontro*, que é uma nova modalidade de encontro para pessoas que surtam com encontros. Tipo a Frankie.

Paige terminou a torrada.

— Um não encontro. Parece interessante. E se eles gostarem da noite?

— Não sei. — Eva deu de ombros. — Acho que vão ter um segundo não encontro e, antes que se deem conta, vão ter não encontros regularmente. Quem sabe pode até rolar um não noivado e um não casamento. Contanto que o bolo seja de verdade, estou feliz.

Paige ergueu as sobrancelhas:

— Você não acha que está se precipitando um pouco?

— Alguém precisa fazer isso. Frankie está empacada emocionalmente há tempo demais. E está empacada com o próprio guarda-roupa também. Isso precisa acabar. Vou deixar umas coisinhas no apartamento dela por acidente e torcer para que não perceba.

— Eva franziu a testa. — Espero que Matt agarre e beije ela.

— Pode ir parando por aí. — Paige levantou a mão. — Não quero imaginar meu irmão beijando.

— Aposto que ele beija super bem.

— Não! Não quero pensar nisso. Vai. Vai levar a túnica para Frankie. — Paige pegou o celular. — Tem certeza que não se incomoda se eu passar a noite com o Jake?

— Se eu não me incomodo? Por que me incomodaria? Não sou sua mãe. — Eva adotou uma expressão séria. — Espero que vocês estejam usando proteção e fazendo boas escolhas, Paige.

— Você entendeu o que eu quis dizer.

— Entendi bem. Você está preocupada que eu passe a noite em posição fetal, mas prometo que isso não vai acontecer.

— Não gosto de te deixar sozinha.

— Para com isso! Por acaso tenho 12 anos? Estou ansiosa para ter um momento só para mim. Vou me presentear com alguns mimos estéticos e vou fazer uma maratona de Netflix. Alegria pura.

Paige olhou demoradamente para Eva:

— Certeza?

— Absoluta. Não precisa se preocupar comigo. É verdade que fico triste de vez em quando, mas isso é normal. Perdi a única pessoa da minha família e morro de saudades dela. A vida, às vezes, é um lixo. Todas sabemos disso. Sei que você e a Frankie acham que sou mole que nem geleia, mas sou bem resistente.

— Sei que é. — Paige abraçou a amiga. — E você não está sozinha. Também somos sua família.

— Eu sei, mas hoje não preciso de babá. Vai lá e incendeie tudo com o Jake. Mas não tanto, dispense os bombeiros. Ainda estou em choque depois de ver o pijama de Frankie. — Eva deu um tampinha no ombro de Paige e se afastou. — Tenho muito trabalho pela frente. Preciso garantir que Frankie não tranque a porta e se recuse ao ir ao encontro.

— Isso não vai acontecer.

— Você não a viu. Ela estava à beira de um ataque de pânico.

— Matt vai tomar conta dela. E, a propósito, tenho feito excelentes escolhas, ainda que prefira não revelar todas à minha mãe.

Capítulo 8

Relacionamentos são como o Halloween: assustadores.

— Frankie

A ESTRATÉGIA DE MATT FOI manter o jantar discreto, descontraído e o menos *romântico* possível. Quando viu como Frankie estava nervosa, soube que tomara a decisão certa.

— Frankie...

— O quê? *O quê?* Minha roupa está boa? Você não disse aonde iríamos, então foi difícil escolher o que vestir. Provavelmente não devo estar com a roupa certa...

— Você está incrível. Dá para caminhar com esses sapatos? Pois vamos caminhando.

— É claro que consigo caminhar. Você está me confundindo com a Eva, os saltos dela são praticamente arranha-céus. Você achou incrível? Você gostou da túnica? — Ela puxou a túnica prata e Matt sorriu.

— Eu não tinha prestado atenção à túnica, mas agora que você tocou no assunto... — Ele a viu largar um pequeno suspiro.

— Ah, é bondade sua.

— Não é bondade. — Ele deslizou os dedos sob o queixo dela e ergueu o rosto de Frankie em direção ao seu. — É verdade. O nome disso é elogio.

Ela o alfinetou com um olhar.

— Elogios me deixam desconfortável. Pode ir parando.

— Não vou parar nada. Você vai se acostumar aos elogios. Está pronta? Temos um táxi esperando.

Alguns dias atrás, Matt pode até ter se divertido e ficado um pouco exasperado com o nervosismo de Frankie — apesar de se conhecerem há tanto tempo —, mas isso foi antes de perceber o quanto dela ainda precisava conhecer. Não se tratava da duração de um relacionamento, mas sim da profundidade. Agora ele sabia que Frankie tinha segredos.

E ele queria que ela os dividisse com ele.

Ele queria saber quem disse que ela era um "dois e meio".

Mas, no momento, ele queria que ela ficasse menos ansiosa com o restante da noite. Ele mudou de assunto enquanto os dois caminhavam até o táxi e contou a história engraçada de um cliente com quem teve uma reunião poucos dias antes, e que queria plantar um pomar instantâneo.

— Instantâneo? Como poderia ser instantâneo? Por acaso ela acha que você tem superpoderes? — Na hora que entraram no táxi, o nervosismo de Frankie havia sido substituído por uma risada.

— Ela viu a foto em uma revista e quis que o próprio jardim ficasse exatamente daquele jeito. Ela tinha lido que era possível comprar árvores adultas e pensou que era só isso. Tivemos uma conversa bem franca. — Ele relaxou no banco de trás, olhando pela janela enquanto o táxi atravessava a Brooklyn Bridge e a Lower Manhattan.

— Você disse a ela que não era possível?

— Eu ouvi o que ela tinha a dizer e propus algo diferente. Nunca aceito um serviço que seja uma má ideia. A curto prazo, ela seria minha cliente, mas quando o pomar secasse e morresse, viraria ex-cliente e minha reputação murcharia junto com as maçãs.

— E agora ela deve estar apaixonada por você.

Matt deu risada:

— Eu não iria tão longe, mas é possível dizer com algum nível de certeza que chegamos a um acordo.

— Onde ela mora?

— No Maine. — Mais cedo ou mais tarde ele traria à tona o tema da Ilha de Puffin, mas não agora.

— Então você precisa tomar cuidado com as espécies que recomenda.

— Por conta do clima frio?

— Do clima frio, a estação de crescimento mais curta e doenças.

— Foi isso o que eu disse a ela. — Mas era bom ouvir seus conselhos confirmados. A profundidade dos conhecimentos de Frankie sempre impressionava Matt. — Ela quer cultivar maçãs Pink Lady.

— Pode esquecer. E pode esquecer a Braeburn, a Gold Rush e maçã-verde também. Elas não amadurecem antes da primeira geada, então não vão ficar saborosas. Eu tentaria a Beacon ou a Snow. A Honeygold ou a Fuji também funcionariam, mas independentemente da escolha, seria preciso preparar o solo e exigiria muito trabalho, senão as pobres macieiras afundariam.

— Anotado.

Eles discutiram mais detalhes enquanto o táxi abria seu caminho por Manhattan em direção ao norte. Matt percebeu que, quando Frankie parava de pensar sobre estar em um *encontro*, ficava mais tranquila. Também percebeu que a túnica destacava o verde incrível de seus olhos. Seu cabelo caía por cima dos ombros como um véu de fogo, e seu nariz estava levemente rosado por conta do sol.

— Vou conversar com alguns agricultores locais, mas, nesse meio tempo, prometi retornar com um projeto pronto.

— Victoria foi embora. Quem fará isso por você?

— Minha esperança era que você fizesse.

— Já estou ajudando com a cobertura! Você acha que sou o quê? Um robô?

— Não. Acho você uma pessoa talentosa e capaz. — Matt pensou em um número enorme de outras características, coisas que o faziam passar a noite em claro e que tiravam seu foco, mas restringiu os elogios ao trabalho. — E é por você ser talentosa e capaz que planejo me aproveitar da sua inteligência para esse jardim. Pensei que você poderia colocar a Roxy no meio, transmitir a ela um pouco do seu conhecimento.

O olhar de Frankie ficou mais relaxado:

— Gosto da Roxy. E você foi muito generoso em contratá-la.

— Ela é muito esforçada e precisa de um pouco de tranquilidade. — Matt se inclinou e conversou com o motorista enquanto Frankie olhou pela janela.

— É o Central Park.

— Isso mesmo.

— Esse vai ser nosso encontro?

— Que encontro? Não estamos num encontro.

O táxi parou, Matt pagou o motorista e empurrou Frankie, que protestava, para fora do carro:

— Eu quero pagar.

Ele balançou a cabeça e lembrou como ela se sentia bem de poder pagar as próprias contas.

— Você paga na volta. Melhor ainda, pague oferecendo a ajuda que não consigo de mais ninguém.

Ela esperou enquanto ele fechava a porta do táxi.

— Então você está pedindo minha ajuda nesse e no outro projeto? Mesmo que eu tivesse tempo, não teria como ajudar direito sem ver o jardim. Preciso dar uma volta nele e sentir o lugar. Preciso saber mais sobre o solo...

— Então é um sim? Obrigado.

— Eu não disse... — Ela emitiu um som exasperado. — Você é um manipulador.

— Sou um homem que sabe escolher a melhor pessoa para o serviço. — Parecia tanto com uma conversa rotineira deles, que Matt sorriu e Frankie retribuiu logo em seguida.

— Paige faz a mesma coisa.

— Que coisa?

— Essa coisa de encantar a pessoa e fazer ela responder o que vocês querem.

— Você me acha encantador?

— Não. Acho você super irritante.

— Você está com fome?

— Honestamente? Não muita. Encontros me deixam nervosa e o nervosismo acaba com meu apetite. — Ela parou e um traço de desespero atravessou seu olhar. — Eu te avisei que não era boa nisso. Era para eu estar falando coisas provocantes e seduzindo você com meu corpo e inteligência, mas, até agora, só consegui falar de maçãs.

— Em primeiro lugar, não estamos num encontro. Em segundo lugar, estamos em um lugar público, então talvez seja melhor você não me seduzir. E em terceiro lugar, acho maçãs um assunto interessante.

— Matt...

— Frankie — ele manteve o tom paciente —, você está preocupada demais. Seja apenas você mesma.

— Estou nervosa. Olha... — Ela mostrou as mãos. — Estou tremendo. Se você me desse um copo de bebida agora, eu derrubaria tudo.

— Eu te convidei para sair porque gosto de você. Exatamente como é, não de uma versão do que você acha que deve ser. Basta ser você mesma, só isso. Não é difícil, Frankie.

— Eu mesma. — Ela não pareceu convencida. — Está bem, vou tentar.

Ele segurou a mão dela e puxou-a contra o próprio corpo, afastando-a dos skatistas e carruagens. Em agosto, nas noites de verão, o Central Park fica lotado e colorido. Os dois adentraram o parque, deixando para trás a loucura da cidade, as luzes fortes e as buzinas dos táxis. Passaram por corredores e turistas, por casais de mãos dadas, por músicos e um casal de noivos posando para fotos de casamento.

— Alerta de casamento — brincou Matt. — Continue olhando para frente.

— Não tem como fugir. — Frankie deu um sorriso irônico e olhou para cima, para a copa das árvores. — Aqui é lindo. Depois de uma semana olhando para torres de aço e vidro, precisava de uma dose de natureza. Foi uma excelente ideia.

— Amo o Central Park. É um dos meus lugares prediletos em Nova York. Quando me mudei para cá, eu tinha saudades de Puffin e vinha aqui para ficar um pouco na natureza. É um lugar onde posso fugir da energia louca da cidade. Adotei um banco onde vinha sempre estudar. É a melhor coisa do parque: achar seu próprio espaço.

Eles caminharam por uma trilha estreita e sinuosa margeada por canteiros repletos de flores, sol e sombra.

— O que você faria se eu tivesse colocado salto alto?

— Eu sabia que você não ia colocar.

— E como sabia?

— Porque eu conheço você. — Ainda que tivesse descoberto que não estava perto de conhecê-la tão bem quanto pensava ou queria. E Matt estava disposto a tomar uma atitude em relação a isso.

Ele olhou para Frankie e flagrou-a olhando para ele.

Matt parou de caminhar e ela fez o mesmo.

O ar permaneceu estático. Não havia um sopro de brisa no ar e todos os sons desapareceram.

Uma única mecha de cabelo se enrolava sobre a bochecha dela em direção à boca, como se dissesse *por aqui*. Matt sentiu vontade de seguir aqueles fios brilhantes com a ponta dos dedos e explorar com os lábios a silhueta do maxilar de Frankie. Ele quis se aproximar o bastante para contar as sardas que polvilhavam seu nariz. Quis puxá-la e beijá-la ali mesmo, entre árvores e flores, entre as crianças que riam e os cachorros que latiam.

Mas foram justamente as crianças e os cachorros que o impediram de tomá-la nos braços. Quando finalmente a beijasse, Matt queria eles estivessem sozinhos.

Ele seguiu caminhando e ergueu os olhos ao céu, tentando agir com naturalidade. Como se o sangue não lhe corresse rápido pelo corpo e como se seu coração não estivesse disparado.

— Você sabia que dá para fazer caminhadas noturnas no verão?

Houve uma breve pausa.

— Caminhadas noturnas? — O tom rouco dela sugeria que Frankie estava sofrendo tanto quanto ele.

— Só descobri recentemente. Se soubesse antes, teria trazido minha irmã há anos.

Uma risada escapou de Frankie:

— Paige teria detestado.

— É função de um irmão matar a irmã de medo.

Ele escolheu um caminho que os guiou por entre trilhas tortuosas. Eles seguiram por entre os raios de sol, desfrutando do espaço aberto.

Pelo próprio bem, Matt conduziu a conversa por tópicos mais seguros.

Perguntou sobre a Gênio Urbano e Frankie contou um pouco sobre suas últimas conquistas nos negócios.

— Estamos trabalhando demais, mas os turnos não parecem tão longos quando se está com as amigas. Às vezes, rimos tanto que parece uma de nossas noites de folga. — Ela relatou algumas histórias que o fizeram rir. Depois, perguntou-lhe sobre seus negócios e Matt se viu explicando o próprio dilema.

Os negócios dele haviam crescido tão rápido que alcançaram um ponto em que deveria decidir expandir ou recusar trabalho. O que ele queria mesmo fazer era encontrar alguma forma de financiar um treinamento para Roxy, mas então ficaria com uma funcionária a menos.

— Ela mostra um talento real e tem muito interesse, mas não é o bastante. Ela precisa de fundamentos teóricos de botânica para trabalhar na manutenção dos jardins dos nossos clientes.

— Ela não poderia fazer aulas de noite e aos fins de semana?

— Mas ela precisa ficar com a Mia.

— Quando eu estudava, tinha uma mulher que demorou seis anos para conseguir o certificado. Eles são bem flexíveis, permitem que você faça o curso do jeito que for melhor para sua agenda.

Matt ficou surpreso com quão útil era conversar com Frankie, pois costumava tomar todas as decisões sozinho. Essa era a sua forma de operar.

Eles chegaram a Bow Bridge no momento em que o sol se punha e apreciaram a vista do Central Park Oeste e da Quinta Avenida, vendo o topo das árvores reluzirem o vermelho da luz evanescente.

— Um pôr do sol no Central Park — murmurou Frankie. — Não tem como ficar mais perfeito do que isso.

Eles estavam lado a lado, próximos, mas sem se tocarem.

Matt ficou pensando se Frankie estava tão ciente da presença dele quanto ele estava da presença dela.

Foi quando ela virou a cabeça para olhá-lo e ele viu o calor de seu próprio desejo refletido nos olhos dela.

Sua boca era uma curva delicada e convidativa. Bastava ele baixar a cabeça, mas não o fez. Matt decidira que deveria beijá-la quando Frankie quisesse muito, dessa maneira ela não se preocuparia com a própria performance.

Assim, recuou um passo e segurou as mãos:

— Nossa mesa está reservada para as 20h15.

Ela hesitou, segurou-lhe a mão e os dois caminharam pela trilha que conduzia ao famoso Bethesda Terrace.

— Sempre que venho aqui, me sinto no cenário de um filme.

Ele sorriu:

— Que filme? *Um dia especial, Esqueceram de mim 2* ou *O preço de um resgate?*

As vozes e passos deles ecoavam e ele parou sob a elegante arcada, olhando para a famosa fonte.

— Estou mais propensa a pensar em *Os Vingadores*. Ou naquele episódio de *Doctor Who*. Não gosto de filmes românticos.

— Eu também não.

— Você é homem. Filmes assim não são para agradar os homens. — Ela caminhou até a fonte. — Você não vai perguntar qual é meu filme favorito?

— Já sei quais são seus filmes favoritos: *Psicose* e *Janela Indiscreta*. Você é viciada em Hitchcock.

— E por que não seria? O cara era um gênio. Você se esqueceu de *Um corpo que cai*. Adoro.

— Você também gosta de *O Iluminado* e de *Alien*.

— O primeiro *Alien*, o do Ridley Scott.

— Amo o trabalho dele.

— Ele tinha que ter vencido o Oscar de melhor diretor com *Gladiador*. Ele foi roubado. — Frankie olhou para um casal abraçado ao lado da fonte e então desviou rapidamente o olhar. — Não há mais nada para você descobrir a meu respeito. Você já sabe tudo.

Nem tudo, mas ele planejava mudar isso.

Eles caminharam pela trilha que contorna o lago, observando os últimos lampejos de luz brilharem sobre a superfície plácida da água.

— Vamos jantar no restaurante do lago?

— Sim. — Ele abriu a porta do restaurante e ela entrou, passando próximo a seu corpo. Ele inalou o sutil aroma floral que emanava de Frankie e sentiu seu braço nu roçar contra o dele.

Ela passara a noite inteira tensa, mas agora era a vez dele.

— Isso é perfeito. — Ela se instalou em uma cadeira e olhou para a água. — Passei praticamente toda minha vida adulta em Nova York e nunca vim jantar aqui.

— Jake trouxe a Paige há poucas semanas.

Eles fizeram os pedidos e Frankie recuou na cadeira enquanto o garçom servia o vinho.

— Não é estranho saber que os dois estão juntos?

— Sim. Ainda estou me acostumando com isso, mesmo o Jake sendo meu amigo mais próximo. Sou um tanto protetor com a minha irmã.

— É uma característica boa.

— Ela fica louca.

— Mas se você perguntar, eu aposto que ela vai dizer que não gostaria que fosse diferente. Vocês dois têm sorte. Quando eu era mais nova faria qualquer coisa para ter alguém com quem compartilhar aquela merda toda.

— Você tinha a Eva e a Paige.

— Mas não é o mesmo que ter alguém de dentro. Amigas sabem ouvir, simpatizar e dar apoio, mas há uma diferença entre apoiar de fora e viver a coisa de dentro. — Ela fez uma pausa. — Há certas coisas que não é possível dividir nem com as amigas.

E essa era outra coisa que Matt não sabia. Ele sempre presumira que Frankie dividia tudo com Paige e Eva.

Havia música tocando ao fundo, mas Matt não estava prestando atenção.

— Que coisas?

Houve um silêncio longo e moroso.

Ele reparou no subir e descer do peito dela e sentiu que Frankie estava prestes a dizer-lhe algo, mas então ela deu um sorrisinho e balançou a cabeça.

— Só estou dizendo que não é possível entender o que se passa em uma família sem viver nela.

— O divórcio dos seus pais deve ter sido bem difícil para você.

— Não só o divórcio. Os anos que levaram a ele também. — Ela tomou um gole do vinho. — Teria sido ótimo ter uma irmã. Ela teria me ajudado bastante, especialmente se gostasse de festa e de se produzir. Não sou boa nessas coisas. É uma decepção constante para minha mãe o fato de ela ter uma vida social mais agitada que a minha. Ainda assim, vendo pelo lado positivo, posso ter absoluta certeza de que ela nunca vai pegar minhas roupas emprestadas. — A leveza em seu tom visava mascarar a dor, mas não foi capaz.

— Você poderia ter tido um irmão, o que também não teria ajudado muito com a coisa de se produzir. Além disso, nós homens somos particularmente ruins em nos lembrar de ligar para a mãe, então um irmão não teria ajudado muito a aliviar o seu fardo.

— Você não liga para a sua mãe?

— Eu *planejo* ligar, mas, de alguma forma, a semana passa voando e então ela me liga. Aí é tarde demais para eu tentar surpreendê-la ligando antes. Às vezes ela também não me liga. Ela liga para a Paige e as duas conversam sobre mim, provavelmente concordando que eu sou um inútil. Ter um irmão não é um mar de rosas.

— Você e Paige são bem próximos.

— É verdade. Mas também é verdade que muitas vezes na adolescência tive vontade de jogar minha irmã na parte mais funda da Baía de Penobscot, então não pinte a coisa em tons tão alegres.

— Sei que a vida não é só alegria, mas ainda acho que você teve sorte. — Ela se encostou na cadeira. — Sua família é a que chega mais perto da perfeição.

— Nenhuma família é perfeita, Frankie. Temos nossos momentos de irritação e estranhamento. Se você não acredita, venha passar um jantar de Ação de Graças com a gente. A Paige puxou da minha mãe o gene do planejamento e organização, então dá para imaginar as duas juntas na cozinha. É como dois generais com estratégias diferentes planejando uma batalha. Todo mundo sai de perto.

Frankie deu risada:

— Eu amo sua mãe.

— Ela deixa Paige louca com esse excesso de proteção.

— Imagino que seja um traço de família. — Ela ergueu o olhar ao dele e Matt ficou pensando no quanto gostaria de cuidar dela.

— Imagino que sim.

Os pedidos chegaram e, por algum tempo, a conversa girou em torno da comida impecavelmente preparada. Eles comeram vieiras acompanhadas de risoto cremoso e uma bela salada.

Os dois estavam cercados pelo ruído de conversas, do tilintar de taças, pelo ocasional rompante de uma gargalhada, mas Matt ignorava tudo isso. Seu único interesse era Frankie.

— Você não está de óculos.

— Não fazia sentido agora que você sabe que não preciso deles. — Frankie permaneceu concentrada no prato e Matt reparou no contraste entre o tom escuro de seus cílios e o tom claro e rico de suas bochechas.

— Fico feliz. Não quero que você se esconda de mim.

— A comida está deliciosa. — Ela largou o garfo. — Onde exatamente no Maine fica o jardim em que você quer que eu ajude? Fica no litoral? Pois faz diferença para a variedade de maçãs que recomendaríamos. E também a latitude.

— Fica na Ilha de Puffin. — Se ele não estivesse observando o rosto de Frankie, teria perdido sua reação. — É um casal que comprou uma casa de veraneio a noroeste da ilha. Eles estão reformulando o jardim e a casa. Meus pais trombaram com eles em Harbor Stores e foi assim que os dois ficaram sabendo do meu trabalho. Sabe como é.

— Sim. — Frankie pegou a colher e mexeu no café que foi posto em sua frente. — Sei bem como é. Então você vai voltar a Puffin para um trabalho? É uma viagem e tanto.

A tensão voltou e Matt se perguntou como ela conseguia achar que não era capaz de ter sentimentos.

Ela praticamente explodia de tantos sentimentos.

— Não planejo fazer mais do que uma ou outra visita. O cara é sócio na firma do meu pai. É um favor.

— Você não vai cobrar pelo serviço?

— Vou cobrar, é claro. O favor é viajar até Puffin. Não é ali na esquina. Concordamos que vou fazer um projeto detalhado de paisagismo e jardinagem e deixarei nas mãos de uma empresa local.

— Me parece bom. Tire algumas fotos e ficarei feliz de dar algumas ideias. Quando você planeja ir?

— No próximo final de semana. Fui convidado para um casamento, então resolvi juntar o útil ao agradável. Um velho amigo vai se casar. Você deve conhecê-lo. Ryan Cooper.

— Não o conheço pessoalmente, mas sei quem é. A família dele tinha uma casa incrível em Puffin Point. De madeira branca e com uma vista deslumbrante.

— Essa mesmo. Meu convite inclui um acompanhante. — Ele fez uma pausa, sentindo-se como um mergulhador prestes a submergir em águas profundas. — Venha comigo, Frankie.

Ela bateu com a xícara no pires.

— Você não pode estar falando sério.

— Por que não?

— Para começo de conversa, é um casamento e você sabe como odeio casamentos. Em segundo lugar, porque será em Puffin. Você juntou as duas coisas que mais detesto e espera que eu responda que sim? — O café dela não havia sido tocado. — Não acredito que você teve coragem de me convidar. Meu rosto está em todos os cartazes de "procurada" daquela cidade. — As palavras dela fizeram o peito de Matt doer, bem como o pensamento de como sua vida havia sido traumática. Uma cidade pequena poderia ser tanto acolhedora quanto sufocante; mas de um jeito ou de outro, não havia escapatória. Não tinha como se esconder. Não existia anonimato.

Não havia dúvidas de que a população de Puffin era obcecada com o que seus vizinhos faziam e ele conhecia algumas pessoas que detestavam essa característica da vida na ilha. Matt não se sentia assim. As pessoas eram iguais, independentemente de onde fosse. Ele gostava de viver em comunidade. Em sua opinião, dar e receber tornava o mundo melhor. Ele queria que Frankie também visse as coisas dessa forma.

— Seria divertido, Frankie. Um fim de semana longe da loucura de Nova York. Poderíamos respirar o ar marinho, caminhar na floresta, tomar sorvete, ir até a loja de presentes da noiva do Ryan.

A vela entre os dois tremulou e, por um instante, ele captou a melancolia nos olhos dela.

Depois, Frankie balançou a cabeça.

— Aí a gente poderia jogar um jogo ótimo chamado "Evitando a Frankie". Aquele jogo em que as pessoas atravessam a rua para não ter que ficar de cara comigo. Se você ainda não jogou, deveria tentar. Foi a atividade do momento na ilha durante algum tempo.

Conhecendo os moradores da ilha, Matt achava difícil de acreditar. É verdade que todos sabiam de tudo o que acontecia com os outros e que estranhos costumavam ser tratados com suspeita, mas, de forma geral, ele achava os locais bondosos e acolhedores. Frankie estava pintando um quadro que ele não reconhecia.

— Isso não aconteceria.

— Não com você, talvez. Não vou voltar para aquela ilha. Esse momento da minha vida acabou. Ponto final. Está enterrado no passado.

— Se você não voltar, nunca terá fim ou ponto final.

— Nós dois sabemos muito bem que os moradores da ilha têm boa memória.

— Eu sei. David Warren ainda me lembra do dia que roubei feno do campo dele para o coelho da Paige, pois não queria caminhar até a pet shop. Mas isso não quer dizer que ele não me receba calorosamente sempre que me vê.

— Porque é você! — O tom desesperado dela continha toques de pânico. — Não volto à Ilha de Puffin desde que terminei a faculdade. Por que voltaria agora?

Mesmo depois de Paige ter contado, essa informação ainda o chocava.

— Porque você cresceu lá. Foi seu lar até os 18 anos.

— Não penso naquele lugar como meu lar.

— Mas você pensa nele. — Ele sabia que sim e suspeitava que ela pensava em Puffin mais do que ousava admitir.

— Aquele lugar não me traz nada além de péssimas lembranças.

— Então que tal tentarmos criar lembranças melhores lá?

— É provável que consigamos um monte de outras péssimas para acrescentar à pilha que já tenho.

— Isso não vai acontecer. Vou ficar com você o tempo todo.

Ela levantou as sobrancelhas.

— Você também vai estar montado em um cavalo branco e usando uma armadura? Só para deixar claro, assim poderei reconhecê-lo. Não acredito em contos de fadas. Sei que o Príncipe Encantado não existe. E só para deixarmos as coisas ainda mais claras, não acredito em amor verdadeiro, em felizes para sempre e em nenhuma dessas porcarias.

— Desde que você continue acreditando em Papai Noel, está tudo bem. — A recompensa por Matt ter suavizado o tom foi um sorriso relutante.

— Nele eu acredito.

— Que alívio. Eu estava começando a achar que não tínhamos nada em comum. Venha comigo, Frankie. — Ele falou suavemente.

— Vamos superar esses fantasmas. Você precisa seguir em frente.

— Isso não seria seguir em frente. Seria voltar ao passado.

— A vida segue para todos. Até para a Ilha de Puffin. Às vezes, é preciso voltar algumas casas para avançar. Você não tem motivos para se manter tão distante.

— Minha mãe foi responsável por pelo menos um divórcio na ilha. Alicia e Sam Becket. Foi horrível.

Matt ouviu muitos boatos sobre o casamento pouco convencional dos Beckets, mas preferiu não tocar no assunto.

— Mesmo que fosse verdade... e muitos argumentariam que se o relacionamento fosse forte o bastante ele não acabaria... você não é sua mãe. Você não é responsável pela forma como ela escolheu viver a vida dela. Você não é responsável agora, nem era na época.

— Matt queria ser capaz de fazer Frankie entender isso.

— Talvez você tenha razão, pois estar naquela ilha dos horrores é como entrar no cenário de um livro do Lucas Blade, mas parte de mim tem...

— Medo?

— Não! Não tenho *medo*. Não sou tão patética assim. — Ela lançou um olhar furioso, mas seus ombros cederam logo em seguida. — Está bem, eu tenho medo. Eu *sou* patética.

— Você não é patética. Você passou por maus momentos e guardou lembranças ruins. Todos nós tendemos a evitar situações que nos deixem tristes.

— Que situações você evita?

Matt terminou o café.

— Não gosto de hospitais. Depois de todas aquelas visitas à Paige... — Ele fez uma pausa, assentando as imagens que lhe ocorriam. — É só eu entrar pela porta, sentir aquele cheiro de hospital, ver a equipe médica com aqueles rostos sérios e os parentes pálidos tomando aquele café horrível em copos de plástico, que sou transportado de volta ao passado, sinto a mesma tensão e vejo meus pais tentando esconder a angústia. Não aguento ver gente falando de saúde e hospitais. Eu desligo na hora. Bloqueio.

O olhar de Frankie foi tomado de empatia:

— Foi uma época horrível.

— A questão é que todos temos coisas que preferiríamos evitar, Frankie. Isso não nos torna patéticos. Isso nos torna humanos.

— Bem, então sou super humana e não vou para lá. Você teria que me dopar e me amarrar ao avião. Posso dar uma olhada nas fotos, conversar sobre o pomar, mas não vou botar os pés na Ilha de Puffin. — Ela pegou o café e tomou um gole.

Matt ficou observando:
— Me avise se mudar de ideia.
— Não vou mudar.
Ele não tentou persuadi-la.
Tinha plantado a semente. Agora deixaria que florescesse.

―――✵―――

Ela era uma covarde. Não apenas porque tinha medo de colocar os pés na ilha de novo — ainda que esse fator fosse importante —, mas também porque sabia que ir a Puffin com Matt significaria levar o relacionamento deles a outro nível. O que levaria ao fim.
Ela não queria que terminasse.
Aquela havia sido a noite mais divertida de que conseguia se lembrar, mas por debaixo das risadas e da conversa corria uma camada de tensão e excitação que a deixava sem ar.
Se Frankie fosse mais inocente, poderia acreditar em finais felizes.
Sentada no táxi, ela ficou observando a cintilante noite de Nova York passar pela janela como um glamoroso cenário de cinema.
Era tarde, mas as ruas estavam lotadas como se ainda fosse dia.
Ela poderia estar vendo as pessoas ou pensando na Ilha de Puffin e em todas as coisas que Matt disse, mas ela só conseguia pensar nele. A extensão potente de sua coxa tão próxima à dela, mas sem tocar, a largura de seus ombros contra o banco do carro.
Sentir seu corpo daquela forma era intenso e pouco familiar. Ela não entendia como podia se sentir daquele jeito. Ele pegou suas mãos algumas vezes no parque, enquanto caminhavam, mas foi tudo. Frankie estava aprendendo rapidamente que as sensações sexuais tinham raízes que iam além dos toques. Elas poderiam ser despertadas por um sorriso, uma palavra ou olhar como

o que ele lançara no jantar e que a fizera se sentir a única mulher no restaurante.

E ela sentiu também que a fonte mais deliciosa de excitação vinha do fato de Matt conhecê-la tão bem.

Era como se ele pudesse ver todas as partes que ela mantinha escondidas dentro de si. Poderia ser assustador, mas, em vez disso, Frankie sentia um movimento quente e excitante, como se toda a energia usada para se esconder tivesse sido repentinamente redirecionada.

Ela se virou para roubar um olhar, ao que Matt retribuiu com um meio sorriso. Era como se ele soubesse tudo o que ela pensava.

Houve um momento no parque em que ela esteve convencida de ele a beijaria, e mais outro, na ponte, enquanto observavam o sol se pôr. Ela quase pegou fogo, tamanho o seu desejo; mas quando não aconteceu, ficou dividida entre o alívio por terem adiado o momento em que ele descobriria que ela era péssima na cama e a frustração por querer tanto que Matt a beijasse.

Agora, seu nervosismo voltara, pois ela não fazia ideia do que estava por vir.

Seu manual de relacionamentos não era parecido com o das outras pessoas.

Ela deveria convidá-lo para tomar um café?

Deveria dizer boa noite à porta?

Frankie se preocupou durante todo o caminho da volta e o nervosismo aumentou quando cruzaram a Brooklyn Bridge, cujas luzes cintilavam sobre a superfície metálica do East River.

Ela pagou o motorista e caminhou até a porta do apartamento, torcendo que pudesse acalmar as sensações dentro de si.

Com as mãos tremendo, ela vasculhou o bolso e puxou a chave.

— A noite foi divertida. — Frankie tremia muito.

Matt segurou sua mão e seu coração dançou em um ritmo intenso. Dessa vez ele definitivamente iria beijá-la. A química era tão poderosa que mesmo ela era capaz de senti-la. Frankie esperou, mal ousando respirar, desejando desesperadamente e, ao mesmo tempo, aterrorizada por saber que quando ele fizesse isso seria o fim. *Ele saberia*. A ansiedade zanzava em seus nervos, enviando milhares de volts de eletricidade por seu corpo.

Seus olhos começaram a fechar. Seu corpo balançou e Frankie sentiu os dedos dele roçarem contra os dela enquanto Matt pegava as chaves de sua mão e abria a porta do apartamento.

— Boa noite, Frankie. — Rouca, máscula, grossa e íntima, a voz dele lhe ressoou perto da orelha. Ele estava tão próximo que ela poderia ver a textura rústica da barba que lhe escurecia o maxilar.

— Matt...

— Durma bem.

Ela abriu os olhos e encarou Matt.

Durma bem? Isso é tudo o que ele ia dizer?

Ele acumulou tensão a noite inteira e não ia beijá-la?

Que se dane, se ele não ia beijá-la, então ela o beijaria. Eles precisavam botar tudo para fora de uma vez por todas. Ela se aproximou para puxá-lo, mas sua mão atravessou o vazio do ar. Matt sequer percebeu, pois já estava de costas, afastando-se de Frankie.

Era por isso, pensou um pouco zonza enquanto o via se afastar, que ela evitava relacionamentos.

Nunca em um milhão de anos ela entenderia os homens.

Capítulo 9

Se sua taça estiver meio cheia, abra outra garrafa de vinho.

— Paige

Frustrada e desconcertada, Frankie fechou a porta do apartamento. Ela estava arrebatada demais para dormir. Estava fervilhando com pensamentos desconfortáveis que deveriam ser examinados de perto. Pensamentos sobre estar nua com Matt. Pensamentos quentes, cheios de suor. *Pensamentos excitantes.*

Droga.

O encontro não foi nem um pouco como ela tinha imaginado. Frankie acreditou que seria como todos seus encontros anteriores: algumas horas constrangedoras em que a conversa não flui muito bem; o equivalente verbal de bater os dentes num beijo. Dessa vez, pelo contrário, tinha sido tranquilo e divertido. Matt tornou divertido.

Central Park. Por que ninguém nunca havia pensado em levá-la num encontro lá?

A resposta era óbvia: porque ninguém a conhecia tão bem quanto Matt. Eram sempre restaurantes ou cinema. Todos os relacionamentos de Frankie terminaram muito antes do momento que seus parceiros percebessem que atividades ao ar livre eram o programa favorito dela.

Em sua opinião, houve apenas uma coisa errada no encontro. Não houve beijo.

Por outro lado, se ele a *tivesse* beijado, teria estragado a noite. Sabendo que não conseguiria dormir, Frankie decidiu que seria bom devolver a bolsa de Eva.

Demorou algum tempo até a amiga responder e, quando finalmente abriu a porta, Frankie recuou em choque.

— O que aconteceu com o seu *rosto*? Se você está se preparando para fazer um teste de elenco para algum filme de terror, o papel já é seu.

— É máscara facial, Frankie. É para me deixar linda.

— Sinto lhe informar, mas eles mentiram. Você devia ter lido as letrinhas pequenas.

Eva sorriu e a máscara começou a rachar.

— Como foi o seu encontro? Quer dizer, jantar — corrigiu rapidamente. — Jantar. Sei que não era um encontro.

— Foi... — como descrever? Tinha sido mágico, excitante, *aterrorizante* — ...diferente.

— Diferente "bom" ou diferente "alguém me tira daqui"?

— Bom.

— Onde ele te levou?

— Ao Central Park. Nós caminhamos, conversamos e jantamos.

— Foi muito estressante?

— Tudo foi perfeito. — A não ser a parte em que ele a convidou para ir à Ilha de Puffin, mas Frankie não queria pensar nisso.

E ele não a beijou.

Droga, por que ele não a beijou?

— Obrigada por me emprestar a bolsa. Devolvo a túnica depois de lavar. — Distraída, Frankie entregou a bolsa e olhou mais de perto o rosto de Eva. — Caiu alguma coisa nos seus olhos? Eles estão vermelhos.

— Ah! — Nervosa, Eva levou os dedos às bochechas. — Talvez. Sou uma desajeitada. Quer entrar? Podemos conversar um pouco e abrir um vinho. — Eva abriu mais a porta, mas Frankie fez que não.

Ela estava prestes a perguntar por onde andava Paige, mas lembrou-se que estava com Jake. O que significava que Eva estava sozinha e com bastante tempo livre. *Como Frankie pôde se esquecer disso?* — Paige foi passar a noite com Jake, não é? Você vai ficar bem?

— É claro! Estou curtindo uma noite tranquila sozinha. Tinha me esquecido de como isso é bom de vez em quando. Vou tirar esse treco da minha cara e me aconchegar com uma pipoca e Netflix.

— O que você vai assistir?

— Não sei. Algo que você nunca assistiria na vida. Com beijos e finais felizes. Nós duas sabemos que filmes românticos são sua ideia de inferno. Vejo você amanhã.

A porta se fechou entre as duas e Frankie voltou ao próprio apartamento refletindo por que se sentia tão incomodada.

Eva era adulta. Se queria companhia, devia ter pedido.

Frankie tomou um banho e deitou-se com seu livro, mas pela primeira vez as palavras, mesmo aquelas escritas por Lucas Blade, não prenderam sua atenção. Ela não parava de pensar em Matt e, junto a isso, estava preocupada com a amiga.

Eva disse que estava bem, mas e se fosse mentira?

Se Paige estivesse em casa, Frankie não ficaria preocupada. Paige era bem melhor do que Frankie em oferecer apoio emocional. Não que Frankie se considerasse uma má amiga por causa disso. Ela era constante como uma rocha, leal e, a seu próprio modo, profundamente carinhosa, mas era a primeira a admitir que não era boa em lidar com crises emocionais. Excessos de emoção desencorajavam-na. Sempre. Se havia nascido assim ou se isso começou depois da tempestade que foi o divórcio de seus pais, ela não sabia, mas sempre que as emoções ficavam intensas demais, sentia vontade de deslizar para dentro de um buraco escuro e ficar ali até que a chuva passasse.

Mas, naquela noite, Paige estava fora, o que queria dizer que Eva estava sozinha.

Esse pensamento persistiu em sua mente e a não deixou relaxar.

Ela pegou o celular, pensando se deveria mandar uma mensagem para a amiga, mas logo em seguida colocou-o de novo sobre a mesinha de cabeceira.

Que diferença faria? Ela escreveria "Você está bem?" e Eva responderia "Sim. E você?".

Ela devia estar concentrada em algum filme romântico.

Impaciente consigo mesma, Frankie tentou ler o livro, mas não conseguiu se concentrar. Dez minutos depois, olhou para o relógio.

E se Eva não estivesse assistindo nada?

E se ela enfiou o dedo no olho de novo ao tentar tirar a máscara facial? Seus olhos estavam vermelhos e...

— Droga! — Frankie levantou tão rápido do sofá que o livro se espatifou no chão. Eva não estava com os olhos vermelhos por causa da máscara. Seus olhos estavam vermelhos porque ela estava chorando.

Minutos depois, Frankie estava batendo à porta de Eva.

Dessa vez, Eva demorou ainda mais tempo para atender. A máscara havia sido removida, mas seus olhos continuavam vermelhos.

— O que foi?

Frankie queria responder que não havia nada de errado com ela, mas se segurou. Eva era altruísta e generosa, e era improvável que dissesse de cara seus problemas.

— Você me convidou para entrar.

— Você odeia filmes românticos.

— Podemos conversar. Estou com vontade de conversar.

— Sobre o quê?

— Coisas... — Frankie se atrapalhou. — Problemas — disse vagamente, ao que Eva pareceu confusa.

— Você odeia falar sobre os seus problemas. Você os reprime, deixa em banho-maria, empurra para um lado e para o outro. Depois os ataca que nem Boadiceia, como se fossem um exército inimigo.

— Sim, bem, hoje estou tentando uma estratégia diferente. — Frankie entrou pela porta e viu as roupas de Eva espalhadas por todas as superfícies possíveis, em um arco-íris que ia de cores pastel a brilhantes. — Meu Deus... invadiram a sua casa?

— Não.

— Alguém esvaziou suas gavetas?

— Eu mesma. Estava procurando meu lenço pêssego de seda.

— Não achou? — Frankie examinou as pilhas de roupas, pensando que ela nunca encontraria algo naquela bagunça. Como uma pessoa poderia ser capaz de ter tanta roupa?

— Acho que a Paige pegou emprestado.

— E você ainda critica minhas roupas.

— As roupas em si, não sua forma de organizá-las.

— Pelo visto você tem guardado as suas no chão. Precisa de ajuda com tudo isso aqui? A gente poderia organizar um bazar e repassar os lucros das vendas para gatinhos abandonados ou coisa do tipo.

— Já estou por aqui com gatinhos abandonados, tolero a Garrinhas apesar do temperamento dela. Aliás, tudo o que você está vendo aqui tem uma importância e um significado. Não quero me livrar de nada. Não há aqui uma peça sequer que eu não ame.

— Sério? E essa aqui... — Frankie puxou um suéter de tricô verde. — Nunca te vi usando essa.

— Minha avó que tricotou. — Os olhos de Eva ficaram cheios de lágrimas e ela caiu no sofá, ignorando uma das pilhas de roupas.

— Me desculpa. Pode me ignorar.

— Sou eu quem deveria pedir desculpas. — Horrorizada consigo mesma, Frankie dobrou o suéter cuidadosamente e sentou-se ao lado de Eva. — Não chore. Por favor, não chore. Sou desajeitada, estúpida e a Paige me mataria por deixá-la triste.

— Não é você, sou eu. Essas coisas acontecem. Está tudo bem.

— Não está tudo bem. O que posso fazer? Você precisa de um copo d'água? De um abraço? — Frankie encostou desajeitadamente no ombro de Eva e sentiu uma pontada de frustração. Por que ela não sabia o que fazer nessas situações? — Fale comigo, Ev.

— É só um momento ruim, só isso. Vai passar. Vou sobreviver. Estou usando você como exemplo.

— Eu?

— Sim. Você e Paige são as pessoas mais fortes que conheço. Vocês duas tiveram que lidar com problemas sérios na vida e seguiram em frente. Estou tentando ser mais parecida com vocês e menos com uma geleia.

— Você não quer ser como eu. Eu sou toda errada. — Frankie puxou um lenço cor de pêssego que estava meio escondido entre as almofadas. — Era esse que você procurava?

— Sim! E eu acho você incrível. — Eva assoou o nariz. — Você é tão independente. Tão forte e firme. Você é inspiradora e corajosa.

Frankie pensou na forma como respondera à sugestão de Matt, de ir com ele à Ilha de Puffin.

Você teria que me dopar e me amarrar ao avião

— Não sou corajosa, Ev. Adoro seu lado geleia. Nunca mude.

As palavras da amiga a fizeram se sentir uma fraude. Frankie sabia que não era inspiração para ninguém. Se fosse tão firme e forte, teria medo de voltar a Puffin? Teria tanto medo de se arriscar com Matt?

— Quero mudar meu jeito de ser. Estou cansada de me sentir mal. Estou aceitando conselhos. — Eva pegou outro lenço. — Se quiser me ajudar, é só me distrair. Conte-me sobre sua noite com o Matt. Você disse que foi perfeita.

— Caminhamos pelo Central Park. Conversamos. Jantamos. Teve comida e conversa no meio.

— Mas não foi um encontro.

— Não. Com certeza não foi um encontro.

— Então não houve momentos românticos? — Eva pareceu tão decepcionada que Frankie ficou tentada a inventar algo só para ver a amiga sorrir.

— Ele segurou minha mão algumas vezes.

Eva pareceu mais feliz:

— Sério?

— Provavelmente para evitar que eu fugisse.

— Por que você sairia fugiria?

— Ele falou sobre Puffin. Matt quer me levar para passar um fim de semana por lá. — Frankie tirou os sapatos e se enrolou no sofá ao lado de Eva. — Ele vai a trabalho e, também, para o casamento de um amigo. — Sabendo que Eva perguntaria, Frankie disse o nome: — Ryan Cooper.

— Conheço o Ryan. Ele é gostoso.

— E também está fora do mercado, pois vai casar com a namorada, Emily, que está super grávida, em uma cerimônia romântica na praia.

Eva lançou um olhar vago e sonhador através da sala.

— Eu *adoraria* organizar um casamento na praia. Você foi convidada? Sorte sua. É isso que quero dizer quando falo de ser uma inspiração. A maioria das pessoas que passou pelo que você passou morreria de medo de voltar. Você também tem medo, mas vai voltar mesmo assim.

Frankie abriu a boca. *Não havia a menor chance* de ela voltar.

— Na verdade, não...

— Não gaste saliva dizendo que não é corajosa, pois é sim. Sei que você tem medo, mas a definição de coragem é fazer algo mesmo tendo medo.

— Sim, mas eu não...

— É *sim*! Você é corajosa. E vou pensar nisso sempre que estiver no fundo do poço, pensando na vovó. É difícil, mas vou sobreviver. Já estou me sentindo melhor. — Eva amassou o lenço que estava usando. — Fico feliz que você vá voltar a Puffin. Eu nunca disse nada, mas me preocupava você permanecer tão distante. E a ilha tem tantas coisas incríveis.

Ah, inferno, como Frankie poderia sair dessa?

A garganta dela estava tão seca que parecia que tinha engolido areia:

— Cite uma.

— O cheiro do sal e do mar. A sensação de caminhar pelas falésias, de encarar o infinito e perceber como o mundo é grande e como nós somos pequenos. O vento nos cabelos, as gaivotas, as criancinhas sorridentes com seus sorvetes derretendo.

Frankie sentiu uma pontada no peito, saudade de algo que fora perdido há muito tempo:

— Também sinto falta dessas coisas.

— E tem os moradores de lá, especialmente particulares.

— Desses eu não tenho saudade.

— Outro dia, li sobre um homem que morreu em casa no Harlem. Demoraram cinco semanas para descobrir seu corpo. *Cinco semanas*. Isso nunca teria acontecido em Puffin.

— Verdade. E também não precisaria de autópsia, pois todos saberiam a causa da morte.

— Eu sei. — Eva deslizou o lenço entre os dedos. — Essa é uma das coisas brilhantes de lá. Amo Nova York. Não viveria em outro lugar, mas me pego pensando se viveria aqui se não fossem você, Paige, Matt e Jake. Eu me sentiria absurdamente sozinha.

— Você tem a gente. Somos uma comunidade. Você não precisa morar em uma ilha para fazer parte de uma comunidade, Eva. É só você se aproximar das pessoas, e você já faz isso naturalmente. Eu não sei o que vai acontecer na nossa vida, nenhum de nós sabe. Mas o que eu sei é que você nunca ficará sozinha. Você é como uma lâmpada. As pessoas vão até você, você ilumina o dia delas.

Os olhos de Eva ficaram mareados:

— Essa deve ser a coisa mais bonita que alguém já me disse.

Frankie pegou a caixa de lenços.

— Fiz você chorar de novo.

— Mas esse é um choro bom.

— E existe choro bom?

— É claro que sim. Você nunca chora?

— Não. Tenho um coração de pedra.

Eva assoou o nariz.

— Frankie, seu coração é tão grande que parece que vai explodir.

— Imagine que bagunça. Não que alguém fosse perceber nesse apartamento. É melhor você arrumar tudo antes da Paige voltar, senão ela vai surtar. — Frankie se encostou no sofá, pensando em como escapar desse mal-entendido. — Um casamento na Ilha de Puffin é a combinação perfeita de coisas que odeio.

— Eu sei, mas você vai mesmo assim. Você é incrível. Tenho certeza que ninguém vai falar sobre o passado. Faz dez anos. Paige me contou que vocês trombaram com a sua mãe na rua na semana passada. Foi difícil?

— Horrível. Não acredito que estou dizendo isso, pois todos sabem que não sou grande entusiasta do time do "felizes para sempre", mas torço muito para que ela encontre alguém com quem se importe. Nenhum dos relacionamentos dela dá certo.

Eva enrolou o lenço em volta do pescoço.

— Se ela fosse uma panela, teria revestimento de Teflon.

Frankie deu risada:

— Essa é minha mãe: antiaderente.

— O amor é complicado.

— Pode repetir? É por isso que algumas pessoas preferem evitá-lo de uma vez. Sou uma delas.

— Isso não é verdade. Hoje à noite, por exemplo... você veio ficar aqui comigo mesmo preferindo ficar sozinha. Isso é amor. Não o amor romântico, mas ainda é amor.

— Quem disse que eu preferiria ficar sozinha?

— Eu te conheço. Você ficou toda estressada pela noite e, quando fica assim, sua resposta é se trancar e ler ou cuidar das suas plantas. Mas aqui está você. Comigo. Pois sabe que estou triste. Você é a melhor amiga no planeta.

Frankie sentiu um aperto na garganta:

— Amor de amiga é diferente.

— Não muito. Todo amor romântico deveria ser sustentado por um alicerce forte de amizade. Um homem pode ter o melhor beijo do mundo, mas eu não o desejaria se não fosse meu melhor amigo. Veja só eu, ficando toda emotiva. A coisa que você mais detesta. Entende o que estou falando? Você é corajosa. Você encara o que for preciso, mesmo quando não gosta muito da aparência daquilo que está enfrentando. Como minha cara quando choro.

— Não chore. — O desconforto de Frankie tinha pouco a ver com o fato de estar sentada sobre uma pilha de roupas de Eva. Sua amiga a colocara sobre um pedestal e o tombo seria grande.

— Já está tarde. É melhor você dormir.

Frankie olhou para a amiga, lembrando-se das vezes que Eva ficou a seu lado.

— Você tem os ingredientes para aquele chocolate quente incrível que sabe fazer?

— Sim. Quer levar uma caneca dele para casa?

— Eu estava pensando em passar a noite por aqui. No quarto da Paige — disse Frankie em tom casual. — Seria divertido. Você tem chantilly?

— Sempre tenho chantilly. Nunca se sabe quando vou precisar.

— Hoje é uma das ocasiões.

— A gente poderia se aconchegar no sofá e assistir a um filme. — Eva ficou empolgada, mas logo em seguida atenuou: — Tem certeza que não está fazendo isso por mim? Pois é sério, estou bem. E...

— Não estou fazendo isso por você. Estou fazendo por mim. Não quero ficar sozinha.

Era verdade.

Frankie não queria ficar sozinha, senão entraria em pânico por sua viagem iminente à Ilha de Puffin.

É claro que ela podia ter dito a Eva que tudo não passou de um mal-entendido, que ela não tinha nenhuma intenção de voltar àquele lugar, mas Eva estava começando a se recompor.

Frankie não fazia ideia do motivo de Eva tomá-la como exemplo. Sabia apenas que, se era sua fonte de inspiração, era melhor fazer algo corajoso e inspirador.

Capítulo 10

Se sua taça estiver meio cheia, é menos provável que você derrame o vinho.

— Frankie

No dia seguinte, Matt estava carregando o primeiro banco de tronco para o terraço na cobertura quando Frankie se plantou na frente.

— Então, essa viagem para Puffin... — As palavras rolavam como um rio cheio. — Não estou dizendo que vou, porque ainda acho uma loucura, mas caso eu *fosse*, onde poderia ficar? Você não teria problemas, ficaria com seus pais, mas no instante em que as pessoas me reconhecerem, vão fechar a porta na minha cara e trancarão os maridos e filhos. Eu provavelmente precisarei acampar, então preciso saber o que levar.

Matt endireitou a postura.

Era evidente que Frankie havia pensado no assunto a noite inteira, mas Matt ainda sentia a mudança de um "com certeza não" para um "talvez". Ele refletiu sobre o que a teria feito mudar de ideia.

— Você não vai acampar e não tenho planos de ficar nos meus pais. — Ele não disse que o motivo disso era a sua intenção de fazer coisas com Frankie que não poderiam ser feitas na frente de seus pais. — Por que você não deixa que eu cuido do problema da acomodação? Tem quartos no Ocean Club. Ryan e Emily reservaram alguns para pessoas de fora da ilha.

— O que isso quer dizer? Que vamos ficar juntos?

— É o que eu gostaria. — Ele viu algo como uma centelha de pânico nos olhos dela. — Qual é o problema, Frankie? Você não gosta da minha companhia?

— Você sabe que gosto da sua companhia.

— É isso o que importa. O resto se resolve sozinho.

A tensão entre os dois era incomensurável. Dia ou noite, ao nascer ou pôr do sol, essa química que fazia o coração acelerar era onipresente.

— Você faz parecer simples, mas não é. — Ela colocou as mãos na cintura. — Eu não sei o que é isso, Matt. Somos só amigos? São encontros? Vai ser um fim de semana de... quê?

— Precisamos definir, especificar tudo?

— Sim. Se eu souber quais são as expectativas, vou saber se tenho as habilidades que você espera de mim. Na vida, em geral, é bom não forçar as próprias fraquezas.

Sua fala soou como em uma entrevista de emprego.

— Você não precisa de habilidades para passar um fim de semana comigo, Frankie. E não espero que você seja outra pessoa além de si mesma.

— Isso não costuma funcionar muito bem.

— Para mim funciona.

Ela mordeu o lábio.

— Qual é o plano?

— Chegaremos na sexta de manhã e vamos visitar o local para tirar medidas e amostras de solo. O casamento será no sábado. Pensei em termos o domingo para nós e voltarmos à noite. — Ele tentou manter o tom displicente e tranquilo, mas Frankie continuava nervosa.

— Um dia para a gente? O que faríamos?

— Se eu respondesse que iríamos rir e curtir conversas interessantes e uma quantidade indecente de sexo arrebatador, o que você diria?

As bochechas dela coraram na hora:

— Eu diria que os dois primeiros me parecem bons.

— Você tem algo contra sexo arrebatador que eu precise saber?

— Sim! A começar pelo fato de que eu não sei o que é isso! Já falei... Sexo não é meu lance. Se você me convidou por isso, deveria levar outra pessoa. — Ela falou com uma voz ofegante, nervosa, que mexeu com algo mais profundo nele.

— Frankie...

— Você não acredita, então vou provar. — Sem aviso prévio, ela tirou as mãos dos bolsos e segurou-o pela camisa.

Então, puxou-o em sua direção, ergueu-se na ponta dos pés e o beijou.

O sistema de Matt entrou em pane. Sua mente ficou em branco. O mundo ao seu redor reduziu-se a um chiado.

Por uma fração de segundo ele permaneceu imóvel, digerindo o fato de finalmente estar beijando Frankie. Ou melhor, de ela o estar beijando.

Ele sentiu Frankie começar a se afastar, por isso tomou seu rosto nas mãos e prendeu boca contra boca. Sem chances de deixá-la escapar. *Sem chances de deixar isso acabar.* Matt foi atravessado por um desejo cru e real. Deslizou uma das mãos pelas costas de Frankie e puxou-a contra si. A outra mão penetrava pela massa sedosa do cabelo dela, segurando-a firme para o beijo. Ela pode até ter começado, mas, de agora em diante, ele assumiria.

A boca dela estava suave e quente e Matt sentiu-a derreter. Sentiu a insegurança, mas também a voracidade dela. Parecida com a dele. Um desejo sexual puro tirou-lhe o equilíbrio e Matt apoiou a mão contra a superfície sólida mais próxima, um painel de cerca que ele havia feito para um de seus clientes no Brooklyn. Então travou as mãos baixo no quadril de Frankie e puxou-a forte contra o volume rígido de sua ereção. Desejava-a com uma intensidade nunca sentida. Ambos estavam vestidos, mas ainda assim, de alguma forma, o beijo estava sendo uma experiência erótica única em sua vida.

Ele não sabia como aquilo teria terminado, caso a buzina alta de um carro na rua não os tivesse trazido de volta ao mundo real.

Ela afastou a boca da dele e, com a respiração curta, encarou-o.

Matt torceu para que ela não esperasse ouvir qualquer coisa dele, porque, pelo visto, apenas uma parte de seu corpo parecia estar funcionando naquele momento.

Ela tocou os próprios lábios com os dedos e recuou um passo, movimento que pressionou suas costas contra a cerca.

— Por que você fez isso?

Era uma luta para manter a concentração:

— O quê?

— Me beijou. Você me beijou!

— Meu bem, foi você que me beijou.

— Mas você retribuiu. — Ela passou a mão pelo cabelo e puxou-o de cima da nuca, como se estivesse com calor.

Matt sentia o mesmo. Se ficasse mais quente, entraria em combustão.

— Sempre achei beijar um bom passatempo enquanto experiência mútua.

— Eu queria acabar logo com isso.

Na opinião dele, tudo o que conseguiram foi jogar gasolina em fogo ardente, mas Matt queria brincar.

— Acho que deu certo.

— Sim. Agora sabemos.

— Sim. — Ele baixou o olhar até a curvatura delicada dos lábios dela. — Agora sabemos.

Ela lançou um olhar severo:

— Só para deixar claro, se nosso relacionamento fosse um tabuleiro de Banco Imobiliário, nós ainda estaríamos na casa de "Partida".

— Pelo menos não estamos na "Prisão". Esse é o lado bom. — Mas se fosse possível ser preso por pensar coisas maliciosas, Matt estaria disposto a cumprir uma pena longa.

— Compramos algo para você. — Paige colocou quatro sacolas na mesa do escritório e Frankie despertou de seus devaneios sobre Matt.

O beijo não tinha sido nada parecido com o que esperava. Nada parecido com qualquer experiência anterior. Foi ela que começou, mas de algum modo, o equilíbrio de poder mudou instantaneamente. Não havia dúvidas de que Matt assumira o comando. Ela tentava entender como isso pode ter acontecido, mas a coisa toda não passava de um borrão confuso. Nunca na vida Frankie pensara que beijar poderia ser tão... tão... intenso. Ela ainda podia senti-lo. A pressão firme das mãos de Matt contra seu rosto, sua boca habilidosa e o calor translúcido que emanava dela. Havia sido uma descoberta, um raio, um trovão...

Droga, ela estava começando a pensar como Eva.

Dando-se mentalmente um tapa na cabeça, ela pegou as sacolas:

— Parecem caros.

— É um agradecimento por seu trabalho árduo para fazer nossa empresa decolar.

— Vocês também trabalham à beça.

— Não sei como não estou acabada. — Paige deu um sorrisinho e Eva se equilibrou na beirada da mesa de Frankie. Sua saia azul de pregas subiu-lhe pelas coxas.

— Abra os presentes. Tentamos achar um meio-termo entre o que você acharia confortável e o que ficaria bonito.

— Vocês estão me dando uma transformação?

— Estamos te agradecendo. — Eva empurrou as sacolas na direção da amiga. — Eu estava mal naquela noite e você me ajudou. Sei que você detesta escolher o que vestir, então espero ter facilitado as coisas. Tem uma roupa para a viagem que pode ser facilmente remodelada para quando for visitar o cliente. Tem algo para o casamento e algo para a praia.

— Não decidi ainda o que vestir no casamento. — Frankie lutou contra o embrulho e tirou da sacola um tecido de seda verde-esmeralda longo, leve como uma pena. — Um vestido? Eu não...

— Não é um vestido. É um macacão e vai ficar lindo em você. Pode ser que vente e você não vai querer ficar o tempo todo lutando para que os outros convidados não vejam sua calcinha. E já que toquei no assunto, tomei a liberdade de comprar umas coisas mais íntimas para você.

— Você comprou lingerie para mim?

— Se você sofrer um acidente e tiver que ir para o pronto-socorro, não quero que os socorristas se distraiam com sua lingerie toda desconjuntada. E como eu joguei fora aquela abominação cinza que você chamava de camisola, eu te devia uma.

Lingerie.

Frankie não era burra. Ela sabia por que Eva lhe comprara lingerie e não era porque queria a amiga linda em um possível encontro com socorristas.

Ela queria a amiga bonita no encontro com Matt.

Ainda que isso equivalesse a uma batida de carro.

O beijo só tornou a situação ainda mais assustadora, não menos, pois agora a queda poderia ser maior. A decepção máxima de quando fossem para cama seria devastadora.

Ela enfiou o macacão de seda de volta na sacola e espiou os outros presentes.

— Vocês duas gastaram uma fortuna.

— Fazer algo assustador é sempre mais fácil quando você está bonita. Comprei um suéter novo também.

— Estamos falidas?

— Não, estamos indo bem. — Paige entregou um embrulho pequeno a Frankie. — Sei que você odeia batons, mas esse é tão neutro que quase não conta. Vai combinar com o macacão para o casamento. Leve, perfeito para o verão. — Ela fez uma pausa. — Estamos orgulhosas de você.

Frankie sentiu-se uma fraude.

— Vocês não precisavam fazer isso.

— É você quem está fazendo tudo e te achamos incrível. Você é forte e destemida. — Paige abraçou Frankie e soltou-a quando o celular da amiga tocou. — É melhor você atender.

Destemida?

Elas não faziam ideia.

Frankie nunca sentiu tanto medo na vida. Se o medo era de estar com Matt ou voltar para a Ilha de Puffin, ela não sabia. A situação toda era uma grande massa de estresse em sua cabeça.

Precisando fugir, Frankie pegou o celular e saiu do escritório.

Paige caiu na cadeira:

— Você acha que ela vai vestir a roupa?

— Não sei. Espero que sim, pois o Matt precisará de terapia se ela vestir algo parecido com aquela camisetona cinza.

— Ele é tão louco por ela, que eu acho que não se importaria.

Eva lançou um olhar sombrio:

— Você não viu a camiseta. Nem a Marilyn Monroe se garantiria com aquilo.

Capítulo 11

Se você passar a vida olhando para trás, nunca verá o que vem pela frente.

— Eva

Havia duas formas de chegar à Ilha de Puffin: uma era pegar a balsa que levava da ilha ao continente e a outra era atravessar a baía em um voo rápido.

Como o fim de semana seria longo, Matt optou pelo voo:

— Ryan preparou tudo. Ele avisou que o trânsito no litoral vai estar um inferno pois é alta temporada, e ele tem razão. Precisamos chegar a tempo de visitar o jardim.

Frankie não queria saber se viajariam de jumento. Era o destino final da viagem que a preocupava.

Ela caminhou em direção ao pequeno avião, sentindo-se cada vez mais enjoada, pensando se não era tarde demais para mudar de ideia.

Ela não se importava mais em ser a inspiração de Eva. Tudo o que queria naquele momento era não infligir isso contra si mesma.

Apenas uma faixa estreita de água a separava de seu passado.

Ela estava tão estressada que até parou de pensar no beijo.

O nome do piloto era Zachary Flynn. Eva teria observado, em tom malicioso, que ele é "gostoso". Frankie só se importava com o fato de não conhecê-lo.

Para ela, esse era o fator crucial.

Pelo menos assim era improvável que ele abrisse as portas do avião e lançasse-a nas águas agitadas da Baía de Penobscot. Sem conhecê-lo, não havia ressentimentos.

O hidroavião da Cessna era perfeito para voos curtos entre as ilhas e Frankie permaneceu olhando fixamente para a cintilante extensão da baía com seus iates e ilhas repletas de pesqueiros abrigados nos portos.

Ela não conseguia ignorar a presença poderosa e real de Matt ao seu lado. Em determinado momento, ele esticou o braço e apertou-lhe a mão para tentar trazer segurança, mas, em vez disso, esse gesto fez o estômago de Frankie se revirar de nervosismo.

Ela sabia que Matt tinha planos de aprofundar o relacionamento dos dois. Infelizmente, sabia também que, no momento em que encostasse um dedo nela, o relacionamento seria aprofundado até o fundo do poço. Verdade seja dita: o beijo não teve o efeito negativo que ela esperava, mas Frankie não nutria ilusões quanto ao resto.

Mas, naquele momento, não havia tempo para pensar nisso, pois já era possível ver a ilha e a pista de pouso.

Enquanto pousavam, Frankie olhou ao redor como se estivesse esperando ver um bando de locais segurando uma faixa com os dizeres "Saia da nossa Ilha", mas havia apenas um funcionário do aeroporto que manobrava os aviões durante a alta temporada.

— O aluguel do carro já está acertado. — Zach entregou a Matt um molho de chaves. — É o veículo prata, no final do estacionamento. Cuidado quando estiver dirigindo no último quilômetro antes da minha casa. As áreas do Arraial de Puffin estão cheias de gente, mas vocês vão ficar bem assim que chegarem ao Ninho da Gaivota. O lugar está abastecido, mas se quiser alguma marca específica de cerveja, terá que ir até o mercado.

Frankie tomou a mala no ombro e caminhou com Matt até o carro:

— Vamos ficar no Arraial?

— O Zach é dono de uma cabana e a alugou para nós. É de frente para o mar. Pensei que você fosse preferir ficar longe da cidade.

De fato, preferia. Parecia uma boa ideia permanecer distante da cidade e das pessoas que tanto temia encontrar. Frankie ficou comovida com a preocupação de Matt:

— Onde o Zach mora, se ele não fica na cabana?

— No Chalé do Náufrago.

Todos nascidos na ilha conheciam o Chalé do Náufrago. Ele ficava na curva perfeita da Baía das Conchas, com vista para a Rocha de Puffin e o selvagem Oceano Atlântico logo abaixo.

Frankie perdeu a conta de quantas horas passara sozinha sentada no banco, sonhando em subir numa balsa e fugir daquele lugar.

— Conhecia uma mulher que vivia lá. Kathleen Forrest. Ela morreu há alguns anos.

Matt deslizou para o banco do motorista e Frankie para o do passageiro:

— Como você a conheceu?

Lembranças começaram a cair sobre Frankie como se ela tivesse aberto um armário lotado.

— No dia em que meu pai saiu de casa, eu saí também. — Ela ainda sentia culpa por isso. Sua mãe contou depois que metade da ilha saiu à sua procura. — Percorri a trilha do litoral inteira e acabei na Ilha das Conchas. Estava sozinha, ou pelo menos pensei que estava. Chorei até não conseguir mais, e então Kathleen apareceu com uma caneca de chocolate quente. Ela me envolveu em um cobertor e me levou ao chalé. — Frankie franziu o cenho. — Lembro-me de ter hesitado à porta e de ter murmurado algo sobre ela ser uma estranha. Nunca esquecerei sua resposta.

— Qual foi?

— Na Ilha de Puffin não há estranhos, apenas amigos.

Matt concordou com a cabeça:

— Parece algo que ela diria.

— Ela ligou para alguém do conselho municipal para avisar que eu estava bem. Todo mundo estava me procurando.

— Por que você fugiu?

Frankie estava encarando a paisagem pela janela. Ela nunca contara o motivo a ninguém.

— Creio que foi o choque. — Essa parte não era mentira. Ela *estava* em choque. Confusa, em pânico. Não apenas seu pai foi embora de casa. Ela fora colocada em uma posição horrível e não fazia ideia de como lidar com isso.

— Sua mãe deve ter morrido de preocupação. — Matt olhou para ela. Algo em seu olhar inquisidor fazia Frankie cogitar que ele adivinhara haver algo mais na história.

— Ela estava chocada demais com o meu pai para pensar em mim. — Frankie tentou afastar o passado. — Então, aonde vamos primeiro?

— Se você estiver com humor para falar de macieiras, pensei em visitarmos o jardim. Depois, poderíamos passar no porto e pegar suprimentos no caminho de volta à cabana.

O Armazém do Porto era o centro da fofoca da ilha. Frankie refletiu se Matt não pensaria que ela é covarde se ficasse no carro enquanto ele pegava o que precisavam.

Ele dirigia como um local, pegando atalhos para evitar o centro da cidade, e, por fim, caiu em uma estrada que contornava a floresta.

O casal que queria o pomar lhes saudou calorosamente. Eles tinham uma jarra de chá gelado esperando e Frankie tomou sua bebida enquanto estudava o jardim com Matt e discutiam as opções.

Ainda que Matt não fosse horticultor formado, tinha muitas ideias, experiência e uma grande vantagem: crescera em Puffin. Ele entendia do clima e sabia os desafios de plantar naquele ambiente.

Duas horas depois, voltaram para o carro e Matt dirigiu até o porto.

— Foi uma visita produtiva. É um jardim relativamente protegido. Vai ser mais fácil do que pensei.

— Vamos precisar de um tempo antes para preparar o solo.

— Concordo. — Eles estavam se aproximando da estada que levava ao porto e Frankie se afundou levemente no banco. Não estava pronta para encontrar as pessoas. Ainda não sabia como lidaria com elas.

Matt estacionou o carro em uma vaga e se virou para Frankie:

— Posso ir sozinho se você preferir.

Se ela aceitasse, teria que confessar a Paige e Eva que tinha ficado no carro.

— Não. Vamos lá. — Ela foi soltar o cinto de segurança e a mão de Matt cobriu a sua.

— Você não está indo para a guerra, Frankie. — A voz dele soou suave. — A maioria das pessoas lá não vai lembrar daquela época. Metade talvez nem conheça sua mãe.

— Vamos torcer para isso, senão vou ficar me escondendo atrás de você. — Ela tentou brincar com a situação. — Ainda bem que você tem ombros largos.

Ela entrou no Armazém do Porto como se estivesse andando na prancha de um navio pirata. O sino da porta soou anunciando sua chegada e as cabeças se voltaram a eles.

Aí vamos nós.

Seu rosto pegou fogo, mas Frankie sentiu a curvatura do braço de Matt envolver sua cintura de forma protetora.

— Relaxa — murmurou em seu ouvido. — Quase todo mundo aqui é turista. O que você quer jantar hoje? Antes de responder preciso informá-la que, se eu for cozinhar, você tem três opções.

— Três? Só isso? — Ela estava aliviada por ter uma desculpa para focar em Matt. — Quais são?

— Pizza, macarrão e coxas de pato com molho de laranja.

— Que chique.

Ele soltou um sorrisinho malicioso:

— É o prato que faço quando quero transar.

— E funciona?

— Acho que vamos descobrir mais tarde.

O coração de Frankie bateu em falso e, por um momento, ela esqueceu os locais:

— Não quero estragar sua tradição então vamos de pizza.

Os dois pegaram o que precisavam e foram com o cesto ao caixa. Frankie estava começando a pensar que Matt talvez tivesse razão — que as coisas não seriam tão ruins quanto ela temia —, quando se virou e deu de cara com uma velinha carregando uma sacola de maçãs. Seu cabelo era branco como a neve que cobria a ilha durante os longos meses de inverno; sua pele era enrugada e fina como papel, mas seus olhos azuis eram aguçados e alertas.

Hilda Dodge.

Reconhecendo-a imediatamente, Frankie se virou para a porta, mas a mulher estendeu a mão na hora e segurou-a pelo braço.

— É Francesca, não é?

Droga. Voltar àquele lugar era um erro. *Um erro monstruoso.*

Hilda morou perto dos Beckets. Ela provavelmente viu a mãe de Frankie escalando para entrar e sair pela janela do quarto. E agora as duas iam conversar em gloriosos detalhes sobre o assunto. Elas iam recordar tudo bem ao lado do corredor de vegetais onde, sem dúvidas, a cor das bochechas de Frankie fará a pilha radiante tomates parecer desbotada.

— É Frankie.

— Não vemos seu rosto por aqui há... — Hilda fez um meneio de cabeça enquanto calculava — ...deve fazer uns dez anos.

Dez anos, um mês, seis dias e cinco horas.

— Eu fui para a faculdade. — *Fugi e nunca mais voltei.* Eis um exemplo de como Frankie era corajosa.

— Me lembro bem de você. Você, a Paige e aquela outra moça... uma loira bonita que vivia com a avó...

— Eva.

— Isso, Eva. Minha memória não é mais a mesma coisa. Vocês eram unha e carne. Você era tão tímida.

— Oi?

— Tentei conversar com você tantas vezes depois do que aconteceu com seus pais, mas você sempre atravessava a rua para não falar comigo. — Hilda se inclinou e abaixou o tom de voz. — Eu tinha a mesma idade quando meus pais se divorciaram. Foi um choque. É como voltar para casa e descobrir que alguém derrubou o prédio. Em um instante, tudo o que você tinha some. Já era.

Tinha sido assim mesmo. Como se seu mundo ruísse.

Frankie encarou a velhinha.

— Você... presumi...

— Na época, eu queria dizer que você tem meu apoio. Todo mundo na ilha pensava o mesmo. Naquele dia em que você sumiu... — os olhos de Hilda encheram de lágrimas e ela tocou o braço de Frankie — ...todos nós saímos atrás. Todos. Procuramos nos campos e na floresta. Rezamos para que você não tivesse entrado na água. Quando a Kathleen ligou para avisar que você estava bem na cabana... bem, houve algumas orações de agradecimento naquela noite.

Eles fizeram orações de agradecimento?

— Eu...

— Sentimos sua falta por aqui, ainda que eu entenda por que precisou sair e ter um novo começo. Esse lugar tem muitas lembranças para você. — Hilda deu um rápido abraço. — De qualquer forma, é tudo passado. E o que importa é que você está em casa.

Em casa?

— Estou morando em Nova York, Hilda. Lá é minha casa.

— Uma vez da Ilha, sempre da Ilha. Não há como fugir dela, meu amor. Aproveite sua estadia. Estão todos ansiosos para o casamento.

Aturdida, Frankie deixou Matt guiá-la pela porta e até o carro. Ele saiu do porto, evitando a fila de carros esperando pela balsa.

A cabeça de Frankie ainda estava girando. Ela permaneceu em silêncio, processando o que tinha acabado de acontecer.

— Você não vai dizer?

— Dizer o quê?

— Que você me avisou? Que você me avisou que era tudo fantasia, que ninguém atravessava a rua quando me via.

— Em primeiro lugar, parei de dizer "eu te avisei" quando tinha 9 anos e, em segundo lugar, não acho que era tudo fantasia sua. Adoro aqui, mas sou o primeiro a admitir que tem pontos negativos e que um deles é o interesse que as pessoas têm na vida dos outros.

— Talvez. — Mas olhando para o passando, Frankie entendia que Hilda podia ter razão. Era *ela* quem atravessava a rua pois tinha vergonha de encarar os demais. — Presumi que sabia o que os outros pensavam. O que iam me dizer.

— Você não é a única a imaginar que sabe no que os outros estão pensando.

— Você não faz isso.

Matt deu de ombros.

— Sou humano. Eu faço isso de vez em quando, mas normalmente acho mais confiável esperar até a pessoa me dizer no que está pensando em vez de sair adivinhando. Não só porque faz sentido, mas porque sou homem. Não tenho intuição feminina.

— Nem eu, pelo visto. — Frankie encostou a cabeça no assento e deixou-se tomar pelas lembranças. — Eu fiquei com *tanto* medo dela.

— Da Hilda? Ela é praticamente a mulher mais velha da ilha. Todo mundo tinha um pouco de medo dela quando era criança. Mas ela tem um senso de humor fantástico e faria qualquer coisa pelas pessoas daqui. Veja pelo lado positivo. Você foi ao Armazém do Porto e saiu viva. Na verdade, foi melhor do que isso. Você foi abraçada pela Hilda. É um atestado de aprovação da ilha.

Isso era verdade.

Frankie sentiu parte da tensão ir embora. Havia sido tudo fantasia. Seu próprio constrangimento a levara a evitar as pessoas e ela logo se confundiu sobre quem evitava quem.

Uma vez da Ilha, sempre da Ilha.

Ela talvez não sentisse que aquele lugar era sua casa, mas tinha que admitir que tinha seu charme. Um charme do qual se esquecera. Ou que talvez não tenha sido esquecido, mas manchado pelos eventos relacionados ao divórcio de seus pais.

Matt parou para deixar o tráfego passar e pegou a estrada que levava ao Arraial de Puffin, a leste da ilha.

Pela janela, Frankie olhou para os campos verdejantes que levavam ao mar. Eles brilhavam e cintilavam sob a luz do sol. Era um dia perfeito para velejar. A baía estava cheia de barcos e, ao longe, ela podia ver a ilha principal.

— É lindo aqui. Nunca passei muito tempo nesse lado da ilha.

— Você nunca passou um verão no Arraial de Puffin?

— Não. Paige não podia, pois não estava bem de saúde. Mas disso você sabe bem, é claro. — E tinha sido um alívio para Frankie não ter que passar o verão com outras crianças. Algumas delas eram boazinhas, mas havia um grupo de garotos mais velhos que fazia de sua vida um inferno. Já era difícil aguentar as provocações na escola, ela não precisava estender a tortura aos longos dias de verão. Era um alívio fugir disso por alguns meses.

— Eva e eu costumávamos fazer nosso próprio acampamento em uma caverna na baía, logo depois da Praia do Sul. Você conhece?

— Conheço bem. — O sorriso no rosto de Matt fez Frankie imaginar quão bem.

À noite, a caverna era o ponto favorito de adolescentes em busca de privacidade.

— Enterramos uma caixa na caverna. Cada uma colocou coisas pessoais nela.

— Espero que tenham enterrado bem, senão essa caixa deve estar flutuando neste momento em algum lugar perto da Groenlândia. O casamento vai ser na Praia do Sul, então podemos tentar achá-la. — Matt diminuiu a velocidade quando a estrada de asfalto virou estrada de terra. Ela contornava a floresta e ia diretamente ao campo. — Há um atalho aqui que leva direto às falésias do Chalé do Náufrago.

— Caminhei por ele algumas vezes. — Frankie tinha 14 anos, andava isolada e carregava um segredo que não era capaz de contar mesmo a suas melhores amigas. — Frequentemente caminhava até o chalé, mas só entrei aquela única vez. Costumava me sentar nas pedras e encarar a propriedade por horas. — Até as luzes de boas-vindas e a fumaça da chaminé intensificarem seu sentimento de isolamento e ela decidir voltar pelas falésias até os cacos de sua família despedaçada. — Lembro-me do chalé parecer aconchegante.

Kathleen pendurou fotos de pássaros marinhos nas paredes e na cozinha tinha garrafas enormes cheias de vidro do mar que ela mesma havia recolhido na praia. Tudo naquela casa fazia pensar no oceano. Lembro-me de querer ficar ali para sempre, envolvida no cobertor, ouvindo as ondas quebrando contra as rochas. E a Kathleen era tão generosa. — Tão generosa que Frankie quase lhe revelou tudo. Quase.

E era por isso que nunca mais batera àquela porta. Ela não confiava tanto em si mesma para guardar esse segredo. E o segredo não era seu para que contasse. Era um fardo que teria que carregar por toda vida a contragosto.

— Então você tem boas lembranças dos habitantes da ilha.

Eles passaram pelos principais edifícios do arraial e pegaram a trilha estreita que levava ao litoral. Frankie viu grupos de crianças em caiaques, remando próximos à orla, e outro grupo montando acampamento na praia. Eles riam, colhiam galhos de árvore e conversavam. *Criavam lembranças.*

Frankie tinha boas lembranças?

— Talvez eu tenha boas lembranças daqui, mas elas foram eclipsadas por tudo o que aconteceu. Depois que meu pai foi embora, minha mãe ficou tão deprimida que eu não sabia o que fazer. — Ela ficou observando duas garotas tentarem enterrar os galhos na areia, rindo e se esbarrando. — Tinha dias em que ela não queria sair da cama. Eu tinha medo de deixá-la sozinha. Isso durou meses. As pessoas ligavam diariamente para saber como estávamos. Sempre que eu ia ao Armazém do Porto, as pessoas vinham até mim e diziam que sentiam muito pelo que estava acontecendo. Recebíamos uma travessa com comida todos os dias. Foi quando minha mãe decidiu que estava cansada de ser a vítima, deu um tapa no visual, começou a sair à noite, a beber com o Sam Becket e o resto da história você já sabe. As travessas de comida pararam de chegar. Depois disso, comecei a esperar que batessem com uma delas em minha cabeça.

— Pelo que ouvi dizer, o casamento dos Beckets andava mal das pernas muito antes de sua mãe decidir redescobrir a juventude dela.

— Eu não sabia disso.

— Você devia ser nova demais para entender. Se os boatos eram corretos, ele teve vários casos.

Frankie absorveu a informação:

— Ele teve outros casos? Por que eu não soube disso?

— Você nunca foi muito de fofoca. É uma das coisas que gosto em você.

Frankie sentiu um leve solavanco no coração.

— Há algo mais em mim que você goste?

— Você está flertando comigo? — Matt deu um sorriso provocador que fez o coração dela bater forte no peito.

— Não sei flertar. Ia até pesquisar sobre, mas andei muito ocupada.

— Tem como pesquisar sobre flerte?

— Tem como pesquisar qualquer coisa. Deve ter até algum tutorial on-line, se você quiser.

— Bê-á-bá do flerte? — Matt não tirou os olhos da estrada conforme negociava a passagem com o terreno irregular, mas o sorriso em seu rosto se alargou. — Bem, se você não estava flertando, então a pergunta era séria. Vou responder, mas devo avisá-la que os motivos são muitos e posso demorar um pouco.

— Você é um palhaço, Matt Walker.

— Acho que você quis dizer "charmoso".

— E esse charme todo costuma funcionar para você?

— Acho que vamos descobrir. — Ele disparou um olhar na direção de Frankie, que viu a chama arder-lhe nos olhos, mas ela não teve tempo de analisar suas palavras, pois instantes depois, estacionavam o carro em frente à cabana. — Chegamos. Esse é o Ninho da Gaivota.

A rústica cabana de madeira ficava no rochedo onde a floresta encontrava o mar. Tinha um terraço particular logo acima da praia e, em dias como hoje, de mar agitado, as ondas quebravam e espirravam água sobre suas amplas pranchas.

Encantada, Frankie levantou-se do banco do passageiro.

A cabana era paradisíaca, mas isolada. Até aquele momento, Frankie presumira que os dois passariam a noite cercados pelos demais convidados do casamento. Tinha imaginado comemorações em grupo, bebidas e piadas. Não tinha pensado em nada parecido com a intimidade do Ninho da Gaivota.

— Você está com a chave?

— Está na porta. — Matt deixou as malas. — Ninguém se importa muito com chaves por aqui, o que demanda certa adaptação para nós de Nova York.

Matt abriu a porta e Frankie entrou, roçando contra seu corpo na passagem.

Suas entranhas eram um misto de nervosismo e desejo sexual, o que era loucura, pois se tratava de Matt. Por que sentir-se tão nervosa, já que o conhecia desde sempre?

É que não se tratava do Matt que ela conhecia. Aquele Matt, Frankie nunca havia visto antes.

A cabana era simples, mas estilosa, refúgio perfeito para um fim de semana a dois. A ampla cama de casal havia sido forrada com um lençol de linho fresco e um buquê de flores cheirosas pousava em um vaso ao lado dela. A janela estava aberta e a cabana fora tomada de aromas do verão e de uma brisa levemente salgada.

Era encantador. E romântico.

O que seria adorável, caso Frankie soubesse ser romântica. Ela não tinha ideia do que fazer e Matt logo descobriria isso. Quais eram as expectativas dele? Ela estava certa de que a lista de motivos pelos quais gostava dela iam diminuir a uma soma bem pequena assim que descobrisse mais sobre ela. Frankie tentou alertá-lo, mas, de duas uma: ou Matt não deu lhe ouvidos, ou imaginou que ela estava exagerando.

Ou, quem sabe, Matt é um desses homens que se julgam um deus do sexo capaz de contornar qualquer problema.

O que simplesmente aumentava a pressão.

Ela seria a primeira mulher que Matt não seria capaz de excitar. Como um motor velho e enferrujado que nenhum amor ou cuidado poderia fazer funcionar novamente.

Ela bem que queria ter uma atitude normal e saudável com relacionamentos. Ela estaria rindo e flertando de ansiedade. Em vez disso, queria correr para a floresta e se esconder, como quando criança.

Perdendo a coragem, ela voltou em direção à porta:

— Esse lugar é para casais.

— Sim, exatamente. — Matt envolveu-a com o braço e puxou-a contra si. — Há algum problema nisso?

Havia muitos problemas nisso.

Agora que havia chegado à cabana, todas as inseguranças de Frankie voltaram imediatamente.

O fato de sexo nunca ter feito grande parte de sua vida nunca a incomodara tanto, mas agora percebia que era porque nunca lhe importara o suficiente. Ela nunca se importara o suficiente em ficar decepcionada. Para ela, sexo havia sido uma atividade carregada de complicações, cujo peso era agravado pelas lembranças desconfortáveis de seu passado. Frankie nunca experimentara a mesma urgência eletrizante que sentia com Matt.

Ela o desejava desesperadamente. Tão desesperadamente que um murmurar de volúpia parecia permanentemente ligado sempre que estava perto dele. Era assim desde o beijo. E Frankie queria beijá-lo de novo, agora. Queria arrancar-lhe as roupas e explorar seu corpo, algo que nunca sentira. Desejava-o por completo e a única coisa que a impedia era o medo de decepcioná-lo. E de decepcionar a si mesma. E se a realidade não correspondesse às promessas e expectativas? Nunca em sua vida sentira uma excitação tão deliciosa, tão intoxicante. Era como se tivessem lhe injetado uma droga cujo efeito não queria que passasse.

— Fale comigo. — O tom de Matt era suave. — Fale qual é o problema.

— Isso não vai dar certo. — Dado tudo o que Matt sabia sobre ela, não fazia sentido mentir. Frankie detestava ter que guardar mais segredos. Os que guardava dentro de si já eram suficientes. — Sempre que vou para cama com um homem é decepcionante. Eu fico entediada. Ele fica entediado. Você talvez encontre mais emoção na internet. Não consigo... quer dizer, eu nunca... — E isso era algo que nunca contara a ninguém. — Deixa para lá.

— Você nunca seria capaz de me entediar, Frankie. — Ele deslizou o polegar sobre a bochecha em chamas dela. — Não precisa ficar nervosa.

— Eu escolho o que me deixa ou não nervosa. — Se alguma situação fora mais estressante do que aquela, Frankie não lembrava. — Sou crescida. Controlo meus níveis de nervosismo.

Matt sorriu.

— Às vezes a melhor forma de lidar com algo de que temos medo é simplesmente fazê-lo.

— Tipo ir ao dentista?

Ele ergueu uma sobrancelha.

— Estou bastante confiante de que nossa experiência será um pouco superior a isso. Você confia em mim?

— É claro, mas isso não tem a ver com o que vamos fazer. — Ela fez outra tentativa desesperada de fazê-lo entender. — Não me acho muito sexual. Não nasci como isso, sabe? Ou talvez o lance todo com minha mãe tenha me deixado tão tensa, que não consigo relaxar o suficiente. Sei lá, o que sei é que o fato de você ser insanamente gostoso não mudará nada. Você acha que vai funcionar porque se acha um deus do sexo alucinante que vai me mostrar o que tenho perdido esse tempo todo?

— Não, eu sei que vai funcionar porque me importo com você e você se importa comigo. E também porque eu quero tirar suas roupas o tempo todo. Eis mais uma dica. — Ele abaixou a cabeça e percorreu o pescoço de Frankie com os lábios. — Para de pensar no que aconteceu no passado e foque no presente. — Ele estava tão confiante de si, cada movimento seu era suave e seguro, enquanto ela tremia sem parar...

Ela fechou os olhos na tentativa de controlar as ondas de sensações. Seu coração batia tão forte que pensou que ele poderia senti-lo:

— Matt...

— Alguma vez já te machuquei?

— Não, mas nós nunca...

— Basta você dizer não. Não precisa dizer *mas*. Se eu fizer algo que te desagrade ou que a deixe desconfortável, é só dizer que eu paro. — A mão de Matt envolveu a curvatura da nuca de Frankie e seus lábios subiram do pescoço ao maxilar dela, movendo-se tentadoramente próximos à sua boca. Ela se perguntou se ele o fazia de propósito, provocando-a, fazendo-a esperar. Esperar aumentava a tensão e, por debaixo da tensão, havia excitação.

Seu nervosismo e incerteza não mudavam o fato de que ela o desejava com cada fibra de seu corpo.

Ela não teve chance de dizê-lo, pois Matt levou sua boca até a dela, explorando-a com um beijo lento e sedutor que fez a pulsação de Frankie disparar. Era tudo tão excitante quanto da primeira vez. Frankie deixou escapar um gemido baixinho e agarrou Matt pela camisa. Dessa parte ela ainda dava conta. Se ele parasse por aí, os dois tirariam dez.

Ele foi empurrando-a para trás até seus ombros serem pressionados contra a porta. Frankie sentia a rigidez das coxas de Matt aprisionando as suas e sentiu a pressão grossa do corpo dele contra o seu. Encurralada, soltou um gemido leve e envolveu seus braços em torno do poder sólido daqueles ombros.

Beijar Matt era uma experiência de corpo inteiro. Ela sentiu breves estremecimentos de excitação percorrerem sua pele e descerem-lhe pelos braços e pernas. Suas mãos apertaram os ombros dele cravando fundo as unhas nos músculos rígidos e másculos. Frankie era grata pela força dele, pois não tinha certeza se poderia confiar em seu próprio corpo para se manter de pé. Felizmente, não precisava se preocupar com isso, pois ele a manteve presa contra o seu corpo, aprisionando-a enquanto a beijava. Sua boca era quente e voraz; seu beijo era exigente e explícito. Sua mão livre deslizou para cima, envolvendo o seio pesado de Frankie nas finas camadas de sua roupa. Era a primeira vez que Matt a tocava tão intimamente e ela ficou tensa. Ele fez uma pausa e arrastou seu polegar lentamente até o mamilo. Uma sensação percorreu o corpo de Frankie como um raio que cai dos céus e ela gemeu contra a boca dele. Seu desejo era tão intenso que era difícil ficar parada. Ela sentiu a mão dele apertar-lhe o quadril, segurando-a firme, enquanto a outra continuava a provocar cada uma das terminações nervosas de seu corpo com carícias lentas e deliciosas que a faziam estremecer. Ela conseguia sentir o volume duro e pesado de Matt contra si. Ele continuou a beijá-la, ainda aprisionando-a.

De repente, nada disso bastava. Ela queria mais. Ela não queria ser tocada por cima das roupas; queria sentir tudo e levou a mão dele à bainha de sua blusa. Sem tirar os lábios dos dela, Matt abriu botão por botão de forma que tudo o que restou entre os dois foi a peça de seda e renda que Eva insistiu que Frankie vestisse. Ela não o sentiu abri-la, mas ele deve tê-lo feito, pois Frankie sentiu o suave deslizar do tecido sussurrar-lhe sobre a pele ao cair no chão. Matt então mergulhou ainda mais fundo no calor de sua boca, e Frankie fechou os olhos. Sua língua deslizava em círculos lentos e deliciosos que elevavam a excitação dela às alturas. Até aquele momento, Frankie não fazia a menor ideia de que o prazer podia ser tão agonizante.

Sem aviso prévio, Matt tomou-a no colo e levou-a até a cama.

Ele a colocou sobre um suave ninho de travesseiros e almofadas, mergulhando-a em um rodopiante mundo de sensações à medida que continuava a despi-la. Matt tirou a camisa e Frankie viu rapidamente sua tensa musculatura antes de ele se deitar sobre ela. Seus pelos do peito roçaram a pele hipersensível de Frankie. Logo ele voltou a beijá-la.

A janela estava aberta e os únicos sons eram o barulho do mar que se deitava sobre a areia e o tom desigual da respiração de Matt enquanto ele descia e beijava cada vez mais o corpo de Frankie, por fim, separando-lhe as coxas.

Para Frankie, sexo sempre havia sido uma trapalhada profundamente insatisfatória no escuro, mas a cabana recebia a força total do sol no fim de tarde: o calor dos raios se esparramava sobre sua pele e destacavam cada centímetro de seu corpo nu.

Ela sentiu o toque delicado e enlouquecedor da língua de Matt no topo de suas coxas e tentou se esquivar.

— Para! — Mortificada, tentou afastá-lo. — Você não pode fazer isso!

— Por que não?

— É constrangedor demais...

— É constrangedor porque você não está acostumada a ficar nua na minha frente? Você vai se acostumar.

— Matt, eu não vou, eu... ah... — Ela fechou os olhos enquanto ele a tocava, e milhares de raios de sensações atravessaram-lhe o corpo. — Você não pode... ainda é dia.

— Isso não é um motivo para parar, é apenas uma observação. — O tom leve de humor na voz dele a fez estremecer, mas Matt segurou-a firme, mantendo-lhe o quadril preso à cama com as mãos.

— Podemos pelo menos esperar até ficar escuro?

— Se esperarmos até ficar escuro, vou ascender as luzes. Não faz diferença.

— Matt...

— Confie em mim. Quero que você confie em mim. — Seu tom de voz mais firme fez o rosto de Frankie esquentar. Ele subiu novamente por seu corpo e percorreu-lhe o cabelo com a mão. — Relaxa. Você está segura, Frankie. Prometo que vou protegê-la. — Com a ponta dos dedos e um toque leve como pluma, Matt percorreu a pele sedosa e sensível dela. Ele sabia exatamente onde e como tocá-la. Depois, percorreu o mesmo caminho com a boca até se aproximar da parte secreta do corpo de Frankie. Ela sentia o calor de sua respiração, o toque de seus dedos e, então, o deslizar lento e hábil de sua língua.

Um gemido lhe escapou e, chocada consigo mesma, Frankie apertou os lábios com força.

Em outras ocasiões, o passado lhe colocara freios, mas naquele momento não havia sombra do passado. Havia apenas o presente.

Seu quadril se contorcia contra os lençóis, mas ele a segurava firme, explorando com a língua sua carne dolorida. Matt estava fazendo em Frankie coisas que ninguém fizera antes, elevando-lhe a excitação a níveis estratosféricos com boca e dedos habilidosos. Ela esqueceu que estava deitada nua sob um feixe de luz do sol, esqueceu que estava com Matt, esqueceu de tudo, menos do prazer delicioso e serpenteante que ele criava com o lento acariciar de sua língua e a íntima invasão de seus dedos.

Frankie estava deitada naquela pose impossivelmente íntima, nua e absolutamente vulnerável diante dele. Sentia seu corpo oscilar e contrair-se enquanto ele a convidava a um clímax misterioso e esquivo. O prazer aumentava, alcançando um nível agonizante, e ela sentiu o próprio corpo ter espasmos e ser esmagado sob a pressão dos dedos dele. Com o corpo tomado de estremecimentos, vagamente ciente de que gemia o nome de Matt e dizendo-lhe que não parasse, Frankie gozou.

Por fim, fraca, permaneceu deitada e fechou os olhos.

Ela sentiu-o se mexer, abrindo caminho na cama para se deitar ao seu lado.

— Frankie... — Sua voz soou forte. — Olhe para mim.

Olhar para ele? Só podia ser brincadeira. Ela nunca mais seria capaz de olhar para ele. Frankie cobriu o rosto com a mão, mas logo sentiu os dedos de Matt envolverem seu pulso e afastá-la.

— Me deixa, Matt. Sério. Apenas... me deixa. Vou voltar sozinha para casa. Não precisamos nos ver ou conversar de novo. Diga a todos no casamento que morri.

Houve uma pausa e, quando Matt falou, havia um traço de humor em sua voz.

— Só para eu entender direito, qual foi a causa da morte?

— Vergonha. — Ela sentiu os dedos dele acariciarem-lhe delicadamente o braço.

— Por que você está com vergonha?

— Sério que você precisa perguntar?

Porque havia desmoronado na frente dele. Porque gritou seu nome. Porque tinha certeza que pedira, em determinado momento, que...

Seu rosto estava tão quente que era possível fritar um hambúrguer nele. Matt colocou-lhe a mão em concha sobre a bochecha, forçando-a a olhar para ele.

— Não há nada de errado em gostar de sexo, Frankie. E com certeza não há nada de errado com você.

Para sua completa mortificação, Frankie sentiu o calor de lágrimas em seus olhos.

Droga, *droga*, ela nunca chorava. Nunca.

— Olhe para mim, Frankie... — Ele lhe afastou as mãos dos olhos e xingou baixinho quando viu o brilho úmido sobre a pele dela. Qualquer traço de humor desapareceu na hora. — Não chore, meu bem. Merda, não chore. Sinto muito se constrangi você. Irei mais devagar na próxima vez. Vamos fazer no escuro se é isso o que você quer.

— Não é você, sou eu. Não sei por que estou chorando. Eu nunca choro... — ela esfregou a palma da mão no rosto — ...mas nunca me senti desse jeito. Pensei que não podia... Eu pensava que eu era... Não sei mais quem sou.

Matt puxou-a contra si, envolvendo-a em seus braços, cerrando-a em seu calor e força:

— Você é a mesma pessoa que sempre foi, só que aprendeu algo novo sobre si mesma. Todos nós descobrimos coisas novas sobre nós mesmos de vez em quando, Frankie. Isso não é uma coisa ruim.

A sensação não era ruim, era boa. Tudo aquilo tinha sido bom e ela queria mais.

Como era possível?

Ela manteve o rosto contra o peitoral dele, absorvendo-lhe a força e o cheiro de homem.

Tentada, deslizou a mão pela coxa dele, sentindo seu músculo rijo e seus pelos grossos, saboreando as diferenças. Então, cobriu-o com a mão.

A respiração de Matt mudou, mas ele não disse nada. Permaneceu deitado enquanto Frankie explorava a extensão espessa de seu corpo, tocando-o de formas que nunca havia feito antes.

Seu abdômen ficou tenso e Frankie foi consumida por uma doce e agonizante onda de desejo.

— Matt?

Houve uma pausa e, então, o ar silvou por entre os dentes dele:

— O que foi?

— Eu quero você. — Era uma declaração simples, mas que expressava perfeitamente seus sentimentos. Frankie nunca dissera algo tão sério em toda vida.

Ele rolou-a para debaixo de seu corpo e seus olhos arderam como fogo azul. Matt mudou de posição e Frankie sentiu o peso e o toque íntimo de seu corpo contra o dele. Sua agitação voltou, só que agora mil vezes mais poderosa, pois ela sabia que havia mais para ser descoberto.

E ela queria que ele fosse o homem a lhe mostrar.

De forma lenta e sugestiva, sua boca lhe percorreu o maxilar.

— Se você achou que isso foi bom, não vejo a hora de te mostrar o que você vai sentir quando eu estiver dentro de você.

Essas palavras lhe tiraram o fôlego. A ansiedade de Frankie era tão aguda que chegava a doer.

Sentimentos e emoções envolveram-na, derramavam-se, afogavam-na.

— Matt... — Ela lhe cravou as unhas no músculo rígido do ombro. — Por favor. Eu quero...

Ele silenciou as palavras dela com a boca, beijando-a com uma habilidade intencional e vagarosa até ela voltar a se contorcer sob seu corpo. Bem no momento em que ela pensou que fosse morrer de tanto desejo, ele afastou a boca da dela o bastante para se inclinar a pegar algo.

Sua pulsação acelerou.

Ela não sabia o que a surpreendia mais: o fato de que aquilo estava realmente prestes a acontecer ou o fato dela desejá-lo. Frankie teve tanto medo de fazer sexo com Matt, mas agora que o momento havia chegado, não conseguia se lembra por quê.

Ela o envolveu com as pernas e o trouxe para mais perto, mas Matt não se apressou. Ele continuou a deslizar pelo corpo de Frankie, provocando-a com seus dedos habilidosos e experientes até Frankie ficar tão desesperada a ponto de não conseguir ficar parada. Em meio ao som de seus próprios suspiros ofegantes, ela ouviu a voz dele próxima ao ouvido, pedindo-lhe que relaxasse e confiasse nele.

Frankie sentiu Matt mudar de posição e sua ansiedade era tão chocante que teve que segurar a respiração. Ele deslizou a mão para trás de suas nádegas e ela sentiu o roçar íntimo do corpo dele contra o seu, entrando devagarzinho, com empurrões firmes, sem pressa, permitindo que seu corpo se ajustasse à pressão e à espessura do dele.

Ela não percebeu que estava cravando os dedos nos ombros dele até ele pausar.

— Respire, meu bem. — A voz de Matt soou grossa e firme. — Vou devagar.

Frankie descobriu que não queria que ele fosse devagar. Ela deslizou os dedos para dentro da massa sedosa dos cabelos de Matt e puxou a cabeça dele à sua.

A partir daí, o que aconteceu foi uma mistura de sensações. Ela sentiu o tracejar habilidoso da língua de Matt e a aspereza de sua barba por fazer roçar-lhe a pele delicada. Sentiu suas mãos, fortes e objetivas, movendo-se sobre ela, posicionando-a como quisesse.

Cada empurrão o levava mais fundo, enviando sensações e emoções ao corpo dela. Ela o abraçou pensando que era Matt: o homem que conhecia há uma vida.

O choque e a maravilha desse fato fundiram seu cérebro.

Ela se curvou sob ele, pensando como algo podia ser tão arrebatadoramente bom. Pela primeira vez na vida Frankie não estava tensa, não estava preocupada em não sentir nada, pois estava sentindo tudo.

Ele deslizou os dedos entre os dela e puxou-lhe as mãos acima da cabeça.

Frankie gemeu o nome dele entre seus próprios lábios e Matt se moveu em um ritmo firme e habilidoso que a deixou frenética. Ela não precisava pensar no que fazer, pois seu corpo agia sozinho; ou talvez era porque Matt sabia o que estava fazendo.

Com um lampejo ofuscante de revelação ela percebeu que tudo o que acreditava saber sobre sexo e sobre si mesma estava errado. Ela não era ruim, nem detestava aquilo.

Ela adorava e, com a pessoa certa, era perfeito.

E Matt era a pessoa certa.

E enquanto Frankie se dava conta disso, Matt pressionou ainda mais fundo e lançou os dois em um prazer ainda maior.

Capítulo 12

A surpresa é o tempero da vida. Use generosamente.

— Eva

FRANKIE PERMANECEU DEITADA COM A cabeça no peito de Matt e as pernas entrelaçadas às dele. Ela sentiu o roçar de pelos e o peso maciço de músculos prenderem-na contra ele. Seu próprio corpo parecia pesado e desconhecido, como se tivesse sido desmantelado e montado de forma diferente. Foi mais uma revelação selvagem do que uma sedução gradual. Havia dores e formigamentos que não reconhecia. Sentimentos que não reconhecia.

Ela nunca havia desejado intimidade, mas agora que a saboreava, perguntava-se como havia vivido sem ela.

— Eu tenho uma confissão a fazer.

— Hum? — Os olhos dele estavam fechados. Matt não havia falado uma palavra sequer desde que se aplicara a refutar cada crença de Frankie sobre si mesma.

— Eu gosto de sexo.

— Jura? Acho que nunca mais vou sair dessa cama. Pelo visto vou conseguir sobreviver, mas ainda é muito cedo para dizer. — Ele tinha o braço travado em volta dela e Frankie sentiu a pressão deliciosa da perna dele em cima da sua.

Não havia nada nas palavras de Matt que pudessem a deixar nervosa, mas, ainda sim, ela sentiu uma mudança sutil nele, algo que não sabia identificar. Pensou que a sensação devia decorrer de sua própria inexperiência. O que ela sabia sobre como agem os homens depois do sexo? Nada.

— Você queria que a gente não tivesse passado dos limites? — perguntou ela.

Ele abriu os olhos e virou a cabeça para vê-la, havia uma sombra de sorriso em sua boca:

— Quais limites? Acho que passei de alguns.

Ela sentiu o calor penetrar nas bochechas.

— O limite que separa amigos e amantes.

— Ah... esse. Não, por mim tudo bem. E você?

Frankie pensou que se afogaria de bom grado naqueles olhos azuis oceânicos.

— Não, por mim tudo bem também. — Apenas de olhá-lo, ela ficava tonta de desejo. — E agora, o que fazemos?

— Agora? Eu fico deitado um pouco até minha frequência cardíaca voltar ao normal. Aviso quando isso acontecer.

— Estou falando sério.

— Eu também. — Ele se virou de lado e se apoiou no cotovelo para vê-la melhor. — O que você gostaria que acontecesse agora?

— Tenho poucas experiências em que me basear, mas normalmente a essa altura o cara costuma dizer "Valeu aí, eu te ligo", vai embora e nunca liga.

— Não tenho forças para me transportar até o outro lado do recinto para pegar um copo de água, quem dirá sair pela porta. Estou nu. — Havia um brilho malicioso em seus olhos. — O que é mais uma complicação.

— Será uma opção assim que você recuperar suas forças.

— Não é uma opção para mim. — Ele abaixou a cabeça e lhe deu um beijo demorado. — Conheço você há bastante tempo, Frankie. Sei que você acha que relacionamentos sempre acabam mal, mas as coisas serão diferentes com nós dois. Pare de pensar nisso.

— Está bem. — Ela queria perguntar desesperadamente se Matt estava querendo dizer que o relacionamento deles não iria acabar mal ou que não iria acabar nunca, mas sabia que essa pergunta era totalmente inadequada, por isso mordeu a língua e ficou em silêncio. Ela estava buscando garantias e detestava essa sensação.

Ele lhe acariciou as bochechas carinhosamente:

— Há milhões de coisas que eu poderia dizer agora, mas não é a hora certa.

Então havia *de fato* algo errado.

— Me diga.

Ele negou com a cabeça:

— Não. — Matt se afastou um pouco de Frankie, o que fez o coração dela disparar.

Ela *sabia* que ele escondia algo.

— Quero saber o que você está sentindo.

— Você não está pronta para ouvir o que estou sentindo, mas digamos apenas que não vou a lugar algum. Me faria um favor?

— Já fiz. Várias vezes.

— Você está flertando comigo?

— Pode ser. Mas está na cara que sou virgem em matéria de flerte, por isso é melhor ser bonzinho.

Ele sorriu e abaixou a boca à dela.

— Posso ser bonzinho quando precisar. — O que provou com seu beijo, um estímulo delicado e vagaroso que fez seu sangue vibrar imediatamente nas veias. Bem quando Frankie imaginou que ia explodir, Matt ergueu a cabeça. — Pare de se preocupar, Frankie. Pare de analisar cada detalhe e aproveite o momento.

Ela se perguntou se o motivo para Matt querer que ela focasse tanto no presente era porque sabia que eles não iam durar. Era isso que ela não estava pronta para ouvir?

Droga, o que havia de *errado* com ela?

Ela estava na cama com o homem mais sexy do planeta e que não demonstrava sinais de querer ir embora, mas ainda sim esperava que isso acontecesse.

Ele tinha razão. Ela precisava parar de analisar a situação e parar de usar o modo de se relacionar da mãe como parâmetro de normalidade.

— Se todos os momentos serão tão bons como esse que passamos, então acho que consigo.

Em um gesto de posse, Matt puxou-a para baixo do próprio corpo e Frankie gemeu conforme ele se ajeitava entre suas coxas.

Ele era o cara mais bonito que conhecera em toda a vida.

E estava em sua cama.

Em sua cama.

Ela, Frankie Cole, não era um dois e meio.

Com Matt, ela se sentia sexy, feminina e...

Feliz.

Esse foi o último pensamento coerente que teve por um bom tempo.

Matt saiu do chuveiro, enrolou uma toalha na cintura e voltou caminhando para o quarto. Frankie continuava deitada na cama, com o lençol enrolado nas pernas. Seu cabelo formava uma cortina de fogo sobre os travesseiros.

Seus olhos estavam fechados e seus cílios grossos formavam uma crescente escura em contraste com suas bochechas pálidas.

Matt ficou observando-a por muito tempo, sentindo-se como um homem que calculou errado a distância e se jogou de um penhasco.

Ele teve boas transas antes, mas o que compartilhou com Frankie foi muito além.

Ele se concentrou em ajudar Frankie a descobrir algo desconhecido em si mesma. O que não tinha percebido é que, no processo, descobriu algo em si também.

Estava acostumado a ter controle sobre a própria vida. Matt pensou que também tinha *essa situação* sob controle.

Acabou que nunca esteve tão errado na vida.

Dar-se conta disso abalou-o profundamente.

Frankie abriu os olhos. Sonolenta, olhou para Matt e sua boca formou um sorriso doce:

— Você estava me vendo dormir? Que tédio.

Nada que Frankie fizesse poderia ser entediante.

Matt queria juntar-se a ela na cama, mas não confiava em sua própria capacidade de não dizer algo que a fizesse surtar.

Conhecendo Frankie tão bem, sabia que não precisava de muito e não queria que os bloqueios dela ressurgissem. Ele a queria exatamente assim. De guarda baixa. Com confiança.

— Vista-se. Vou levar você para jantar.

— Nós compramos pizza.

— Não estou com vontade de comer pizza. — E precisava fugir do interior aconchegante da cabana, onde o manto íntimo da escuridão tornava tudo propício a dizer algo que, Matt sabia, ela não estava pronta para ouvir.

— Tipo um encontro?

Ele se vestiu rapidamente, antes que pudesse mudar de ideia:

— Vai ser um jantar. Chame do jeito que achar mais confortável.

Houve uma pausa. Em seguida, Frankie deslizou para fora da cama. Seu cabelo pendia sobre os ombros em espirais flamejantes.

— Com certeza é um encontro. — Ela pronunciou essas palavras em um tom forte, levemente bem-humorado, o que trouxe caos à força de vontade de Matt.

Ele queria jogá-la imediatamente na cama, prendê-la ali e nunca deixá-la fugir.

Merda. Ele se meteu em problemas.

— Ótimo. — Ele recuou em direção à porta, esbarrou em uma mesinha, mas segurou a lamparina antes que caísse no chão. — Vou esperar na varanda enquanto você se apronta.

Intrigada, Frankie franziu a testa:

— Mas...

— Não tenha pressa. — Matt chegou à porta e Frankie se estremeceu.

— Você está...

— Estou bem. — Havia uma vibração em seus ombros, mas nada que se comparasse ao resto do corpo.

Ele caminhou até a varanda, inclinou-se sobre a grade e ficou encarando o oceano.

O mar estava calmo e se deitava sobre a areia em ondas enganosmente suaves. Ele considerou dar um mergulho naquelas águas frias, mas Frankie surgiu momentos depois.

Ela vestia calças jeans pretas bem justas e um top de seda verde que o deixara com vontade de ter mergulhado.

Em vez disso, ele a levou ao Ocean Club. O restaurante estava lotado, cheio de vida e os dois foram recebidos calorosamente por uma moça bonita de sorriso largo.

— Matt e Frankie? Meu nome é Kirsti. O Ryan disse que vocês talvez viessem. Ele disse que eu reconheceria Frankie pelo cabelo incrível, e tinha razão... você me lembra uma pintura pré-rafaelita.

Fiz faculdade de artes plásticas — disse a moça explicando-se. — Reservamos uma mesa para vocês por precaução. Tudo anda cheio, em parte porque é alta temporada e em parte por causa do casamento, é claro. Faz dez anos que você não vem para cá, correto? — Ela sorriu para Frankie. — Aposto que está feliz em voltar para casa. Se conseguirem se espremer e abrir passagem entre a multidão, mostrarei a mesa de vocês. — Ela se virou e, com o rabo de cavalo balançando de um lado para o outro, caminhou até o outro extremo do restaurante onde as portas de vidro abertas revelavam um terraço espetacular com vista para praia.

Matt sentiu a mão de Frankie deslizar na dele e se virou para olhá-la:

— Esse lugar está bom para você?

— Eu adorei.

— O comentário sobre seu cabelo te incomodou?

— Foi um elogio. Você me ensinou a aceitar elogios.

Matt ensinou outras coisas também, como se ajustar ao ritmo que ele impunha, como confiar em seu corpo, como confiar *nele*.

Frankie ergueu o olhar e Matt pôde ver o mesmo desejo bruto que sentia refletido nos olhos dela.

O barulho em volta deles diminuiu. Ele conseguia sentir a própria pulsação.

E percebeu que ir àquele lugar tinha sido um erro. Eles deviam ter ficado na privacidade da cabana, onde Matt teria liberdade de fazer o que queria sem ter medo de ser preso. Se fosse a Idade da Pedra, ele a arrastaria de volta para a caverna e nunca a deixaria ir embora.

Perguntando algo com os olhos, Frankie lhe apertou a mão:

— A gente deveria ir.

Por um instante, Matt pensou que ela sugeria ir embora e estava prestes a concordar quando viu Frankie gesticular para Kirsti.

— Sim. — A voz dele soou forte e instável e Matt viu a testa de Frankie franzir levemente antes de ela lhe tomar a mão e os dois caminharem até onde Kirsti os esperava.

— Temos três grandes festas no salão interno hoje, então está um pouco bagunçado. Aqui é melhor para uma noite romântica. Mais íntimo.

Ótimo. Bem quando estava tentando abrandar a intimidade, lhe dão um luar com luz de velas.

Matt se esforçou para balançar a cabeça:

— Está ótimo. Obrigado.

A mesa estava ao final do terraço e tinha uma vista estonteante da baía. A chama de uma vela oscilava no centro da mesa e o aroma de flores enchia o terraço.

— A lagosta é muito boa. — Kirsti entregou os cardápios. — O salmão também. Volto em um minuto para anotar os pedidos. Vocês podem começar com uma taça de champanhe por conta da casa, cortesia do chefe.

— Ryan está oferecendo bebidas de graça?

— Aproveitem. É isso o que o amor faz com as pessoas. Transforma o cérebro em mingau, pelo visto. Além de tudo, é sexta à noite. Vai lhe custar uma fortuna.

Frankie pegou o cardápio:

— Você estará no casamento?

— Não perderia por nada. Há muito tempo esperava por isso. E tenho parte da responsabilidade por Ryan e Emily terem ficado juntos. Unir casais é meu dom especial e sempre soube que os dois formariam um par perfeito. — Kirsti deixou Matt e Frankie sozinhos, parando numa mesa ao lado para recolher algumas taças de champanhe vazias e trocar algumas palavras com um casal de jovens. Em seguida, desapareceu rumo ao bar.

— Ela é uma romântica, como a Eva. As duas virariam melhores amigas em um segundo. — Frankie examinou o cardápio. — Não acredito que o Ryan se lembrou de mim. Nós nos encontramos apenas umas duas vezes.

— Você é mais memorável do que imagina, Frankie.

Ela abaixou o cardápio:

— Só porque minha mãe deixou um rastro de destruição pela ilha.

— Não quis dizer isso. Tudo mudou por aqui. A vida das pessoas seguiu, como a nossa. Olhe à sua volta. — Matt gesticulou com a cabeça. — Será que alguém aqui sabe o que era esse lugar há dez anos?

— Acho que não. Quando eu era criança, esse lugar era um estaleiro. Ryan transformou tudo.

— Ele é um homem de negócios sagaz. Aqui não é um lugar fácil de fazer dinheiro, mas ele triplicou o número de visitantes da ilha desde que abriu o Ocean Club. É bom para a economia local.

Kirsti voltou à mesa deles:

— Azeitonas por conta da casa. — Ela colocou uma tijelinha no meio da mesa, junto com os drinques.

Eles terminaram de fazer os pedidos quando Ryan apareceu no terraço.

Matt ficou de pé e o amigo lhe deu um tapinha nas costas.

— Veja bem se não é o garoto da cidade grande. — Sua saudação foi calorosa. — Estamos honrados de ter um pouco do estilo nova-iorquino em nosso casamento.

Ele e Ryan estudaram juntos na escola, encontravam-se com pouca frequência na época da faculdade e bebiam sempre que estavam na ilha.

O olhar de Ryan se voltou para Frankie:

— Ainda com o mesmo cabelo incrível. — Ele deu um passo a frente, deu-lhe um abraço e virou para Kirsti. — Só estou conferindo se você não estava destruindo o lugar na minha ausência.

— Não era para você estar aqui! Como está a Emily? É bom você torcer para aquele bebê não nascer antes do casamento.

A julgar por sua expressão de tranquilidade, Ryan não estava muito preocupado.

— Estou torcendo para que isso não aconteça. Não temos como dar conta de mais convidados. Já convidamos metade da ilha.

— Mais da metade. Amanhã será um dia lindo e a praia é o lugar perfeito para se casar. — Kirsti colocou a mão sobre o ombro de Ryan. — Vá para casa. Durma um pouco. Você vai ficar sem energias.

— Obrigado por lembrar. — Os dois sumiram a caminho da cozinha e Matt viu Frankie pegar a taça e olhar para o mar. A expressão suave em seu rosto se dissipou.

Bastou apenas ouvir a palavra *casamento*, pensou ele.

— Posso perguntar uma coisa?

— Claro. — Houve uma pausa quando Kirsti trouxe os pratos e os colocou sobre a mesa.

Matt esperou que ela se afastasse antes de continuar a pergunta.

— Quando perguntei no Central Park se você gostaria de vir comigo, você respondeu que não. Você foi categórica. Depois mudou de ideia. Por quê? — Era algo que o vinha intrigando.

Ela colocou a taça sobre a mesa:

— Por causa da Eva.

— Eva te convenceu de que era uma boa ideia?

— Não. Foi tudo um mal-entendido. — Ela deu um sorriso irônico. — Estávamos conversando e, de alguma forma, ela achou que eu respondi que sim e me viu como um exemplo de superação de medos. Por algum motivo ela me considera uma inspiração para fazer coisas difíceis. Você acredita nisso?

— Por que você não disse que era um mal-entendido?

— Como poderia? Eva está travando uma batalha agora. Ela morre de saudades da avó. Está de luto. — Frankie ficou em silêncio. — Olha, sei que sou uma farsa. Não sou nada corajosa. Sou uma covarde. Não estou aqui para encarar meus medos. Se dependesse de mim, me esconderia de bom grado deles. Estou aqui porque sei que fazendo algo difícil estou ajudando minha melhor amiga a levantar da cama de manhã. Só isso. Não é grande coisa.

Como ela era capaz de pensar uma coisa dessas?

— Eu diria que fazer a coisa que você considera mais difícil só para ajudar sua amiga é um gesto grandioso.

— Ainda não sei se devo aparecer na cerimônia. Não quero estragar o casamento.

— Por que você estragaria o casamento?

— Não sei lidar com a situação, Matt. Sei que a maioria das pessoas acha que são eventos alegres, mas não é o meu caso. Você deve me achar uma louca.

— Acho que você é alguém que viu mais relacionamentos ruins do que bons. E passou por tudo isso em uma idade em que causou grande impressão. Se você fosse mais velha, talvez tivesse exemplos para contrabalançar.

— Parei de contar em quantos relacionamentos minha mãe se envolveu. Sempre que a vejo terminar com mais um homem, reforço minha crença de que relacionamentos não são feitos para durar. — Ela suspirou. — O que nos leva de volta ao tema do casamento. O que vou dizer aos noivos?

— Você pode dizer que torce para que sejam felizes. Presumo que você torça por isso.

— É claro que torço por isso. É só que...

— Você não acha que eles serão?

Frankie deu de ombros:

— Vi casamentos irem do paraíso ao inferno vezes demais para ter fé no matrimônio. — Ela voltou o olhar para Matt. — Esse é o momento em que você vem e diz que seus pais estão juntos há três décadas, só para provar que estou enganada.

— Não vou dizer nada que você já saiba. Você é uma mulher inteligente, Frankie. Há vários exemplos de amor por aí, mas quando você vê algo diferente, creio que não consegue tirar a imagem negativa da cabeça. É difícil se livrar dela.

E esse, sabia Matt, era o maior obstáculo para o relacionamento deles.

— Exatamente. Aquela noiva no evento de algumas semanas atrás... parecia que a vida da coitada estava desmoronando. Aquilo me lembrou minha mãe depois que meu pai foi embora. Vamos mudar de assunto. — Ela terminou a taça de champanhe. — Tem uma coisa que quero te perguntar. Algo pessoal.

— Creio já ter provado que não tenho nenhum problema com coisas pessoais.

— Sim, bem, é algo desconfortavelmente pessoal, não íntimo. — Ela hesitou. — Você provavelmente não vai querer falar sobre o assunto.

Uma onda de tensão percorreu os ombros de Matt:

— Você quer me perguntar da Caroline.

— Vocês estavam noivos.

— Sim. Até ela ter um caso com um professor da faculdade. — Não era o assunto predileto de Matt, mas ele não queria dar a Frankie a impressão de haver perguntas que não pudesse fazer. — Não é segredo, Frankie.

— Você não pensou em voltar com ela?

Não significou nada, Matt. Fiz besteira. Me perdoa.

— Por cinco segundos, o tempo necessário para minha cabeça voltar ao lugar.

— Por causa do caso?

— Por causa das mentiras. — Ele pensou nas mentiras, nas fugas dela, nos jogos sofisticados. — Se uma pessoa mente uma vez para você, como ter certeza de que não o fará novamente? A confiança acabou. Nada é possível entre duas pessoas se não houver confiança. Nenhum relacionamento é perfeito. Não importa quanto amor exista, sempre haverá conflitos. A vida é imprevisível. Ela sempre envolve o inesperado, o desafiador. Para enfrenta-la é preciso confiança e honestidade.

— Então ela partiu seu coração, pisou nele, mas ainda assim você não desistiu de relacionamentos.

Matt entendeu o que Frankie estava perguntando.

— Aquele relacionamento não deu certo, o que não quer dizer que nenhum relacionamento funcione. Uma única experiência não pode ser generalizada.

— Eu queria pensar dessa forma.

— Tive sorte de ver vários exemplos de relacionamentos bons e sólidos quando criança. Meus pais, minhas tias, meus tios... Não tive a mesma experiência que você.

— Você não tem medo de se machucar de novo?

— Se me machucar, vou lidar com isso. — Ele olhou firme nos olhos dela. — Independente do motivo, fico feliz que tenha vindo nesse fim de semana.

— Eu também. — Frankie continuou com o queixo apoiado na mão, observando o oceano. — Você voltaria a morar aqui?

— Não. Não quero viver em um lugar em que sair de mãos dadas com alguém vire manchete nos jornais. Adoro Nova York, o que não quer dizer que eu não goste de visitar Puffin. — Ele olhou para a baía e viu barcos e boias pairando sobre a água. — A Ilha me traz muitas boas memórias. Tive várias primeiras experiências neste lugar. Velejei pela primeira vez, surfei pela primeira vez, beijei uma garota pela primeira vez. — Isso trouxe um sorriso ao rosto de Frankie.

— Quem foi?

— *Essa* pergunta eu não vou responder.

— Você é tão cavalheiro.

— Vamos fingir que esse é o motivo, pois assim não precisarei confessar que o motivo real foi eu ter tido um desempenho vergonhosamente desajeitado e ruim.

— Não consigo imaginar isso.

— Faz algum tempo. Aprendi algumas coisas desde então. — Os dois já haviam conversado bastante ao longo da vida, mas tudo agora estava envolto em uma nova camada de entendimento e sentido.

Frankie colocou o garfo sobre a mesa.

— Podemos ir embora?

— Agora? Você não quer café ou sobremesa?

— Sim, mas também quero outras coisas e tenho prioridades. — O olhar dela desceu à boca de Matt, que sentiu um calor crescer intensamente em seu corpo.

Ele se levantou, pegou a carteira e deixou algumas notas caírem sobre a mesa.

— Vamos embora. — Ele tomou a mão de Frankie, puxou-a para perto e atravessou o restaurante o mais rápido possível sem derrubar as outras mesas.

Ao fim da escadaria de entrada, ele virou para a direita ao invés da esquerda.

— Onde estamos indo? — Frankie seguia a passada dele. — O carro está para o outro lado.

— Não estamos indo para o carro. Estamos indo para a praia.

— Para a praia?

— Você nunca transou na caverna. Vamos resolver essa pendência.

— O quê? Não podemos! — Ela deu uma risada de descrença e cravou os saltos fundo no chão. — Matt, não temos mais 17 anos.

— Fique feliz por isso. Com 17 anos, demorei cinco minutos de pura tensão para tirar o sutiã de uma garota. Meus movimentos estão bem mais suaves agora. — Matt puxou-a para perto e levou à boca à dela. Dessa vez não houve resistência, não houve hesitação. Ela lhe retribuiu o beijo até o sangue começar a pulsar no cérebro dele. Ele sentiu a pressão do corpo de Frankie contra o seu e, relutantemente, ergueu a cabeça. — Você consegue correr com esses sapatos?

— Se eu precisar, sim.

— Você precisa. Eu não ligo se todos no Ocean Club descobrirem por que deixamos nossa comida pela metade, mas prefiro que eles não testemunhem a coisa em si. — Segurando firme a mão de Frankie, Matt conduziu-a pela trilha que levava à praia.

— Não acredito que estamos fazendo isso. Quando foi a última vez que você transou nessa praia?

— De verdade? Nunca transei nessa praia, mas adoro fazer algo pela primeira vez.

Eles chegaram à areia e pararam.

— Eva vai me matar se eu estragar esses sapatos.

— Tire-os, então.

— De jeito nenhum! Vou bater o pé numa pedra e precisarei voltar para o continente para operar. A ilha inteira vai ficar sabendo que me machuquei transando na praia. Não quero ser a manchete no tabloide de ninguém.

— Eu te levo no colo.

— Se fizer isso não vai conseguir enxergar o caminho. Ah! — Frankie gritou de surpresa quando Matt a colocou sobre os ombros.

— Me solta! — Rindo, ela bateu nas costas de Matt com os pulsos. — Matt! Você está agindo como um homem das cavernas.

— Um homem que vai transar numa caverna tem o direito de agir como um homem das cavernas. — Ele atravessou a praia. A luz do Ocean Club sobre eles iluminava a areia. Ele cruzou a Praia do Sul, cena de tantas noites de lagosta e bebedeiras de adolescente, e foi em direção à enseada vizinha.

Os sons do Ocean Club foram abafados pelo barulho do mar sobre a areia, Matt parou em frente à entrada da caverna e tirou os sapatos de Frankie.

Somente então ela colocou os pés na areia.

Sem equilíbrio, ela segurou na camisa dele.

— Não acredito que você fez isso.

— Não falar. Eu Tarzan, você Jane. Entra na caverna.

— O Tarzan vivia na selva. E se tiver alguém aqui? — Ela espiou na escuridão.

— Não tem ninguém. Eles proibiram de fazer sexo aqui depois que os membros de um barco salva-vidas resgataram um casal de adolescentes que perdeu a noção do tempo e quase se afogou. Fizeram uma reunião e tentaram decidir o que colocar na placa. "Proibido fazer sexo, risco de afogamento" perdeu para "Proibido banhar-se à noite".

— Então não era para a gente estar aqui?

— Estamos quebrando todas as regras possíveis. Qual é a sensação?

— Surpreendentemente boa. — Frankie envolveu o pescoço de Matt com as mãos. — Passei a vida tentando melhorar a reputação da minha família, mas hoje pretendo superá-la.

Adorando esse novo lado de Frankie, Matt sorriu:

— Quem é você e o que você fez com a Frankie?

— Você está reclamando?

— De jeito nenhum. — Ele a tomou nos braços novamente e carregou-a para dentro da caverna, usando o celular como lanterna. — O que você prefere? Areia pinicando ou pedras pontiagudas? — A voz dele ecoou e as rochas lampejavam e brilhavam sob a luz escassa.

— Você faz parecer tão erótico. — Mas não havia tremor na voz de Frankie. Sua respiração soprava morna sobre o pescoço dele. — Matt... — ela pereceu sem fôlego — ...e se a gente perder a noção e nos afogarmos?

— Sou um excelente nadador. — Ele colocou Frankie de volta ao chão. Depois, puxou-lhe o top sobre a cabeça e enfiou-o no bolso.

— O que você está fazendo?

— Não quero correr o risco de que ele seja levado pela maré e de ter que explicar para a população local por que Frankie Cole está andando por aí com os peitos de fora.

— Se vou tirar a camisa, você vai ter que tirar também. — Ela puxou com força e alguns botões saíram voando. — Ops.

— Você é um animal. — Rindo, ele tomou o rosto de Frankie nas mãos e beijou-a. Matt sentiu as mãos dela remexendo em seu zíper e gemeu quando ela ficou de joelhos à sua frente. — Frankie...

— Nunca fiz isso antes, então se fizer algo de errado, você tem que me dizer.

Ele se segurou na pedra que estava à frente. O ar deixou seu corpo em um silvo assim que ela o trouxe para o calor suave de sua boca.

— Puta merda...

— Estou machucando?

— Não.

— Tem certeza? Ouvi você gemer.

Ele olhou para baixo:

— Foi um gemido bom.

— Ah... — Frankie parecia orgulhosa. — Nesse caso, há outras coisas que eu gostaria de tentar...

Ele estava prestes a perguntar quais seriam as outras coisas, quando Frankie fez algo com a língua que varreu todo e qualquer pensamento lúcido de sua mente.

Matt estreitou os dedos sobre a pedra cravando as pontas em suas palmas. Sensações percorreram seu corpo como uma onda, ele xingou baixinho e se afastou dela.

— O que foi? — Ela parecia sem fôlego e ele teve que se esforçar para encontrar palavras.

— Não foi nada. — Falar era uma luta. — Só me dê um minuto.

Ela ficou de pé, Matt abraçou-a pela cintura e puxou-a para perto, segurou seu cabelo com a outra mão. Ele nunca desejara alguém como a desejava.

Cobrindo-lhe a boca com a sua, ele abaixou o jeans dela e ajudou-a a tirá-lo. Depois, agarrou seu quadril e sentiu o calor da pele nua com a palma das mãos. Tudo o que restou entre os dois era a lingerie minúscula e sedosa de Frankie, que não trouxe dificuldades a Matt.

Ela gemeu contra os lábios dele:

— Eva me deu essa lingerie que você acabou de rasgar.

— Excelente escolha. Aprovada.

Sem ar, Frankie riu:

— Você nem viu.

— Não, mas o que importa é que ela saiu fácil.

A risada dela se transformou em um suspiro assim que Matt deslizou a mão entre suas pernas.

— Matt...

Ele tracejou a costura sedosa da pele de Frankie com a ponta dos dedos e então deslizou para mais fundo. Com a respiração entrecortada, ela cavou fundo com os dedos no cabelo de Matt.

— Meu Deus... agora... por favor... não quero esperar...

Sempre beijando-a, ele vasculhou o bolso em busca da carteira. Frankie murmurou em protesto que Matt logo abafou com a própria boca.

— Estou tentando protegê-la.

— Ah...

Pelo tom, Matt podia adivinhar que Frankie se esquecera desse detalhe. Ele também poderia ter esquecido facilmente, se proteger Frankie não fosse uma de suas maiores prioridades. Ele nunca, nunca a machucaria.

Ele parou por tempo suficiente para lidar com a camisinha e depois a levantou de modo que ela pudesse montar em seu corpo.

Frankie lambeu seus lábios e maxilar.

— Eu te mato se você me derrubar.

— Carrego lajotas de concreto diariamente. Acho que dou conta de uma moça frágil sem causar acidentes.

— Frágil? Você me acha frágil?

— Acho que algumas partes suas são frágeis. — Ele abafou as palavras de Frankie com a boca, mudou-lhe a posição do corpo e penetrou-a com um movimento suave e demorado. Engolfado pelo calor sedoso do corpo dela, Matt fechou os olhos. — Estou te machucando?

— Não! Minha nossa, não... — Ela tentou se mexer, mas ele estava no controle da situação. Matt manteve a boca na dela e segurava-lhe firme o quadril conforme a conduzia.

Dessa vez não havia sedução lenta e prolongada, apenas uma entrega rápida e frenética à necessidade.

Ele sentiu as primeiras ondas do orgasmo dela comprimirem seu membro e empurrou mais fundo, ouvindo-lhe o gemido conforme ambos atingiam o clímax ao mesmo tempo.

Levemente confuso, ele colocou-a cuidadosamente sobre a areia.

Frankie descansou a cabeça contra o peitoral de Matt.

— Acabamos de fazer sexo numa caverna.

— Eu sei.

— De pé.

— Eu sei. — Ele lhe acariciou o cabelo com as mãos. — E se você não parar de falar no assunto, vai acontecer de novo.

Ela ergueu a cabeça.

— Quero de novo, mas não aqui.

— Onde? No banco de trás do carro? Em uma árvore? É só falar. Ficarei grato em ajudar.

— Você já fez sexo em uma árvore?

— Não, mas por você eu daria um jeito. Tarzan, se lembra?

Sem ar, Frankie ria.

— Vamos voltar para a cabana.

Matt não retrucou.

Capítulo 13

Casar é um pretexto para ter seu próprio bolo e comê-lo.

— Paige

Frankie dormiu profundamente e acordou tarde. Se estivesse em seu apartamento, em Nova York, teria despertado ao som de buzinas e sirenes, mas aqui, na ilha, tudo o que ouvia era o som das ondas quebrando nas pedras. Ela permaneceu deitada, envolta na deliciosa neblina entre sono e vigília, saboreando paz.

O braço de Matt envolvia seu tronco e suas pernas estavam presas entre as dele.

Mexer-se significaria acordá-lo, por isso permaneceu imóvel, o que lhe parecia bom.

Ela deveria achar estranho acordar ao lado de um homem, mas não achava.

Frankie investigou esse pensamento por alguns minutos e chegou à conclusão de que não era estranho, porque era Matt.

Ontem, quando chegaram, ela sentia apenas nervosismo e tensão. De algum modo, tudo isso se dissipou.

Os dois transaram. Foi incrível, arrebatador. E não apenas uma vez: eles repetiram, na cama e na praia.

Quando ele acordasse, Frankie tinha intenção de repetir. Ela estudou o rosto de Matt em detalhes, ponderando sobre o que a barba por fazer naquele maxilar faria com sua pele sensível.

Ela não via a hora de descobrir.

Seu celular acendeu no criado-mudo e Frankie alcançou-o cautelosamente, tentando não acordar Matt.

A mensagem era da Eva. Consistia em uma única palavra:

Então?

Sabendo exatamente sobre o que a amiga estava perguntando, Frankie sorriu e respondeu:

Então o quê?

Você está na sua própria cama?

Frankie hesitou. Ela podia compartilhar essa parte, não podia?

Não.

Segundos depois, a tela acendeu novamente.

NÃO ACREDITO!!! É um estranho aleatório ou o Matt?

— Espero que não esteja contando nossos segredos para minha irmã — disse Matt com voz sexy e sonolenta ao que, culpada, Frankie virou a cabeça.

— É a Eva. Ela queria saber se dividimos um quarto. Detesto mentir. Você se importa se eu falar a verdade?

— O fato de você detestar mentir é uma das coisas que gosto em você, está lembrada? Em algum momento elas vão descobrir, então talvez seja melhor agora.

Ela colocou o celular de volta no criado-mudo e se aconchegou mais perto de Matt.

— O que mais você gosta em mim?

— Você quer uma lista?

— Talvez. Uma curtinha.

Matt trocou de posição, de modo a ficar em cima de Frankie.

— Amo seu cabelo.

— Ah, vá... você vai começar com o meu cabelo?

— Eu adoro. — Ele deslizou os dedos pelos cachos de Frankie. — Amo suas sardas...

— Você está falando de coisas sobre as quais sou insegura!

— Não estamos falando sobre as coisas que você gosta. Estamos falando das coisas que eu gosto. — Ele abaixou a cabeça e a beijou. — Amo como você é honesta.

— Grossa.

— Honesta. Eu gosto. — A expressão de Matt ficou séria. — Amo que você veio aqui, um lugar que te dá medo, só para dar uma força para sua amiga. Amo que você se ofereceu a ficar no apartamento com ela, mesmo gostando muito de seu próprio espaço...

— Ela te contou isso?

— Paige contou. Amo como você é inteligente, amo seu senso de humor...

— Você ama o fato de eu ser viciada em sexo?

— Essa é a melhor parte. — Ele beijou Frankie, que riu e envolveu o pescoço de Matt com os braços.

— Você é o responsável por esse defeito.

— Se é um defeito, fico feliz de assumir a culpa. — Ele a beijou e sentiu o corpo dela derreter.

— Como você faz isso?

Com um grunhido de estranhamento, Matt afastou sua boca da dela.

— Como faço o quê?

— Me faz te desejar assim. Estou desesperada. De novo.

— Acho que você tem muita energia sexual para gastar. Fico feliz em poder ajuda-la.

— Sua generosidade é uma de suas melhores qualidades. — Ela gemeu quando Matt deslizou a mão para baixo de sua bunda. — Precisamos ir mesmo ao casamento?

Matt congelou:

— Você não quer ir?

— Estou com medo. Confesso. Até o momento encontramos algumas pessoas, e todas foram receptivas, mas metade da ilha vai estar lá. E se alguém falar alguma coisa comigo?

— Espero que muitas pessoas digam algo a você. Coisas do tipo "é ótimo te ver de novo por aqui, Frankie" ou "que bom te encontrar". — Ele aproximou o rosto do dela. — Nada de ruim vai acontecer, meu bem.

A demonstração de afeto fez o coração de Frankie se revirar.

— Você não tem como saber.

— Tenho sim. Vou estar lá com você o tempo todo. Se alguém olhar torto para o seu lado, jogo a pessoa de cabeça no oceano. — Os olhos azuis de Matt brilharam. — Você sabe que sou um pouco protetor em excesso de vez em quando. É um de meus defeitos. Estou tentando melhorar.

— *Um pouco* em excesso? Matt, já vi como você trata a Paige. Você poderia trabalhar meio-período como guarda-costas. — Frankie estava provocando pois, no fundo, gostava desse lado de Matt. Como alguém que nunca recebeu muita proteção dos pais, era surpreendentemente bom estar com uma pessoa que se importava com os sentimentos dela.

— É diferente com a Paige. Ela é minha irmã. Minha função é mantê-la fora de encrenca, enquanto com você... — ele mudou de posição de modo a se encaixar entre as pernas de Frankie — ...com você, meu propósito é te colocar no máximo de encrenca possível.

— Eu não fazia ideia desse seu lado malvado, Matt Walker.

— Eu o mantenho escondido. — Matt arranjou espaço no corpo de Frankie que gemeu ao sentir sua grossura pressionar-lhe a pele sensível.

— Por quanto tempo mais vou sentir isso? Quando é que eu vou me sentir entediada?

Ele abaixou a boca até a dela e Frankie sentiu-o sorrir contra os seus lábios.

— Nunca — murmurou Matt — desde que esteja comigo.

Algum lugar nas profundezas de sua mente, uma minúscula parcela de Frankie sabia que era bom demais para ser verdade; mas o que Matt fazia com ela, os sentimentos que ele lhe proporcionava, abafava a voz de sua ansiedade. Inundada de sensações, ela fechou os olhos e seguiu com o conto de fadas.

Matt fechou os olhos sob o jato forte do chuveiro. Teria arrastado Frankie consigo, caso não precisasse de alguns instantes sozinho para se recompor. Ele quis que ela se abrisse e foi exatamente o que aconteceu. E o fato de Frankie confiar nele o bastante para isso de alguma forma aprofundava a intimidade entre eles. Ele ficou surpreso com sua resposta, mas o que o chocara ainda mais havia sido a força de sua própria resposta. Matt pensava que seus sentimentos não poderiam ser mais profundos, mas parece que ele estava enganado.

O que aconteceria quando voltassem a Nova York, a suas vidas normais?

Ele queria congelar o tempo e mantê-la aqui, ilhada do mundo externo. Ficou quase tentado a não ir ao casamento. De bom grado passaria o resto de sua vida recluso naquela cabana com Frankie. Para ele, o resto do mundo podia ir para o inferno.

— Matt... — Frankie apareceu na frente dele com o celular na mão —, é o Ryan.

Culpado por ter sido flagrado enquanto contemplava formas de não ir ao casamento de seu amigo, Matt alcançou a toalha e pegou o celular da mão de Frankie.

Distraído por uma covinha no pescoço de Frankie, Matt ouviu enquanto seu amigo explicava o problema.

— Sinto muito. Que notícia ruim. — Tentando se concentrar, desviou o olhar. — Então você vai pegar um voo para o continente? Vai demorar muito? Não, não tem problema, vamos esperar até você mandar uma mensagem. — Matt terminou a ligação e Frankie olhou para ele ansiosa.

— O que aconteceu?

Ele se aproximou e a puxou conta si, beijando a pele macia e perolada do pescoço de Frankie.

— Ganhamos mais algumas horas na cama.

— Me parece bom. — Ela lançou os braços em torno do pescoço de Matt. — Algum motivo especial?

— Ryan e Emily estão tendo uma pequena crise de casamento. — Ele colocou uma mecha de lado e, tragando o perfume dela, beijou-lhe o pescoço. — A florista está com apendicite e teve que ir para o continente ontem à noite. Infelizmente, levou a chave da loja com ela, então não tem como pegar as flores. Eles vão atrasar o casamento em algumas horas para o Zach voar até o continente e pegar a chave.

— Eles vão levar horas para voar até lá. E se ela estiver na mesa de operação e eles tiverem que esperar?

— Creio que é um risco que terão que correr. Eles não têm muitas opções.

Houve um silêncio prolongado. Então, Frankie soltou-se relutantemente do abraço e respirou fundo:

— Eu cuido das flores.

Sabendo o quanto ela odiava casamentos, Matt não pensara em consultá-la.

— Você?

— É o casamento deles! Eles querem que seja perfeito. Eu vou fazer. Ligue para o Ryan. — Ela recuou um passo, como se desconfiasse ser capaz de mudar de ideia. — Se eu não puder entrar na loja, vou precisar invadir jardim de alguém.

— Frankie... — Ele sabia que era uma questão delicada para ela. Parte dele queria explorar em profundidade essa mudança, mas eles não tinham como se dar ao luxo de perder tempo. — É sério?

— Eu nunca brinco quando o assunto é casamento, Matt. — O sorrisinho irônico dela o fez rir.

— Sendo assim, vou ligar para o Ryan. — Matt tomou o rosto de Frankie nas mãos e lhe deu um beijo voraz. — Espero que ele seja grato ao sacrifício que estou fazendo.

— Pare de me distrair! — Ela o empurrou pelo tronco. — Liga logo. E pergunte sobre o vestido da noiva, algumas dicas seriam bem-vindas.

Com a atenção dividida entre o amigo e Frankie, Matt fez a ligação. Ignorando o macacão verde de seda que esticara sobre a cama,

Frankie colocou uma calça legging que lhe caía como uma segunda pele.

Com o cabelo ainda úmido do banho que tomara antes de Matt, Frankie o amarrou em um rabo de cavalo e pegou a bolsa.

— E aí?

— Ryan não sabe como é o vestido. Pelo visto é um segredo mantido a sete chaves, mas ele acha que a Brittany pode saber. Enquanto isso, a Kirsti vai mandar uma mensagem para todos os moradores da ilha pedindo acesso a seus jardins. Eles têm um sistema de emergência que permite mandar mensagens a todo mundo. Os moradores que têm flores vão responder ao Ryan, que vai enviar uma lista para você escolher.

— Você está dizendo que os moradores daqui vão me dar permissão para entrar em suas propriedades e pegar suas flores?

— Exatamente.

— Eles estão sabendo que sou eu, Frankie Cole?

— Sabem, e tenho certeza de que estão torcendo para que você resolva o problema de Emily e Ryan. De que mais você precisa além de flores?

— Não sei... eu... algo para amarrar os buquês. E preciso guardar essa roupa aqui, pois se eu sair de calça legging nas fotos, Eva e Paige vão me matar.

— Vou deixar no carro e você poderá vestir assim que terminarmos as flores. — Matt checou os e-mails. — Olha só... alguns moradores já responderam, listando as flores que têm.

Frankie examinou as respostas enquanto colocava os sapatos.

— Brittany e Zach... é o mesmo Zach que nos trouxe para cá? Parece que eles têm um jardim e tanto. Espera aí... É a Brittany Forrest, neta da Kathleen?

— Sim. Conseguimos chegar no Chalé do Náufrago em dez minutos.

Matt pendurou a roupa dos dois no banco de trás do carro, dirigiu pela estrada de terra que saía do arraial e pegou a estrada para o norte da ilha.

— Não tive tempo de domar meu cabelo. Vai parecer que estive em uma explosão. Eva e Paige com certeza vão me matar. Era para eu parecer arrumada e elegante.

— Você parece sexy e estonteante. O tipo de mulher que deixaria um homem tentado a entrar numa caverna para transar.

— Ah, é? — Ela lançou um olhar demorado a Matt. — Não conheço muito bem esse tipo.

E ele não estava acostumado com aquele sorriso demorado e sexy que ela lhe lançara.

— Esse sorriso combina com você. Quer encostar e transar na floresta?

— Mantenha o foco! Temos poucas horas e se começarmos a falar de sexo, não vou conseguir me concentrar. Você sabe que casamento não é o meu forte. São quantas madrinhas? Colocaram daminhas de honra para jogar pétalas?

— Como eu poderia saber? Sou homem.

— Se vou fazer buquês de mão, preciso saber quantos. — Ela tirou um bloquinho da bolsa e fez alguns esboços.

Matt se deu conta de que Frankie estava concentrada nas flores em vez de ficar nervosa com o casamento e sua volta à ilha.

O Chalé do Náufrago era uma linda casa de praia, toda construída em madeira, cuja porta da frente já estava aberta quando Matt parou o carro.

O cachorro mais feio que Matt já viu na vida veio correndo para saudá-lo.

— Mandíbula! Volte já aqui! — Uma voz feminina berrou através da porta e Matt caminhou em direção a ela com um sorriso.

— Olá, Brittany.

— Matt! — Ela lhe deu um abraço caloroso, seguido de um olhar nervoso. — Você consegue resolver esse problema? É o grande dia da Em e queríamos que tudo ficasse perfeito. Precisamos de um milagre.

— Eu trouxe o milagre e seu nome é Frankie. — Ele se virou e viu Frankie acariciando o cachorro, que rolava em êxtase a seus pés.

Brittany levantou as sobrancelhas:

— Bem, essa reação é um tanto inesperada. A maioria das pessoas demora um pouco até se acostumar com nosso cão. Parte da culpa é nossa, por chamá-lo de Mandíbula, que não é um nome muito apropriado para cair na graça das pessoas. Eu o amo, mas sou a primeira a admitir que não é o animal com a aparência mais atraente do planeta.

— Eu o acho lindo. — Dando um último carinho em Mandíbula, Frankie se colocou de pé. — Você sabe de alguns detalhes do casamento?

— De que detalhes você precisa? — Brittany deus as informações que Frankie pediu. — Pegue o que precisar do jardim. Quero que o dia da Emily seja perfeito e somos gratos por você ter aparecido. Há algo mais que precise?

— Arame para os buquês. E fita. Fita de cabelo deve servir.

Brittany fez uma careta.

— Arame é fácil. Fita nem tanto. Não uso muito, mas conheço alguém que usa. Vou mandar uma mensagem para o Ryan para ele trazer as coisas da Lizzy. Enquanto isso, vou buscar o arame.

— Ótimo. Podemos colocar a fita depois. De que cor é o vestido da noiva?

— A noiva está super grávida. — Os olhos de Brittany brilharam de bom humor. — Ela vai usar um lindo vestido creme. Nossa amiga Skylar que desenhou.

— Então precisamos tentar esconder aquela protuberância?

Brittany deu risada.

— Tenho certeza que você é ótima no que faz, mas posso dizer com segurança que nada na Terra é capaz de esconder aquela protuberância.

— Não necessariamente esconder, mas não quero dar um destaque ainda maior à protuberância com um buquê grande demais.

Brittany levou-os ao lado do chalé e os dois seguiram-na através de um portão que dava no jardim litorâneo que abraçava os fundos da casa.

A expressão de Frankie mudou de surpresa para encanto e ela olhou para Brittany:

— Você é jardineira?

— Imagina. Sou arqueóloga. É mais provável que eu mate as plantas cavando em vez de cuidar delas. Esse jardim era o tesouro da minha avó. Ela passava todo e qualquer tempo livre aqui. Ela morreu faz alguns anos, mas uma de suas amigas, nossa vizinha, ainda cuida dele.

— Ele é lindo. Tão tranquilo. É inacreditável para um jardim litorâneo... como ele sobrevive aos invernos?

— Não faço ideia. Você acha que as plantas congelam como a gente?

— O problema não é congelarem, é o degelo. É bom que elas continuem dormindo. — Frankie se agachou e examinou o solo no canteiro mais próximo. — Palhagem de alga marinha.

— Ah, é? — Brittany olhou para Matt e riu. — Se você diz...

— É ótimo para a terra e péssimo para as lesmas.

— A vovó travava uma guerra constante contra as lesmas. — Brittany colocou as mãos nos bolsos. — Você acha dá para fazer um buquê decente para a Em com algo daqui?

— Com certeza. Tem alguma planta que você não quer que eu toque?

— Pode arrancar tudo, se precisar.

— *Phlox Carolina*... aquela branca. — Frankie caminhou até um dos canteiros mais próximos a ela. — Conhecida como "flox casamenteira". E ali está a *Leucanthemum vulgare*... — Ela estava falando sozinha, distraída e empolgada conforme adentrava avidamente no jardim. Sem entender nada, Brittany ergueu uma sobrancelha para Matt, que deu de ombros.

— Também não sei o que é isso, mas ninguém entende de flores como Frankie, então podemos deixar na mão dela.

— Ótimo. Nesse caso, vou terminar de me aprontar. Fique à vontade para usar a cozinha para criar suas obras-primas. Se precisar de algo é só gritar. E não deixe o Zach dar bacon para o Mandíbula.

Ela os deixou e Frankie tirou seus esboços da bolsa.

Matt ficou observando.

— Como posso ajudar?

— Fique parado e segure tudo o que eu te der. — Ela se movimentava pelo jardim como uma borboleta, parando, admirando, cortando e colhendo.

Em menos de dez minutos, tinha um feixe enorme de flores e folhas.

— Dá para trabalhar com isso. Vamos levar para a cozinha para eu começar a montar os buquês.

A cozinha do Chalé do Náufrago era o coração da casa. Uma ampla mesa dominava o centro do aposento e as prateleiras eram decoradas com pedaços de tronco, garrafas com vidro do mar e conchas.

Matt conseguia imaginar Frankie sentada ali, ainda criança, perdida e confusa com o que estava acontecendo em casa.

A porta da frente estava aberta e Mandíbula entrava e saía livremente, deixando um rastro de areia por onde passava. A luz do sol brincava sobre o piso bem polido e o tapete de listras azuis acrescentava um ar marinho ao local.

Era em momentos como esse que Matt sentia saudades da ilha.

Era um lugar paradisíaco durante o verão, mas Matt sabia que, quando o inverno chegava, a sensação era absolutamente diferente. As estradas e os jardins ficavam cobertos de neve, transformando tudo em um misterioso país das maravilhas gelado. A comunidade se restringiria apenas aos moradores locais e a alguns entusiastas obstinados de esportes de inverno.

Zach colocou canecas de café forte sobre a mesa.

— Fritei uns bacons e tem pãezinhos frescos na cesta. Sirvam-se. Vai demorar até vocês poderem comer novamente. Vou me trocar. — Ele saiu da cozinha e Matt recheou um pãozinho com bacon enquanto Frankie trabalhava.

— Você deveria comer algo. Deve estar morrendo de fome depois de todo aquele exercício.

— Vou comer em um minuto. Tenho que fazer três desses.

— Me dê um pouco de trabalho.

— Você poderia cortar algumas tiras de corda? — Frankie empurrou o carretel na direção dele e voltou a trabalhar com as flores.

Matt cortou a corda enquanto observava Frankie transformar montes de flores em belos buquês de noiva. Seus dedos trabalhavam agilmente enquanto podava os caules e torcia as folhas.

— Para alguém que detesta casamentos, você é muito boa nisso.

— Isso aqui não tem nada a ver com casamento. Gosto de flores. E não vai ficar perfeito. Ver o vestido teria ajudado, mas é o melhor que posso fazer.

Seu melhor era impressionante. Ela ergueu o buquê, uma massa espumante de flores creme com delicadas gavinhas florais contorcidas.

Matt não sabia nada sobre buquês de noiva, mas até ele era capaz de ver a maestria naquela criação.

— Uau. — Brittany parou junto à porta. — Você é realmente talentosa.

Frankie deu um breve sorriso.

— Obrigada. Um está pronto, faltam dois.

Matt achou interessante perceber como ela aceitou o elogio de uma mulher sem hesitar, mas quando ele fazia o mesmo, ela se virava e revirava toda.

Ou talvez tivesse algo a ver com o fato de que era um elogio de trabalho, não pessoal.

Brittany se serviu um pouco de café e ficou observando Frankie amarrar os dois outros buquês.

— Incrível. Você terminou? Se sim, é melhor irmos. Metade da ilha está esperando.

Matt viu a expressão de Frankie mudar. Brittany também.

— Há algum problema?

— Não. Eu... — Frankie fez uma pausa. — É que faz muito tempo que não volto à ilha.

— E isso é um problema? Está com medo de ficar deslocada? Se for esse o caso, Zach e eu podemos apresentar algumas pessoas e...

— Não é isso. Talvez seja melhor que as pessoas não me conheçam. — Frankie colocou a tesoura sobre a mesa com cuidado. — Minha família não é muito popular por aqui e os locais têm memória longa.

— Agora fiquei curiosa. — Brittany terminou o café enquanto Zach voltava à cozinha. — Qual você disse que é seu sobrenome?

— Cole.

Brittany abriu a boca para falar novamente, mas Zach se adiantou. Ele colocou a mão sobre o ombro de Frankie e deu um apertozinho.

— Não importa sua reputação, ela será ofuscada pela minha. Sou o Lobo Mau da ilha. As pessoas vão estar ocupadas demais franzindo a testa para mim para notar sua presença.

— As pessoas não são tão maldosas assim. — Brittany limpou a mesa, recolhendo pedaços de caule e folhas. — Eles te aceitaram. Pelo menos a maioria.

— Exatamente. Ainda sinto que estou sendo julgado. Eles ficam esperando que eu saia da linha. — Zach parecia achar mais graça do que se incomodar. Brittany abotoou um dos botões da camisa e puxou-o junto a si.

— Só para deixar bem claro, adoro quando você sai da linha. — Ela ficou na ponta dos pés, deu-lhe um beijo rápido nos lábios e se voltou novamente para Frankie. — Não se preocupe com os locais. Você será recebida como uma heroína. E é melhor irmos, senão a Emily vai ter um surto.

Zach levantou uma sobrancelha.

— Eu nunca a vi surtando.

— Ela surta sem muito alarde, de uma forma tensa, e não quero que isso aconteça. Não quero que esse bebê nasça no meio do casamento. — Brittany percorreu a cozinha e colocou vários objetos dentro da bolsa. — A festa vai ser hoje à noite no Ocean Club. Espero que vocês venham para dançar até o pé doer.

Matt ficou pensando em como Frankie reagiria, mas ela assentiu.

— Se até lá os locais não tiverem me expulsado da ilha, será divertido.

— Ninguém vai te expulsar de lugar algum. — Brittany colocou os buquês cuidadosamente em uma caixa. — Mandei uma mensagem para o Ryan e ele vai levar todas as fitas que Lizzy tem. Ela insiste em usar tiara e asinhas de fada. Vamos encontrá-lo na praia e decidir sobre qual é a melhor opção. — Ela olhou para ambos. — Vocês dois vão se trocar? Acho melhor se o fizerem aqui. Vai poupá-los de serem avistados pelos locais no estacionamento da praia.

Matt foi pegar as roupas no carro.

Frankie colocou o macacão de seda verde-esmeralda, o que fez seus olhos parecerem reluzentes e ressaltou os luminosos tons cobre de seu cabelo.

Distraído, Matt se atrapalhou com os botões da camisa.

— Você está linda.

— Obrigada. — Mas o sorriso de Frankie parecia nervoso e Matt sabia que, apesar das garantias de Brittany, ela estava preocupada.

Quando encostaram no estacionamento da praia, Matt se virou para olhá-la.

— Você vai se divertir, eu prometo. Você está linda, apesar de que se estivesse de saia ou vestido seria mais fácil dar uma escapada para transar.

— Callum Becket pensou a mesma coisa no segundo colegial, motivo pelo qual nunca uso vestido.

Era a primeira vez que lhe contava algo específico sobre a época em que ainda vivia na Ilha.

As pessoas passavam por eles a caminho da praia, mas Matt não se mexeu.

— O que aconteceu?

— Minha mãe tinha acabado de destruir o casamento dos pais dele. Ele estava furioso e cheio dos hormônios da adolescência. Ele achou que, se nossos pais estavam transando que nem coelhos, devíamos fazer o mesmo. Estávamos no baile e pediu para dois amigos me segurarem enquanto levantava meu vestido. Meu vestido vermelho novo. Eu estava tão feliz de usá-lo... — A respiração dela acelerou, mas Frankie deve ter visto a expressão no rosto de Matt, pois deu um rápido sorriso. — Não se preocupe... Paige e Eva apareceram bem na hora. Sem os amigos, Callum era bem fraquinho. Eu quase quebrei o pulso dele. Ele ficou sem escrever por alguns dias. Mas decidi que não queria que acontecesse de novo, por isso desisti de usar saia, a não ser quando a escola obrigava. E comecei a fazer caratê para, caso acontecesse de novo, conseguir derrubar um cara com um chute tesoura. Imagino que devo ter te assustado.

— Você está brincando? — Matt sentia raiva, mas não diria a Frankie. — É incrivelmente sexy ter uma namorada capaz de me derrubar com um chute tesoura. Sempre que quiser tentar, não hesite.

— Como você consegue me fazer rir de situações que eu nunca acharia graça antes?

Ele deslizou a mão pelo cabelo de Frankie e trouxe-a para sua boca.

— Callum não estará aqui, caso isso te preocupe. Os Beckets se mudaram da ilha há muito anos, então não há chances de você esbarrar com ele por aqui. — Matt sentiu-a relaxar.

— Ótimo. Pois não queria ter que quebrar a outra mão dele.

— Eu faria isso por você.

— Sério? Você parece ser um homem que usa o intelecto e a razão para resolver a maioria dos problemas.

— É sempre minha tática principal. Mas sou conhecido por apelar ao Plano B quando a situação exige. — Matt dissimulou a raiva com um sorriso. — É melhor irmos. Eles estão esperando pelas flores.

Os dois caminharam pela trilha que conduzia à praia, mas, assim que viraram a esquina, Frankie parou.

— É uma multidão e tanto. Eu não esperava tanta gente.

— É uma multidão amigável, Frankie.

Ela se remexeu.

— Assim espero.

Matt também. Caso contrário, ficaria tentado a colocar o Plano B em ação.

Capítulo 14

O casamento é o triunfo da esperança sobre a realidade.

— Frankie

Parecia que a maioria dos moradores da ilha estava na Praia do Sul para ver Ryan e Emily se casarem.

A praia era uma grande mancha colorida, cujas roupas iam de maiôs a seda esvoaçante. Fileiras de cadeiras foram distribuídas pela areia; o som de gaivotas e o quebrar das ondas se intercalavam aos risos de crianças e latidos de cães.

Todos pareciam se conhecer e Frankie se viu imóvel à beira de um precipício, uma estrangeira. Talvez ninguém notasse sua presença se ela ficasse naquele lugar e, assim que a cerimônia começasse, ela poderia sumir.

Ela estava prestes a contar seu plano para Matt quando Ryan os viu. Ele veio andando pela praia e, ao chegar, abraçou Frankie.

— Você é a heroína do momento. Não era para você estar pelos cantos da praia... deveria estar na primeira fila. Você é nossa convidada de honra.

Na primeira fila?

O estômago de Frankie se revirou. Sentar-se na primeira fila significaria não ter onde se esconder. Lá estaria ela, assistindo a troca de votos do casal. Todos esperariam ver um olhar sentimental e sonhador em seu rosto. Não era um olhar que Frankie dominava bem.

— Não! Eu não teria como... vocês devem ter vários convidados que...

— Ah, o Ryan tem razão, você deveria... — Quem falou dessa vez foi Hilda, e uma bela mulher loira com duas crianças ao lado logo se juntou ao clima geral de persuasão.

— Com certeza tem lugar por lá. Aliás, meu nome é Lisa. Sou dona da Concha do Verão, a sorveteria na rua principal. Se tiver um tempo livre, apareça para uma visita. Ofereço casquinhas de cortesia.

— Ou a gente podia comprar uma banheira de sorvete, levar para casa — murmurou Matt ao ouvido de Frankie — e eu podia lamber o seu corpo nu.

Esforçando-se para segurar o riso, Frankie se esqueceu da tensão diante da perspectiva de se sentar na primeira fila do casamento de alguém.

— Você está planejando fazer isso na rua principal?

— Quem sabe. Vou tentar informá-la antes de fazermos. — Matt tomou-a pela mão e conduziu-a à frente. Frankie conhecia alguns rostos; outros não. Alguns diziam como estavam felizes de vê-la de novo na ilha; outros diziam que estavam felizes por ela ter encontrado flores para o buquê de Emily. Todos eram acolhedores e amigáveis.

Por fim, ela se sentou em uma cadeira vazia na primeira fila.

— Não era para eu estar sentada aqui.

Matt sentou-se ao seu lado:

— Sorria. Você vai se divertir.

Ela ia perguntar como se divertiria, quando Hilda se sentou ao seu outro lado.

— Lembre-se: uma vez da Ilha, sempre da Ilha. — Ela colocou a mão sobre o joelho de Frankie antes de se virar e conversar com a mulher sentada próximo a ela.

Frankie olhou ao redor, viu sorrisos suaves e olhos avoados e perguntou a si mesma qual era seu problema. Ela não sentia nada além de pânico e náusea leve.

Para tentar se distrair, ela focou em um pequeno grupo de crianças que mexiam e brincavam com flautas doces que em breve tocariam e em seguida em Ryan, que esperava de pé com outro homem de cabelo escuro que parecia familiar.

Frankie tentou lembrar onde o vira antes quando Matt se inclinou e disse:

— Ele é o Caçador de Naufrágios.

— Oi?

— Aquele cara que você está encarando, perguntando-se onde o vira antes. Ele se chama Alec Hunter. É um historiador. Ele apresentava uma série sobre naufrágios que fazia todas as mulheres do país grudarem na TV.

— Claro. — Frankie adorava cada segundo daquela série e chegou a comprar o livro dele. Ela estava prestes a perguntar mais alguma coisa a Matt quando a multidão fez silêncio e o grupo de crianças começou a tocar as flautas.

Como ainda estava olhando para Alec, Frankie testemunhou o momento exato em que Ryan virou a cabeça e viu Emily. Era um momento raro de emoção autêntica. Seus olhos demonstravam tudo o que sentia. Frankie se perguntou como alguém podia ter a coragem de dar tanto de si.

Emily finalmente chegou ao altar e Frankie conferiu o buquê com um olhar automático. Considerando o pouco tempo que teve e seus materiais restritos, estava satisfeita. Sua forma garantia que o olhar se desviasse da barriga de Emily, ainda quem nem ela nem

Ryan parecessem querer disfarçar que ela estava grávida. Ignorando o protocolo, Ryan abaixou a cabeça até a de Emily e beijou-a até a menininha de pé ao seu lado lhe dar um puxão impaciente no paletó.

Brittany riu em simpatia:

— Ryan, você deve beijar a noiva *depois* da cerimônia — disse ela, e a menininha riu.

Ela estava segurando o ramalhete que Frankie preparara. Sua cabeleira loira estava presa com uma tiara brilhante, mas o que realmente fez Frankie sorrir era o par de asas de fada que ela obviamente insistira em usar.

Eva não tinha uma dessas com a mesma idade? Sempre que brincavam de faz-de-conta, Eva era a fada. Frankie escolhia o elfo ou o mago.

Sua mente divagou e Frankie mal ouviu as palavras que Ryan e Emily trocaram.

Próximo ao fim da cerimônia, Lizzy começou a ficar inquieta e Ryan tomou-a nos braços, segurando-a enquanto ele e Emily terminavam de trocar os votos.

Frankie observou a forma como a mãozinha da menina se fechava sobre o ombro dele. Algo sobre a maneira de Ryan segurá-la fez a garganta de Frankie pesar. Lizzy estava com aquela idade em que acreditava que os adultos têm todas as respostas e que os papais são heróis.

Ela mesma pensou dessa forma um dia.

Ajustar as contas com a realidade das fraquezas humanas de seu pai foi parte de sua transição da infância para a idade adulta.

Ela viu a forma como Ryan olhava para Emily e se perguntou se seu pai olhara da mesma forma para sua mãe no dia do casamento.

Em que ponto as coisas começaram a dar errado? Será que começou bem e foi piorando gradualmente, ou havia defeitos e fraquezas desde o começo?

Frankie olhou fixamente enquanto Ryan segurava a mão de Emily, hipnotizada por seus dedos entrelaçados, os dedos finos e delicados da noiva trançados aos dedos firmes e fortes dele.

Ao fundo, ouviu suas vozes, mas tudo o que conseguia ver eram aquelas mãos enlaçadas. Eles seguravam um ao outro como se tivessem a intenção de nunca mais soltar.

Logo a cerimônia acabou e Frankie viu Ryan deslizar sua mão para trás da cabeça de Emily e aproximar-lhe a boca.

Ele não a beijou. Em vez disso, disse algo baixinho, algo que cabia apenas a Emily.

Frankie conseguiu ler seus lábios pois estava sentada muito perto.

Eu te amo. Para sempre.

Para sempre?

Frankie sentiu uma dor no peito. Como é possível prometer algo de que não se tem certeza? O que aconteceu? O amor ou as pessoas mudaram?

Ela pensou em seu pai, em promessas e mentiras e se perguntou quando uma coisa se transformou na outra. Ele foi sincero nos votos que fez no casamento? Acreditou em suas juras e as quebrou, ou nunca acreditou de fato nelas?

Ela viu Ryan deslizar a mão da cabeça para o quadril de Emily, demorando-se ali de forma protetora enquanto os dois trocavam um olhar que excluía todos os demais. Era o momento mais íntimo e pessoal que Frankie testemunhava em sua vida e, por aquele breve segundo, ela acreditou de fato que era real. Isso a surpreendia, mas o que a surpreendia ainda mais era a esperança arraigada de que aquilo *era* real. Que aquelas duas pessoas tinham algo capaz de perdurar.

Ela quis acreditar nisso, de verdade.

Então a cerimônia acabou, houve risadas, aplausos e as pessoas formaram filas para dar pessoalmente os parabéns aos noivos.

Com as palavras presas dentro de si, Frankie permaneceu imóvel.

Matt segurou a sua mão:

— Você está bem?

Estava? Não tinha certeza. Sua mente estava repleta de perguntas que não era capaz de responder. Ela queria conversar com ele, pois Matt tinha uma visão sábia e ponderada do mundo, enquanto ela mesma via tudo com lentes distorcidas. Mas não era o lugar certo para essa conversa. Ela não podia se sentar na primeira fila do casamento de alguém e discutir se haveria algo no amor capaz de durar.

Vendo Ryan e Emily, ela quase acreditou que sim. Era como ver um traço de céu azul em meio a uma tempestade. E o céu azul se alastrava conforme a cerimônia se transformava em uma festa na praia, os convidados comiam lagosta cozida em algas e água marinha.

Quando anoiteceu, Ryan colocou o paletó sobre os ombros de Emily e tirou-a para dançar na areia. E quando Lizzy tentou se juntar ao dois, ele a pegou no colo e, então, dançaram os três à luz do fogo.

Uma família.

Frankie sentiu algo novo. Um anseio, um lugar vazio, profundo e doloroso, dentro de si mesma, cuja existência desconhecia.

Ryan providenciou uma pilha de mantas de piquenique, Matt pegou dois pratos de comida e levou Frankie para um lugar levemente distante da comemoração principal.

Ela se aconchegou sobre manta e ouviu fragmentos de música e risadas. Matt se esparramou a seu lado.

— Me conte o que você estava pensando durante a cerimônia.

— Estava pensando que esse é o casamento mais bonito que já vi na vida.

— Só isso? Era nisso que você estava pensando?

Ela se sentou de perna cruzada e encarou o mar.

— Nunca acreditei de verdade nessa coisa toda de contos de fadas, em finais felizes, mas Ryan e Emily parecem tão apaixonados.

— E você não acha que estão de fato apaixonados?

— Quero acreditar que sim. — Ela pegou um pedaço da lagosta, ponderando quanto revelar. — Quando um relacionamento dá errado, você acha que é porque sempre foi errado ou porque as pessoas mudaram?

— Você está perguntando se duas pessoas podem se amar e, depois, deixar de se amar? Sim, acho que pode acontecer. A vida é capaz de colocar qualquer relacionamento à prova, mas uma relação forte é capaz de sobreviver. Quando Paige ficou doente, meus pais ficaram sob muita pressão. Eles passaram por maus bocados, mas apoiaram um ao outro. Acho que o que aprendi vendo os dois foi que, se você é honesto em um relacionamento, se não tem medo de dizer o que sente e de ouvir como seu parceiro se sente, pode resolver qualquer problema. Consegue dar um jeito. — Matt fez uma pausa. — Você está pensando nos seus pais?

— Me lembro de, certa vez, pegar uma foto do casamento deles e pensar em como estavam felizes. Eu tinha tantas perguntas sobre aquela foto. Eles sorriam um para o outro, como qualquer pessoa em uma foto de casamento, e eu queria saber se era de verdade. Será que meu pai a amava quando se casaram e depois deixou de amar? Ou será que nunca a amou de fato?

— Sua mãe nunca falou sobre o assunto?

Frankie negou com a cabeça.

— No começo, ela estava tão triste e com tanta raiva que não era capaz de dizer nada de bom sobre ele. Depois, simplesmente não queria falar sobre ele, nem bem nem mal.

E Frankie tinha perguntas. Muitas perguntas.

— Você não tem contato com ele, né?

— A última vez que tive notícias foi quando ele me mandou um cartão no meu aniversário de 15 anos.

Havia mais, é claro, muito mais, mas bem naquele momento Ryan começou a agrupar as pessoas e a festa migrou para o elegante entorno do Ocean Club, onde drinques e champanhe foram servidos com deliciosos frutos-do-mar.

Frankie viu Alec Hunter de novo, mas, dessa vez, ele estava dançando com uma linda mulher cujo cabelo loiro lhe caía sobre os ombros como ouro líquido. Eles riam juntos e Frankie observou um diamante cintilar em um dos dedos dela.

Todos parecem estar apaixonados, pensou ela.

As pessoas assumiam o risco continuamente. Saltavam mesmo sabendo que poderiam cair. Ela se sentiu como uma criança tremendo à borda de uma piscina, vendo todos dentro da água, com medo de pular e se afogar.

Todos eram tão mais corajosos que ela.

— Você está pensando muito e dançando pouco. — Matt puxou-a para a pista de dança, ignorando seus os protestos.

— Não danço muito bem...

— Foi o que você disse sobre sexo e veja como estava errada.

Ela riu.

— Não quer falar um pouco mais alto? Acho que a Hilda não te ouviu.

— Ah, ela me ouviu. E se não ouviu de mim, ouviu de outra pessoa. As coisas funcionam assim na Ilha de Puffin. — Sorridente e obstinado, Matt rodopiou Frankie habilidosamente, ao que ela pousou sem ar em seu peito.

— Imagino que você achou seu movimento super desenvolto. — Frankie gemeu quando Matt mergulhou seu corpo e a puxou para perto. — Está bem, isso foi *bem* desenvolto. Seu exibido.

— Tem outras coisas que eu poderia te mostrar. Coisas maiores.

— Hilda ficaria chocada. Você é um ótimo dançarino.

— Você também. — Matt enterrou o rosto no pescoço de Frankie, que sentiu sua respiração quente contra a pele e fechou os olhos. Nunca em toda sua vida ela se sentira assim.

— Achei que eu não soubesse dançar.

— Estou tomando como missão de vida mostrar todos os julgamentos errados que você fez de si mesma. — A boca dele foi ao ouvido de Frankie. — Que tal sairmos daqui?

— Não quero ofender os noivos.

— Os noivos saíram há meia hora, mas ninguém percebeu. O segredo é sair sem fazer estardalhaço. — Ele segurou a mão dela e os dois abriram caminho pelo Ocean Club através da multidão animada. Mas dessa vez, em vez de pegar a trilha até a praia, como fizeram na noite passada, Matt voltou para o carro.

Ele dirigiu até o Ninho da Gaivota e abriu a porta da cabana.

— Ainda está quente. Quer ficar um pouco na varanda?

A varada estava banhada pela luz do luar e o único som do ambiente era o delicado quebrar das ondas sobre as rochas do cais abaixo deles.

— Adoraria.

Apesar de estar cansada, Frankie não tinha pressa de dormir.

Ela havia temido este fim de semana, mas, agora, queria que durasse para sempre.

Aconchegou-se na cadeira mais próxima e, momentos depois, Matt juntou-se a ela. Ele trazia uma garrafa de champanhe e duas taças em uma das mãos e, na outra, um suéter.

— Está com frio?

— Um pouco. — Ela agradeceu, pegou o suéter e colocou-o sobre os ombros enquanto Matt servia o champanhe.

— Um brinde a você.

— Por que estamos brindando a mim?

— Porque você salvou o dia e sobreviveu a assistir um casamento da primeira fila. Isso merece um brinde.

Ela tomou um gole de champanhe.

— Nunca pensei que fosse dizer isso, mas foi um casamento lindo.

— Porém...?

— Não há "poréns". Não desta vez.

— Você está dizendo que acredita que eles possam ser felizes?

Frankie sorriu

— Você deve me achar louca, né?

— Não. — Matt inclinou a cadeira para trás e descansou os pés sobre as grades da varanda. — Acho que esse lance entre seus pais te afetou profundamente. O seu pai ter um caso... quando algo assim acontece, é normal que o sistema de crenças fique abalado.

Não era algo de que Frankie falasse, mas, por algum motivo, era fácil de conversar com Matt. Ele não era dessas pessoas que pensam que conversar é escutar o que o outro diz até encontrar uma brecha para dizer algo sobre si. Ele não escutava apenas: ele *ouvia*.

— Eu sabia de tudo, Matt. — As palavras de Frankie jorravam, como parecia o costume perto dele. — Eu sabia que ele tinha um caso. Eu já sabia seis meses antes de ele sair de casa e isso foi terrível. Eu não fazia ideia de como agir. Eu tinha 14 anos e guardava um segredo que podia destruir minha família.

Matt não se moveu. Por um instante, Frankie pensou que talvez ele não tivesse escutado. Pouco depois ele se mexeu.

— Você nunca contou a ninguém?

— Não. Meu pai me fez prometer que não contaria.

— Ele *sabia* que você descobriu tudo? — As pernas da cadeira caíram com força no chão da varanda. Com expressão de choque, Matt voltou-se para ela. — Frankie?

— Eu vi os dois juntos. Flagrei os dois transando.

— Merda. — Ele levou a mão ao rosto. — Na sua casa?

— No quarto dos meus pais. Minha mãe estava fora e era para eu ter ficado até mais tarde no clube de teatro, mas a aula foi cancelada e voltei mais cedo. Minha mãe havia me dado a chave. Meu pai não sabia. Acho que, a essa altura, eles já não conversavam muito. Quando entrei e ouvi meu pai gemendo, pensei que ele tinha se machucado ou algo do tipo e subi as escadas correndo. A porta do quarto estava aberta e eu... — Ela balançou a cabeça. — Não importa. Digamos apenas que eles me viram, então ninguém tinha como fingir nada. Me tranquei em meu quarto e meu pai ficou esmurrando a porta. Não sei o que ele fez com ela. Imagino que tenha ido embora.

— Você reconheceu quem era?

— Vagamente. Eles trabalhavam juntos. Ele me fez prometer que não contaria nada. Ele dizia "você não quer acabar com a nossa família, né?" e "é coisa de gente grande, Frankie, e você nunca entenderia". E ele tinha razão: eu não entendi nada. Quando minha mãe voltou, fiquei trancada no quarto e disse que estava me sentindo mal. O que era verdade.

Matt tomou a mão dela, aquecendo-a entre as suas.

— Você nunca contou para sua mãe?

Ela negou com a cabeça.

— Não. Eu guardei o segredo e ele era tão grande que parecia que outra pessoa tinha se mudado para nossa casa. Ele se sentava à mesa, deitava ao meu lado na cama. Eu não conseguia me livrar.

— Frankie olhou para o oceano de matiz metálico e para os tons escuros das rochas. — Não conseguia me concentrar em nada. Minhas notas despencaram. Alguns professores perguntaram se as coisas iam bem em casa e eu sempre respondia que sim, que tudo estava bem, quando, na verdade, meu mundo estava desmoronando e eu não fazia ideia de como consertá-lo.

— Você não contou para Eva e Paige?

— Não. Elas sabiam que a situação em casa não era das melhores, mas não dei detalhes. Eu não queria que elas carregassem esse fardo e acho também que parte de mim tinha esperanças de que, seu não tocasse no assunto, ele perderia força. Acho que no fundo ainda tentava me iludir de que as coisas voltariam a ser como antes.

— E não voltaram.

— Não. Às vezes me pego pensando no que teria acontecido se eu não tivesse voltado mais cedo para casa. Se o clube de teatro não tivesse sido cancelado, eu teria ficado na escola e nunca teria descoberto. A moça teria ido embora da nossa casa antes que eu chegasse e eu não pegaria os dois no flagra. Eu não teria passado pela situação de não conseguir olhar na cara do meu pai na mesa de jantar. Minha mãe pensava que era mau-humor de adolescente e me mandava para o quarto.

Houve uma pausa e os dedos de Matt seguraram mais firme e forte os de Frankie.

— Você está dizendo que se culpava por tudo?

— No começo não. No começo, fiquei confusa pois achava que meus pais eram felizes. Isso foi o mais assustador. Se eles brigassem ou parecessem infelizes eu não teria me surpreendido, mas eu não via nada de estranho. A situação me fez pensar no que eu não tinha percebido. Ainda penso nisso. Vejo casais e me pergunto o que acontece por trás das aparências. No que eles estão pensando *de verdade*. Será que são felizes *mesmo* ou é tudo mentira? — Frankie olhou para as mãos deles. — Depois que ele foi embora e minha mãe desmoronou, eu me culpei. Tive medo. Ela estava tão mal que eu não sabia o que fazer. Eu só queria que ela voltasse a ser quem era. Eu ficava pensando que caso não o tivesse descoberto com aquela mulher, talvez ele ainda estivesse por perto. Minha mãe, pelo contrário, decidiu provar a si mesma que tinha tudo o que uma mulher mais jovem possuía e minha vida, de assustadora, passou para constrangedora. E o pior é que eu sentia saudade do meu pai. Fiquei furiosa com ele, mas ainda sentia muita saudade. Eu tinha um buraco enorme no peito. Pensei que fôssemos próximos. Não entendia como ele pôde simplesmente fugir de mim.

Matt se levantou e puxou-a de pé, envolvendo-a em um abraço apertado.

— Fico feliz que você tenha me contado tudo.

— Também fico feliz de ter contado. — Ela aspirou o aroma dele, sorvendo sua força. — Pelo menos agora você sabe por que sou essa bagunça. Não quero pensar com quantos homens minha mãe esteve desde então. Ela é como uma borboleta, voando de flor em flor, sugando o melhor de cada um. Você entende agora por que não confio em relacionamentos?

— Entendo, mas, Frankie — ele a soltou e lhe tirou uma mecha de cabelo do rosto —, você já cogitou que seu medo de relacionamentos vem mais do seu pai do que da sua mãe? Ele mentiu, traiu e pediu que você mentisse junto. Ele era a pessoa que você mais admirava e amava, e te decepcionou. Me parece que foi esse relacionamento que te causou mais danos, querida, não sua mãe.

Ela permaneceu em silêncio, absorvendo as palavras dele.

— Mas...

— O que fazer quando a pessoa em que você mais confia e ama no mundo te decepciona?

Frankie encarou Matt.

Será que ele tinha razão?

Por anos ela pensara que seus problemas vinham do estilo de vida que sua mãe escolhera. Da evidência que relacionamentos eram passageiros e não duravam.

Frankie pensou no pai. Ele foi embora sem olhar para trás, sem encontrar impedimentos em suas responsabilidades ou lembranças. Livrara-se delas como uma cobra que abandona a antiga pele, ensinando-lhe que não havia vínculo que não pudesse ser quebrado, nenhuma declaração de amor que não pudesse ser retirada.

— Você está certo. — A voz dela falhou. — Como não percebi isso antes? Quando era menor, sempre fui mais próxima do meu pai. Ele me chamava de "querida", de "minha menininha". Se acontecesse algo na escola, ele era a primeira pessoa para quem eu contava. Ele me ensinou a nadar, me levava para velejar. Era como um deus para mim. No começo, quando tudo aconteceu, eu não quis acreditar. Não sabia o que fazer. Cada novo segredinho que ele pedia que eu guardasse destruía um novo aspecto do nosso relacionamento. Ele me transformou em parte de sua decepção, o que achei difícil de perdoar. Não sabia se deveria contar para minha mãe ou não.

— Você tinha 14 anos. Ninguém nessa idade deveria tomar uma decisão dessas.

— Perdi todo e qualquer respeito por ele... — Frankie fez uma pausa — ...Perdi minha capacidade de confiar.

— É claro que sim. Toda menina deveria ser capaz de confiar no próprio pai. — O tom de Matt era forte. — Você contou à sua mãe? Você contou que sabia?

— Não. Ela ficou acabada depois que meu pai foi embora. Fiquei alguns dias sem ir para a escola, pois tinha medo de deixá-la sozinha. Ela ficava vendo álbuns de fotos e chorando, encarava cada imagem pensando se naquela época ele a tinha amado ou se havia sido tudo uma grande mentira. O fato de ele ter tido um caso com alguém com metade de sua idade quase a destruiu. Eu tinha medo de deixá-la pelas manhãs e tinha medo de voltar para casa depois da escola. Nunca sabia o que ia encontrar. Paige e Eva se revezavam em vir até em casa comigo. Isso continuou por séculos até que, de repente, ela acordou uma manhã e decidiu colocar um basta na situação. Minha mãe cortou o cabelo, perdeu peso, começou a pegar roupas do meu armário... — Frankie balançou a cabeça em desaprovação. — Era mais fácil lidar com a tristeza dela, pois pelo menos eu era a única envolvida. Já essa nova fase de sua vida envolvia toda a comunidade. Ela começou a beber muito e o delegado chegou a levá-la duas vezes até em casa. Eu queria estar morta. E comecei a odiar a ilha. De alguma forma, com o tempo, comecei a associar esse lugar a tudo o que havia acontecido de ruim. Não via a hora de ir para a faculdade.

— E agora, como se sente em relação a este lugar?

Os braços de Matt estavam travados em volta de Frankie como uma barreira de segurança e ela encarou a luz do luar que oscilava sobre o oceano.

O mundo a seu redor parecia diferente.

— Tinha me esquecido de como amava esse lugar. Tem tanta paz. É possível viver aqui e não saber de nada do que se passa no resto do mundo. Além disso, as coisas mudaram por aqui. Naquela época, tudo girava em torno dos meus pais mas, neste fim de semana, tive a sensação de que eu era protagonista. De que nós éramos os protagonistas. E isso me deu uma nova perspectiva sobre o passado.

— Sobre o seu pai, você quer dizer?

— Não só isso. Eu achava que os locais atravessavam a rua para me evitar, mas agora percebo que *eu* atravessava a rua pois tinha vergonha de encará-los — Ela pousou a cabeça sobre o ombro de Matt.— Penso muito nisso. Se na época eu deveria ter contado para minha mãe. Se deveria contar agora. Normalmente acho que não faz sentido, mas esse segredo continua entre nós, como um muro, e não consigo superá-lo. Antes de meu pai ir embora, eu tinha medo e estava confusa e, depois que ele partiu, ela já sabia de tudo e eu temi piorar as coisas. Ela odiava meu pai e tive medo de que me odiasse também, caso soubesse a verdade.

— Ambos eram adultos, Frankie. Você era a criança da história. Você não devia ter carregado o peso de tomar essas decisões.

Ela sentiu os dedos de Matt lhe acariciarem o cabelo.

— Você acha que eu deveria contar a ela?

— Não. Mas fico pensando se não ajudaria você a se sentir melhor.

Ela olhou para ele.

— Seu relacionamento com Caroline não te tirou a capacidade de confiar?

— Não. — Ele acariciou as bochechas de Frankie com os dedos. — Minha confiança ficou abalada por algum tempo, e devo ter me tornado mais cuidadoso por conta disso, mas meus alicerces não foram destruídos como os seus.

Ela envolveu o pescoço de Matt com os braços.

— Você não é tão cuidadoso assim. Está aqui comigo. Com uma Cole. Temos reputação de sermos destruidoras de corações dignas de pouca confiança.

Os olhos dele brilharam na escuridão.

— Já falei que adoro viver perigosamente?

— Já falei que gostaria que você destruísse meus alicerces?

Ele ergueu uma sobrancelha e um sorriso lhe tocou a boca.

— Você está flertando novamente comigo, srta. Cole?

— Devo estar, mas ainda não tenho muita experiência. Estou trabalhando nisso.

— Fico feliz em ajudá-la. — Ele tomou-a no colo e levou-a para dentro da cabana.

Capítulo 15

Quem sonha nem sempre está dormindo.

— Eva

Matt e Frankie passaram o dia seguinte redescobrindo a ilha, tomando sorvete na Concha do Verão e comprando lembrancinhas na Tesouros do Litoral, nova loja de souvenires de Emily. Lisa trabalhava em ritmo acelerado atrás do balcão, mas parou o que estava fazendo para embrulhar cada uma das compras de Frankie com um cuidado meticuloso.

— Normalmente fico na Concha do Verão, mas Emily não esperava ficar grávida quando abriu negócio, então estamos todos ajudando. — Ela mediu o tamanho de uma fita e cortou-a. — Você fez excelentes escolhas. Sorte das suas amigas.

— Os produtos de vocês são lindos. — Frankie olhou em volta da loja, dando atenção a almofadas listradas feitas à mão e vasos cheios de vidro do mar. Muitos itens da loja deixaram-na tentada, mas ela se conteve com uma cesta cheia de conchas que planejava usar em arranjos florais e presentes para as amigas.

Queria comprar algo para Matt, mas ele não a deixara sozinha em momento algum, então era impossível fazer uma surpresa. O fato de ele ser tão protetor não a irritava como a Paige. Frankie se sentia segura e amada.

Amada?

Ela franziu a testa. "Querida" seria uma expressão melhor.

— Emily tem um olho bom e guarda obras de artistas locais sempre que pode. Muito do que você vê aqui foi feito na ilha. — Lisa embrulhou as compras de Frankie cuidadosamente em uma bolsa de linho. — Todo mundo quer levar um pedaço do mar para casa.

Na vitrine a frente dela havia um colar de prata de estrelas do mar entrelaçadas. Era um trabalho raro e complexo.

Lisa sorriu:

— Lindo, né? Foi a Skylar que fez. Quer dar uma olhada? — Ela pegou a chave da vitrine, mas Frankie recuou.

— Não sou muito chegada em joias. Sou jardineira. Passo a maior parte da minha vida apoiada com os cotovelos na terra. Essa é minha realidade.

Independente de quão bonito fosse, não havia lugar em sua vida para um colar de estrelas do mar. Quando Frankie usaria aquilo? Aquilo não era para *ela*, mesmo que, ultimamente, sua definição de si mesma tenha mudado radicalmente.

— A não ser que esteja atolada na lama até o pescoço, ainda poderia usar o colar por dentro da camisa. Seria como vestir uma lingerie sensual. Não é porque não está à vista que você não se sinta bem usando. É um trabalho original. Peça única. Você não vai encontrar outra dessa. — Lisa se virou quando a porta da loja abriu e duas cabecinhas loiras apareceram. — Só um minutinho... esses dois são meus. Eles são a *minha* realidade.

Frankie pestanejou:

— Gêmeos?

— Encrenca em dose dupla. — Lisa deu um sorriso irônico.
— Esses são Summer e Harry. — Ela foi até as crianças e Frankie pegou a bolsa, lançando um último olhar à vitrine.

O colar de estrelas do mar captava a luz e cintilava sobre a caixinha de veludo azul-escuro. Era como se piscasse para Frankie.

Ridícula, pensou ela. Para começo de conversa, ela não tinha dinheiro para comprar e com certeza não *precisava* daquilo. Seria melhor comprar um novo par de luvas de jardinagem para substituir o antigo, todo esburacado. Ou algumas camisetas.

O que acontece em viagens que nos faz partilhar do senso comum?

Ela virou as costas ao colar e saiu da loja.

Matt veio atrás dela em seguida.

— Aquele lugar é perigoso — murmurou ela. — Deveria se chamar Mega Tentação, não Coisas da Costa.

— É bom ceder à tentação de vez em quando. — Ele tomou a mão dela e a conduziu da movimentada rua principal a outra mais tranquila. — Feche os olhos.

— Por quê?

— Tenho uma surpresa para você.

— Eu já vi. Fiquei impressionada. — Ela lhe deu um cutucão com o cotovelo. — Ei, acabei de flertar de novo. Como estou me saindo?

— Muito bem. Mas agora feche os olhos. Por favor.

Ela fechou os olhos e sentiu os dedos de Matt roçarem-lhe a nuca e um peso pouco familiar pousar sobre a pele.

— Você não... — Ela levou os dedos ao pescoço e abriu os olhos. — Você comprou o colar para mim?

— É para ser uma lembrança boa da ilha e de nosso fim de semana.

Era impossível que Frankie se esquecesse daquele fim de semana.

— Não precisava.

— Você não gostou?

— Amei. — Frankie gaguejava. Estava impressionada. — Não é isso.

— O que importa é que você amou. E se te preocupa não ter ocasiões para usá-lo, fique tranquila. Vou levá-la a um lugar em que possa.

Matt fazia Frankie se sentir especial. Ou talvez fosse a forma como olhava para ela. Mas, por debaixo da euforia de estar com ele, algo espreitava. Dúvidas. O que significava isso? O que aconteceria em seguida?

— Não sei o que dizer.

— Diga "obrigada". Só isso.

— Mas...

— Você teme que o presente te comprometa? Acha que estou te dando isso para conseguir algo de você?

— Você pode conseguir o que quiser de graça.

— Droga. Se soubesse disso antes, não teria me preocupado.

A piada de Matt fez Frankie se sentir melhor. Ela ficou na ponta dos pés e lhe deu um beijo.

— Obrigada.

Ela queria ser capaz de desligar o próprio cérebro. Queria conseguir parar de tentar entender o que tudo aquilo queria dizer.

Os dois voltaram caminhando para o porto e quando ficaram cansados de driblar turistas, visitaram a casa em que ela morou. Frankie ficou surpresa de encontrá-la diferente do que se lembrava. As paredes da fachada, pintadas recentemente, brilhavam sob o sol de agosto e um brilhante balanço vermelho dominava orgulhosamente o jardim. Ela recordou todas as vezes que voltara para casa com uma sensação de medo, sem saber com que humor encontraria a mãe, e percebeu que aqueles tempos sombrios coloriram a casa de suas lembranças.

— É estranho estar aqui. Não é como eu me lembrava.

— As coisas raramente são como nos lembramos delas.
Ela se afastou da casa e inalou o ar marinho.
— Chego a me sentir triste de voltar para casa.
— Eu também. — Matt virou o rosto de Frankie para o seu. — A gente pode voltar aqui sempre que quiser.

A gente.

Essas duas palavras fizeram Frankie perder o fôlego.

Ela nunca foi *a gente* na vida. Nem *nós*.

Era estranho e desconhecido, como a pressão leve do colar contra sua pele.

Ver a vida de sua mãe ruir fizera com que Frankie construísse uma vida independente, o que fez em detrimento de seus relacionamentos.

Antes de partirem da ilha, os dois fizeram uma última visita, desta vez à casa dos pais de Matt.

— Eles não vão achar estranho você ter vindo e não ter ficado com eles?

— Meus pais entendem que eu não queira fazer sexo selvagem sob o teto deles. Além disso, eles receberam vários amigos em casa no fim de semana.

— É o que mais lembro de sua casa na infância. Que estava sempre cheia de gente e que sua mãe estava sempre cozinhando.

— Frankie tentou imaginar o que Lillian Walker pensaria do fato de seu filho estar envolvido com uma Cole.

Como sempre, a mãe de Matt foi calorosa e acolhedora. Se adivinhou alguma mudança na relação deles, não comentou nada a respeito.

Eles almoçaram no lindo jardim a comida caseira que Lillian preparou com a facilidade absoluta de alguém que sempre recebe convidados.

— Como foi o casamento?

Eles conversaram sobre o dia, explicaram o incidente das flores e a conversa migrou da habilidade de Frankie com flores para a Gênio Urbano.

— Estou preocupada que sua irmã esteja trabalhando demais. — Lillian lançou um olhar a Matt. — Ela não comentaria nada comigo, é claro. Ela esconde tudo da gente.

— Os negócios estão crescendo rápido e ela tem trabalhado bastante. — Matt não mentiu. — Mas está feliz. E está bem. Jake cuida dela de perto, mas não comenta nada. Ele tenta fazer sem que ela perceba.

— Jake é um bom homem. — Lillian serviu a comida. — Quantas vezes ele não apareceu no hospital quando ela esteve doente... pensei em alugar um leito para ele. — Ela fez uma pausa, pois sua atenção fora captada pelo colar de Frankie. — Que lindo. Lembro de tê-lo visto na Coisas da Costa.

Frankie ficou tensa. O que responderia?

Como evitar perguntas constrangedoras?

— Eu comprei para ela — disse Matt sem qualquer dificuldade. Frankie viu o olhar de Lillian demorar-se no colar e, em seguida, voltar para o filho, registrando a relevância do presente.

— É uma peça linda — disse ela. — A Skylar é uma artista muito talentosa. Comprei para o seu pai uma das fotos dela de presente de aniversário. — O assunto havia mudado de novo num piscar de olhos, o que lembrou Frankie novamente que a mãe de Matt não era nada parecida com a dela.

Lillian Walker respeitava a privacidade do filho e aceitava suas escolhas.

Frankie foi relaxando aos poucos, tranquilizada pela calorosa atmosfera familiar.

— Em outubro, vamos passar três semanas na Europa. — Dessa vez foi o pai de Matt quem falou. — Tenho que ir para a Itália a negócios, então vamos tirar umas feriazinhas.

— Mas voltaremos para o dia de Ação de Graças — acrescentou Lillian rapidamente. — Você sabe que é bem-vindo. Adoraríamos vê-lo.

Matt não hesitou:

— Estarei aqui.

— Frankie, espero que você também venha — disse Lillian em tom informal. — E traga a Eva. Como ela está? Me preocupo com ela.

Eles sempre a faziam se sentir parte da família, pensou Frankie. Em certos aspectos, sentia-se mais em casa na casa de Paige do que na própria. Não surpreendia que Matt não tivesse dificuldades em acreditar no amor. Ele cresceu com o amor bem debaixo de seu nariz.

— Eva tem seus altos e baixos, mas está bem.

— Ela tem sorte de ter você e Paige. — Lillian se levantou e tirou os pratos. — Que horas é o voo de vocês?

— Às quatro.

Michael Walker levantou as sobrancelhas:

— Vocês vão pegar trânsito na volta da cidade.

Ele e Matt discutiram por alguns minutos sobre o melhor caminho e Frankie ajudou Lillian a limpar a mesa.

— É bom vê-la de volta na ilha. — Lillian abriu a máquina de lavar louça e começou a colocar os pratos. — Deve ter sido assustador voltar depois de tantos anos.

Frankie se perguntou como ela sabia disso.

— Foi. Mas, na verdade, a viagem não foi tão ruim quanto eu esperava.

— Acho que é o que mais acontece na vida. Às vezes, porque aumentamos as coisas em nossa cabeça, mas, às vezes, acontece porque subestimamos nossa capacidade. — Ela fechou a máquina e endireitou a postura. — Você é uma mulher forte, Frankie. E é muito importante para o Matt.

Ah, meu Deus. Isso é um aviso?

Estaria ela dizendo "olha lá o que você vai fazer com meu filho"?

Estaria pensando que não queria uma Cole perto de sua família?

— Eu...

— Foi um alívio para nós. Tento não me meter no assunto, mas fiquei preocupada que o que aconteceu com a Caroline o deixasse relutante em se envolver novamente. É bom ver vocês dois tão felizes. Espero de verdade que venham passar o dia de Ação de Graças com a gente. Adoro ter a família inteira por perto. — Lillian deu um abraço caloroso em Frankie e deixou a cozinha para limpar o resto da mesa.

Frankie observou-a pela janela.

Era ela quem tinha problemas, não Matt.

Ela viu o pai de Matt se levantar para ajudar a esposa no que era obviamente uma rotina bem calibrada. Parceiros.

Será que ela passaria menos tempo se preocupando com o que poderia dar errado, pensou Frankie, se tivesse passado mais tempo vendo as coisas darem certo?

Os dois chegaram no Brooklyn quando o sol estava se pondo.

Depois da paz da Ilha de Puffin, Nova York parecia frenética. Normalmente Matt adorava o ritmo e a energia da cidade, mas naquele momento queria estar de novo com Frankie na ilha, afastado do mundo no aconchegante casulo de sua cabana à beira-mar, onde nada podia atrapalhá-los.

Nesses últimos três dias descobrira mais sobre Frankie do que em vinte anos.

Descobrira que ela acorda cedo e gosta de café bem forte. Descobrira que suas inseguranças escondiam profundas paixões selvagens.

E descobrira que ela passara sua vida adulta carregando um segredo. Um segredo que não confiara a ninguém. Até o presente.

A importância disso não se perdera em Matt.

Partilhar tantas coisas aprofundara a intimidade e a ligação entre os dois, mas também lhe mostrara que Frankie confiava nele.

Conforme dirigiam pelas ruas movimentadas, ela foi ficando cada vez mais silenciosa.

Matt olhou rapidamente para ela.

— Você tem notícias da Paige e da Eva?

— Elas têm um chá de bebê hoje à noite, por isso vão chegar tarde. Acho que Paige vai dormir no Jake. — Ela parecia distraída.

Matt tinha certeza que sabia o que se passava na cabeça dela, mas não disse nada. Em vez disso, continuou concentrado no trânsito até finalmente estacionarem em sua rua arborizada do Brooklyn.

Era uma noite quente de verão, úmida e sem brisas, e Frankie afastou o cabelo do rosto.

— Sinto falta da brisa marinha.

— Eu também. — Ele tirou as malas do carro e Frankie pegou as dela.

— Obrigada, Matt. Me diverti bastante.

— Eu também me diverti bastante.

Do lado de fora do apartamento, com as chaves na mão, Frankie parou e colocou a mala no chão.

Em vez de abrir a porta, ela se voltou para Matt.

— Na minha casa ou na sua?

Ele não tinha intenções de convidá-la para dormir em sua casa, pois estava escolhendo o momento cuidadosamente. O fato de ela ter tomado a decisão sozinha deixou Matt eufórico.

— Você está querendo me seduzir?

— Seduzir, não sei. Estou querendo fazer coisas ruins com você. Isso conta?

— Depende. — Ele se aproximou dela, aprisionando-a entre seu corpo e a porta. — Ruins como?

— Você vai descobrir. — Havia um brilho malicioso no olhar dela que Matt não conhecia.

— Agora, com certeza, você está flertando.

— Como estou me saindo?

— Está se saindo bem. — Mais do que bem. Matt estava tão excitado que parecia prestes a explodir. Ele recuou um passo e pegou a mala dela. — Na minha casa. Assim podemos tomar um drinque no terraço e conversar.

— Você quer conversar?

— Estou tentando mostrar que não estou interessado apenas no seu corpo.

— E se eu estiver apenas interessada no seu? Seria um problema?

De alguma forma os dois conseguiram subir as escadas. Foi só Matt fechar a porta para começar a arrancar as roupas de Frankie.

— Você virou uma maníaca sexual, sabia?

— Tenho vários anos para compensar. Mas devo ressaltar que quem está arrancando minhas roupas é você.

— Eu sei. — Ele gemeu e lhe tirou o jeans das pernas. — Alguma chance de você usar um vestido sem calcinha?

— Vou pensar no assunto. — Sem ar, envolvendo a cabeça de Matt com a mão, ela trouxe a boca dele à sua.

Ele beijou e ergueu Frankie ao mesmo tempo, sentindo-a gemer contra seus lábios quando suas costas tocaram a superfície fria da porta.

— Matt... — Ela soou delicada, tentadora e inacreditavelmente sensual e Matt nunca experimentara sentimentos tão intensos.

Com as mãos firmes no quadril dela e boca na boca, Matt a penetrou. Ele ouviu seu gemido suave e sentiu seus dedos apertarem-lhe o ombro conforme Frankie ajustava o ângulo de seu corpo de modo a sentir cada penetração. Mas, naquela posição, ela era impotente. Ele a controlava, o que era insanamente erótico. O calor aveludado e escorregadio de Frankie envolvia toda a extensão de Matt. E então ele sentiu os primeiros estremecimentos do orgasmo dela, cada movimento íntimo de seus corpos se conectaram.

A pegada dela em seus ombros se estreitou e ele sentiu sua visão escurecer conforme a intensidade do orgasmo dela também o levava ao clímax.

Demorou algum tempo até os dois se recuperarem, e foi mais tarde, muito mais tarde — depois de tomarem uma ducha juntos e trocarem mais beijos sob o jato frio de água —, que subiram ao terraço para tomarem suas bebidas.

Esparramados nas almofadas fofas, eles admiraram o céu noturno de Manhattan.

Matt pegou as cervejas que trouxe do andar de baixo.

— A nós. — Ele usou essa palavra intencionalmente e viu o olhar de Frankie buscar o seu. Ficou pensando se ela o contestaria, mas Frankie não o fez.

— A nós. — Havia apenas uma breve hesitação na voz dela. Matt puxou-a contra si e os dois se deitaram juntos para admirar ass luzes cintilantes dos prédios ao redor.

— Eu amo Nova York.

— Eu também. Mas, nesse fim de semana, vi um lado diferente da Ilha de Puffin. E tinha me esquecido de como seus pais são queridos.

— Paige e eu temos sorte. Quando eu era criança, metade dos meus amigos criavam pretextos para vagar pela cozinha de casa só para conversar com minha mãe. Ela é sábia.

Frankie ficou em silêncio:

— Matt, aquilo que te contei...

— Não precisa se preocupar. Tudo o que acontece entre nós fica entre nós.

— Eu sei. E confio em você. — A tensão dela se dissipou contra o corpo de Matt. — É a primeira vez na vida que alguém sabe tudo de mim. É a primeira vez que fui eu mesma com alguém.

— E qual é a sensação?

— É boa. No final, gosto do fato de você me conhecer. Assim posso relaxar. E também te conheço. — Ela virou a cabeça para vê-lo. — A não ser que você esconda algum segredo que não queira compartilhar comigo.

Matt não respondeu.

Ele tinha, de fato, um segredo. Ele tinha um baita de um segredo, mas não estava pronto para confiá-lo. Ainda era muito, muito cedo. Temia que, dando indicações do que sentia de verdade, poderia afastá-la.

E não tinha como correr esse risco.

— Não tenho nada que precise compartilhar.

Capítulo 16

Tudo o que você precisa é de amor. E chocolate.

— Eva

Na segunda, Frankie estava de volta ao escritório da Gênio Urbano. Quando começaram os negócios e perceberam que seria impossível trabalhar na cozinha de casa, então Jake ofereceu a elas um espaço no incrível prédio de vidro que abrigava sua empresa. Até o momento ninguém tinha visto motivos para mudar esse arranjo.

— Conta tudo. — Eva se plantou na frente da mesa de Frankie.

— Tudo? — Frankie deslizou o celular para dentro da gaveta para esconder a mensagem que acabara de receber de Matt. — Não sou do tipo de gente que sai contando tudo por aí para as pessoas.

Mas tinha contado tudo a Matt, não é mesmo? E se sentia mais leve por isso, como se alguém lhe tivesse tirado um peso enorme do peito.

— Não sou as *pessoas*. — Eva pareceu afrontada. — Sou sua melhor amiga. Estive ao seu lado na alegria e na tristeza.

— Ela vai explodir se você não contar nada. — Com os dedos voando sobre o teclado enquanto escrevia um e-mail, Paige não levantou os olhos do computador. — Dê alguma migalha para acalmá-la e assim podemos terminar essa montanha de trabalho.

— Você me faz parecer um filhotinho que precisa de um osso. — Eva se sentou na beirada da mesa de Frankie e derrubou alguns papeis. Era evidente que não tinha intenções de sair dali até ter as respostas que queria.

— Você está mais para destruidora do que para filhotinho. — Frankie se inclinou para pegar os papeis.

— Preciso de um pouco de romance na minha vida. Eu *mereço* um romance. Se não posso viver um em primeira mão, então vou curtir o seu. *Por favor!*

Frankie colocou os papeis no outro lado da mesa, bem longe de Eva.

— O que faz você pensar que houve romance?

— Você me mandou uma mensagem.

— Cuidado! — Sem levantar o olhar, Paige ergueu uma mão. — Vocês estão falando do meu irmão. Não quero detalhes.

— Com toda certeza, *eu* quero detalhes. — Eva resgatou uma revista que estava prestes a cair no chão. — Onde vocês ficaram?

— No Ninho da Gaivota.

— Conheço! É de frente para o mar, mais para cima do Arraial de Puffin. Um lugar paradisíaco.

— Como você conhece?

— Sou viciada em ver fotos de lugares que nunca conseguiria pagar para ficar. Vi uma foto no Instagram, de alguém que foi lá para a lua de mel. É rústico. Parece romântico. — Eva mexeu as sobrancelhas maliciosamente e Frankie suspirou.

— Foi por isso que você me pediu para chegar na hora hoje? É uma inquisição? — Mas Frankie estava contente por ver Eva mais feliz. Ela não estava mais com aquele aspecto tacanho e cansado de quem está chorando muito e dormindo pouco. — Você disse que tinha algo de urgente para discutir.

— Temos. — Paige terminou de digitar um e-mail e olhou por sobre o computador. Ela parecia cansada e distraída. — Um novo negócio. Um jantar de ensaio.

— Outro casamento?

— Não vamos fazer o casamento. Só o jantar. E sei que você já deve ter superado sua cota de casamentos para o ano inteiro, mas dessa vez precisará fazer as flores.

— Quem é o cliente? A Brotos e Flores poderia...

— Não. Precisamos da melhor e você é a melhor. A cliente é Mariella Thorpe.

Com um suspiro, Eva saiu de cima da mesa de Frankie.

— *Sério?*

— A editora da *Empoderada*? — Frankie sentiu um lampejo de surpresa, seguido por um clarão de satisfação. Elas construíram seu negócio do nada e haviam se tornado bem-sucedidas. As pessoas procuravam por elas. Pessoas importantes, com dinheiro. — Ela é uma das maiores clientes da Estrela Eventos.

— Ela *era* uma das maiores clientes deles. Não é mais. Está procurando gerentes de eventos e serviços de concierge e entrou em contato com a gente.

— Isso pode ser colossal. — Eva deu uma pirueta e um dos funcionários de Jake que por acaso passava pelo corredor quase deu de cara com a porta de vidro que separava o escritório delas do resto. — Desde que a gente não faça besteira.

— Vai ser colossal — disse Paige com firmeza. — E ninguém aqui vai fazer besteira. Como a *Empoderada* é uma das revistas femininas que mais cresce no país, precisamos impressioná-la. Ela está pensando em fazer uma matéria sobre a gente quando voltar da lua de mel. Enquanto isso, preciso da Frankie cuidando das flores para esse jantar de ensaio. A equipe da Brotos e Flores é ótima, mas não tem o toque especial da Frankie.

— Flores da Frankie — disse Eva e Paige a encarou.

— Adorei. — Ela escreveu uma nota. — Vou achar um jeito de usar isso. Enquanto isso, precisamos dar a Mariella algo que ninguém mais pode dar. Você dá conta disso? Sei que Matt tem te deixado ocupada.

— E queremos saber exatamente o quanto. — Eva sentou-se novamente na mesa de Frankie e a amiga lhe deu um empurrão.

— Sente-se em sua própria mesa. Você está bagunçando minha papelada.

— Não entendo como você trabalha com tanto papel.

— Gosto de ver as coisas espalhadas na minha frente. Não entendo como você pode ser tão sonhadora. Somos diferentes.

Ignorando ambas, Paige se levantou e caminhou até a máquina de café.

— Não temos muito tempo para organizar tudo. O jantar de ensaio será na última semana de setembro. Vamos nos encontrar com ela no final dessa semana. Você pode vir ou está comprometida com o Matt?

Frankie sentiu o coração pular, mas depois percebeu que Paige estava perguntando sobre seu volume de trabalho, não sobre seu relacionamento.

— Posso ir sim. Vou conversar com o Matt e dar um jeito.

— E agora que resolvemos o trabalho, conte-nos sobre o fim de semana. — Eva se recusou a sair da mesa de Frankie. — Conte pelo menos sobre o casamento. Foi muito estressante para você? — A bondade no tom de voz de Eva derreteu a resolução de Frankie de não entrar em detalhes.

Não havia ninguém no mundo com um coração maior do que o de Eva.

— Pensei que seria estressante. — Frankie recordou ter colhido as flores do jardim de Brittany e de ter criado buquês na mesa da cozinha. — Mas no final das contas foi divertido.

— Divertido? Você acabou de dizer que um casamento foi divertido?

— As pessoas foram acolhedoras e eu não esperava por isso. Elas me trataram como uma pessoa independente, não como uma extensão de minha mãe. O casamento em si foi lindo. Gostei da informalidade. Havia cachorros correndo e crianças brincando...

— E duas pessoas apaixonadas. — O que importava eram as pessoas, não o evento. Eles deixaram a coisa pessoal, íntima, era algo para eles.

— E o resto? — Eva tinha a expressão melancólica. — Você e Matt? Como não vi isso séculos atrás? Acho que porque estava bem debaixo de meu nariz às vezes temos dificuldade de enxergar coisas tão óbvias.

— Ver o quê?

— Vocês dois. O quanto são perfeitos um para o outro. Quer dizer, você precisa de alguém em quem possa confiar plenamente e Matt é o máximo da força, da nobreza protetora...

— Esse lado dele me deixa louca — murmurou Paige e Eva franziu a testa para ela.

— É porque ele é seu irmão. Você gosta do fato de Jake ser protetor.

Paige refletiu sobre e negou com a cabeça:

— Não, isso também me deixa louca. Não lido bem com ser embrulhada em plástico bolha. Me dá vontade de gritar. Grata pela proteção, mas quero ser livre para fazer minhas próprias escolhas.

— Não tem nada a ver com alguém escolher as coisas para você — disse Eva baixinho. — Trata-se de ter alguém que se preocupe com o que acontece com você. Você não faz ideia de como é incrível ter alguém que se importe.

— Faço ideia, sim. Desculpa se soei ingrata. — Paige fechou o laptop. — Você tem razão, adoro o fato de Jake se preocupar comigo. E amo o fato de Matt se preocupar também. Mas Eva, eles também cuidam de você. Todos nós nos preocupamos com você. Muito.

— Eu sei. — Eva exibia um sorriso brilhante. — E também tem o fato de o Matt ser incrivelmente *gostoso*...

Paige retornou a atenção ao computador.

— Nada de detalhes de corpo, por favor.

Eva desceu da mesa.

— Detalhes românticos seriam bem-vindos. Espero por isso há tanto tempo — Ela se inclinou para frente e deu um abraço apertado em Frankie. — Eu sabia que um dia você se apaixonaria. Eu *sabia*.

Se *apaixonar*?

Frankie encarou a amiga.

— Não estou apaixonada. Isso é loucura. — Um pânico se desdobrou dentro dela. — Não sei nem qual é a sensação disso.

Eva suspirou.

— A sensação é de que sua vida foi coberta por pó mágico de fada.

Paige ergueu o olhar e balançou a cabeça.

— Senta essa bunda e volta a trabalhar, Cinderela.

Frankie não sorriu.

Paixão? Amor?

— Não faço ideia do que você está falando. Meu apartamento está cheio de pó, mas não acho que alguma fada o colocou ali.

— Só estou dizendo que, quando você se apaixona, algo mágico é acrescentado à sua vida.

— Como é que você sabe? — Frankie sentiu uma pontada de irritação. — Você nunca se apaixonou.

— E é justamente por isso que eu sei — disse Eva em tom triste. — Ainda não senti essa mágica. Estou esperando e torcendo. Deixei cair um pacote ontem na rua para ver se algum estranho bonitão se agacharia para pegar para mim, mas todos continuaram andando. Se eu estivesse deitada na lama, eles teriam me usado de ponte. É um mundo triste.

— Verdade, é um mundo com bem pouco pó de fada — disse Paige. — Infelizmente tem um monte de pó normal e sujo que nenhuma de nós teve tempo de limpar desde que começamos nossa empresa. Aliás, falando em negócios, podemos voltar ao trabalho e nos concentrar em como impressionar Mariella?

—⟀—

— Você está com tudo. — Jake observou Matt vencer uma partida de bilhar alguns dias depois. — A coisa está ficando feia para a gente, Chase.

— A coisa ficou feia no momento que entrei pela porta. — Chase abriu outra garrafa de cerveja. — Perco mais dinheiro com vocês do que com impostos.

— Não jogo pelo dinheiro. — Matt encaçapou outra bola. — Faço isso para o ego do Jake parar de crescer até proporções surreais.

Passar algum tempo com os amigos costumava aliviar a tensão da semana, mas não estava funcionando naquela noite.

Nada estava funcionando. Nem as provocações amigáveis de Jake.

— O meu ego ameaça sua masculinidade?

— Minha masculinidade vai bem, obrigado. — Matt preparou a próxima tacada e seu amigo lhe lançou um olhar especulativo.

— Como foi seu fim de semana com a Frankie?

Matt perdeu a concentração e a bola saiu voando pelos ares. Jake pegou-a com uma das mãos.

— Talvez seja melhor colocar um pouco menos de efeito nessa — disse em tom amigo. — Acho que temos uma infração.

Matt se endireitou.

— Você está falando sério em infrações?

Chase suspirou.

— Se quiser viver, Jake, sugiro que se concentre no jogo e deixe essa conversa para lá.

— Gosto de viver perigosamente. — Rindo, Jake pegou o taco. — Pelo visto o fim de semana foi bom. Ficaram só jardinando e colhendo amostras de solo ou você colheu amostras de outra coisa?

— Não vou responder. Talvez seja melhor você ouvir o Chase. Ele te deu um bom conselho.

— Você acabou de responder a minha pergunta. — Jake se inclinou com o taco e se concentrou.

Matt franziu a testa.

— Não, não respondi.

— Sr. Bom Moço. — Jake fez uma pausa e deu a tacada. — Se algo tivesse rolado, você protegeria Frankie a qualquer custo.

— Talvez nada tenha rolado.

— Talvez, mas então eu teria que encontrar outra explicação para esse sorriso na sua cara e seus lapsos de concentração e, no momento, não vejo.

— Tive um ótimo fim de semana visitando amigos e familiares.

Jake se endireitou.

— Te conheço há mais de uma década. Conheço seu aspecto depois de passar um ótimo fim de semana com a família. E não é esse.

Chase balançou a cabeça.

— Que tal aliviarmos um pouco a tensão? Não vim aqui para isso. Para isso eu tenho o trabalho.

— Não é tensão, é amizade. — Jake parou de falar por tempo o bastante para vencer o jogo. — E meu trabalho não tem nada de tenso. O seu também não deveria, dado que você é dono da própria empresa.

— Tente administrar um negócio fundado por seu pai. Você não tem regras internas?

— Só as minhas. Você precisa otimizar sua empresa, Chase.

— Delegar funções dá certo para mim.

— Então é sério? — Jake olhou para Matt, mas agora seu tom bem-humorado se dissipara.

Sério o quê? Para ele, sim. Para Frankie...

Talvez. Possivelmente. *Assim esperava.*

Matt sentiu o coração dar um pulo.

Mas não sabia ao certo. Ela passou todas as noites na casa dele desde que voltaram, passando no apartamento dela só para pegar roupas limpas. Mas quando Matt sugeriu que fizesse uma malinha e subisse algumas coisas, ela resistiu. Aparentemente, ela até poderia passar a noite com ele, mas deixar suas roupas, não. Isso mostrou a Matt que ela claramente não estava pronta para pensar sobre o relacionamento.

Ele não discutiu o assunto. Disse a si mesmo que era importante lhe dar tempo e espaço até que se adaptasse ao nível de intimidade entre os dois. Disse a si mesmo que, se fosse paciente, ela perceberia que não precisa de um lugar para onde fugir, pois nada a mantinha presa.

Matt disse tudo a si mesmo, mas havia ainda um fato importante que não era capaz de esquecer completamente.

Frankie nunca teve um relacionamento de que não tivesse fugido.

Matt arriscava tudo na esperança de que os sentimentos dela fossem maiores que os medos.

Para ele o risco valia a pena, sem dúvidas. Mas será que Frankie achava a mesma coisa?

Era essa a grande questão.

Ignorando a onda de inquietação, ele olhou para Chase.

— É sua vez. Faça o favor de ganhar.

Capítulo 17

Antes de entregar seu coração, pegue um recibo.

— Frankie

O CALOR SUFOCANTE DE AGOSTO deu espaço ao calor suave de setembro. O congestionamento de turistas diminuiu e os moradores foram gradualmente reivindicando de volta a cidade.

A semana de moda de Nova York veio e passou e, entre demandas de trabalho, Frankie e Matt exploraram a cidade que chamavam de lar.

Comeram cachorros-quentes enquanto assistiam a um jogo de beisebol e se esparramaram na grama do Bryant Park para ouvir concertos de música clássica. Caminharam pela High Line, o parque elevado construído em uma linha de trem desativada, falaram sobre as plantas do local e de como poderiam aplicar algumas daquelas ideias ao próprio trabalho. Roxy e Mia vinham passear com eles de vez em quando, e Frankie pôde descobrir nessas caminhadas como Roxy era inteligente. Ela se interessava em saber o nome de cada planta e não apenas o nome convencional, mas em latim também. E bastava dizer uma vez. Ela empurrava Mia no carrinho, murmurando algo sobre a *Acer triflorum* ou a *Lespedeza thunbergii*.

Juntaram-se aos amigos para comer pizza no Romano's e fizeram noites de filmes no terraço do Matt; mas os momentos que

Frankie mais gostou foram os que passaram sozinhos. O lugar predileto deles era o Central Park e os dois exploraram cada canto recôndito, sorvendo os últimos raios do sol do verão direto da Summit Rock, o ponto mais alto do parque.

O trabalho do terraço estava chegando ao fim e Matt apressou a equipe de modo a garantir que tudo ficasse pronto antes que o verão voasse para o sul junto com os pássaros.

Trabalhar naquele lugar dava calor, fazia suar, mas Frankie descobriu que não havia nada que gostasse mais do que sentir calor e suar com Matt. Deitados nus sobre os lençóis, ou vestidos no terraço, estar perto dele a excitava. Ela se viu roubando olhares dele quando sabia que ninguém estava observando e ele fazia o mesmo.

Diferente dela, Matt não se sentia constrangido em ser pego no flagra.

Pelo contrário, ele lhe ofertava um sorriso sedutor carregado de promessas do que fariam mais tarde.

Mesmo sendo responsável pelas plantas, Frankie entendeu rapidamente que em uma equipe pequena como a de Matt, todos deviam estar prontos para arregaçar as mangas e botar a mão na massa, o que ela fazia de bom grado. Todos seguiam a rotina de trabalho até uma manhã em que Roxy não apareceu.

Estavam todos no ateliê se preparando para carregar os bancos para o terraço junto com alguns vasos feitos sob medida e precisavam de todas as mãos disponíveis.

Frankie estava inquieta, pensando na conversa que tivera com Matt pela manhã. Era uma conversa que tinham tido poucas vezes. Ele havia sugerido que ela levasse parte de suas coisas para o apartamento dele, mas ela disse que não. Matt não a pressionara, mas Frankie sabia que o machucou ao recusar, como se rejeitar a mudança fosse igual a rejeitá-lo.

Que importava se ela mantivesse parte de suas roupas no andar de baixo?

Por que, além de si mesma, precisava mudar tudo o que tinha?

Culpa e irritação se misturavam junto com a suspeita desconfortável de que era covarde.

Ela odiava esse sentimento, mas, acima de tudo, detestava machucar Matt.

Frankie ergueu os vasos, pronta para transportá-los até o local do trabalho. Então foi ajudar James, que estava numa batalha sem a ajuda de Roxy.

— Você tentou o celular dela? — perguntou Matt a James, que arrastava um banco.

— Quatro vezes e nada.

— Ela não é de sumir assim. Se não tivermos notícias dela até o almoço, eu vou até lá.

Frankie secou a testa com a palma da mão e se sentiu mal por Roxy.

— Você vai dar um aviso de demissão?

— Aviso? — Matt olhou vagamente para ela. — Vou até lá para ver se está tudo bem. Ela é mãe solteira de uma filha pequena e não tem nenhuma ajuda. Ela tem feito um malabarismo e tanto para sobreviver.

Sentindo-se tola, Frankie afastou uma mecha de cabelo do rosto. Ela conhecia Matt melhor do que isso.

— Acho que, depois de ter sido demitida no começo do ano, ainda estou sensível demais com coisas de trabalho.

— Acontece que você está mil vezes melhor do que se tivesse ficado lá. Jake me disse que a Estrela Eventos anda mal das pernas.

— Eles estão perdendo clientes importantes... — Frankie parou de falar assim que viu Roxy aparecer na porta do ateliê. Seu lampejo de alívio durou até ver que Roxy vinha carregando a filha toda inquieta no colo e uma mala enorme nos ombros.

Matt colocou as ferramentas sobre uma mesa e caminhou em sua direção. Ele segurou a mala antes que essa caísse no chão.

— O que aconteceu?

— Nada. Está tudo ótimo, chefe. — Era evidente pelo tom de voz exageradamente positivo de Roxy que as coisas não iam nada bem. — Tivemos uma manhã e tanto, não é, Mia? Brincamos e nos divertimos.

— O que aconteceu com seu rosto. — Matt levantou a mão e afastou delicadamente o cabelo de Roxy, examinando a ferida viva em sua têmpora.

Roxy desviou o rosto.

— Não é nada.

— Mamãe machucou — disse Mia solenemente, e Roxy deu um sorriso que, suspeitou Frankie, foi escavado de algum lugar bem profundo.

— A mamãe está bem, querida. Sou estabanada, é só isso. Eu estava andando e ops!... caí que nem você cai de vez em quando...

— Homem malvado — disse Mia enfaticamente. — Homem malvado gritando. — Ela cobriu as orelhas e balançou a cabeça, fazendo seus cachinhos loiros voarem sobre o rosto.

Frankie viu os olhos de Roxy se encherem de lágrimas. Era claro que Matt viu a mesma coisa, pois se aproximou imediatamente para pegar a criança nos braços.

— Quer ver uma coisa especial, Mia?

— Fadas? — Mia parecia cheia de esperança, mas Matt negou com a cabeça.

— Melhor do que fadas. Borboletas.

Mia encarou a boca de Matt e tentou copiar o som:

— "Leta".

— Borboletas — repetiu Matt. — Vai com o tio James. Ele vai te mostrar.

Mia ficou radiante com a ideia de brincar com James.

— Brincar de cavalinho?

— Aqui não. — James pegou a criança amavelmente dos braços de Matt. — O cavalinho não quer enfiar o joelho em uma serra elétrica. O cavalinho nunca mais andaria. Vamos ver as borboletas.

— "Leta". — Mia segurou um naco do cabelo de James e os dois foram caminhando para fora do alcance de audição.

— Obrigada. — Roxy assoou forte o nariz. — Não queria que ela me visse triste. Sei que é pedir muito, mas queria saber se eu poderia tirar o resto do dia de folga. Preciso resolver umas coisas. Não precisa me pagar nem nada.

Matt não respondeu. E vez disso, deu outra olhada na cabeça dela.

— Frankie, tem um kit de primeiros-socorros na gaveta do meu escritório. Você ficou inconsciente, Roxy?

— Não! De jeito nenhum que eu ia desmaiar e deixar minha bebê sozinha com... — Ela parou e balançou a cabeça. — Estou bem.

Frankie foi correndo ao escritório e voltou com o kit. Ela abriu a maleta e encontrou lenços com álcool e curativos esterilizados.

— Lavei minhas mãos, deixa que eu faço. — Ela começou a limpar a cabeça de Roxy enquanto Matt a sondava com perguntas.

— Dor de cabeça? Náusea? — Ele viu Frankie aplicar um curativo e fechar o kit.

— Você está preocupado que eu tenha tido danos cerebrais, mas minha mãe sempre me disse que eu não tinha cérebro para danificar. — Sua tentativa de piada terminou em um som entre risada e soluço, e Matt envolveu-a com o braço e a puxou para si em um abraço fraternal.

— Está tudo bem. Você está segura agora.

— Não preciso de ajuda. Dou conta da situação. — Uma única lágrima escorreu pela bochecha de Roxy, ao que ela emitiu um som furioso e tirou-a com o punho. — Está empoeirado aqui. Precisamos limpar esse lugar.

Frankie pôde ver que ela tremia.

— Roxy...

— Não quero tapinhas nas costas. Não quero que minha filha me veja chorar. — Mais lágrimas se acumularam em seus olhos e Roxy deu piscadelas rápidas. — Diga algo irritante. Me tire do sério.

— Sem problemas. Tirar as pessoas do sério é meu dom especial. — Frankie mudou de posição de modo a bloquear a visão da criança. Sentiu vontade de abraçar Roxy também, o que a surpreendeu, pois suas emoções normalmente faziam-na fugir. Estar com Matt talvez a tenha mudado de mais formas do que imaginava. — O que aconteceu? O que podemos fazer por você?

— Me envolvi com o cara errado, foi isso o que aconteceu. Não sei como, mas ele me achou. Se gastasse metade dessa energia procurando um emprego, talvez não fosse o perdedor que é. — Roxy fungou e pareceu enojada. — Não vou voltar para casa. Peguei o que deu, mas devo ter deixado muita coisa para trás.

— Por que você teve que pegar suas coisas, Rox? — A voz de Matt soou delicada. — Eddy fez isso? Ele te bateu?

— Mais ou menos.

Um músculo mudou de posição na bochecha de Matt:

— Ninguém bate *mais ou menos* em alguém, Rox.

— Ele me empurrou forte e eu bati contra a parede.

— Você ligou para a polícia?

— Não. Ele teria ficado louco e já estava suficientemente fora de si. Falei para ele sumir e ele sumiu. Não acho que ele vá voltar, mas não quero correr o risco. É por isso que preciso de uma folga.

Preciso encontrar um lugar seguro para eu e a Mia ficarmos até eu ajeitar as coisas. Tem uma mãe na creche que talvez me receba por alguns dias.

Verificando constantemente como estava a menina, Frankie olhou novamente para a Mia, mas, inconsciente do drama que se desenrolava por perto, a criança segurava firme o cabelo de James enquanto os dois observavam as "letas".

— Você precisa de ajuda, Roxy.

— Quem vai me ajudar? Eddy não é do tipo que cumpre as próprias obrigações. E mesmo que ele quisesse tentar de novo, eu não o deixaria entrar em casa. Prometi a mim mesma que nunca mais na vida ficaria com um homem de quem tenho medo. Não quero que Mia cresça pensando que isso é normal. Sou eu que devo ajudar a mim mesma. E tudo bem. Tudo ótimo. — Apesar do calor, os dentes de Roxy estavam batendo e Matt apertou o abraço mais forte.

— Eu não estava falando de Eddy.

— De quem estava falando então? — Arregalando os olhos ao ver a expressão de Matt, Roxy fungou e se afastou. — Você? Você já fez muito por mim e a Mia não é nem sua filha. Você me deu esse emprego e sua irmã me ajudou a achar uma creche.

— Você pode ficar lá em casa.

— Ei, esperei um ano por um convite desses... — com brilho nos olhos, Roxy deu um soco de brincadeira no braço de Matt — ...e você o faz agora que meu rosto está parecendo um arco-íris.

— Estou falando sério, Roxy.

— Eu também. É gentil de sua parte, Matt, mas não posso ficar no seu prédio chique no Brooklyn. Não sou esse tipo de garota.

— Você é uma pessoa legal, bondosa e cuidadosa que precisa de um tempo para si mesma — disse Matt. — Por isso, pelo bem da Mia, você vai ignorar seu orgulho e dizer "sim, Matt".

Lutando para não chorar, Roxy encarou um ponto no centro do peitoral de Matt.

— Você tem sua própria vida. Não vou ser um peso para ninguém. Além disso, sua gata tentaria matar a Mia.

— Você pode ficar lá em casa. — Frankie não se deu conta de que diria essas palavras até que lhe saíssem da boca. — É seguro e tem um andar só, diferente do apartamento de Matt. Você não vai ter muito o que adaptar para uma criança.

Frankie sentiu o olhar de Matt sobre ela e sabia que ele estava surpreso com a oferta.

Meu Deus do céu, o que ela acabou de fazer? Ela cedeu seu amado apartamento. Sua segurança. Sua independência. Apesar das sugestões de Matt, uma escova de dentes foi tudo o que deixou na casa dele. Seria um passo e tanto.

Tomada de nervosismo, Frankie tentou ignorar o que sentia.

É claro que não estava abdicando de sua independência. Além disso, já vinha dormindo todas as noites na cama de Matt. Era ridículo pensar que manter um par de roupas na casa dele de alguma forma mudaria as coisas.

— É muito gentil de sua parte — disse Roxy —, mas precisamos de bastante espaço. Nossas coisas vão se espalhando para tudo quanto é lado. Você disse que tem apenas um quarto.

Frankie sentiu seu rosto ficar quente.

— Não estou usando o apartamento no momento. — Roxy pareceu intrigada e olhou para Matt. Em seguida, um sorriso se espalhou por seu rosto.

— Ah sim, pelo menos uma boa notícia. *Finalmente.*

O que ela queria dizer com *finalmente*?

Frankie abriu a boca para perguntar, mas Roxy estava olhando nervosamente para Matt.

— Antes que eu responda que sim, é melhor você dizer quanto vai ser o aluguel.

Matt deu um preço equivalente ao aluguel de um porão sem janelas no pior bairro de Nova York.

Frankie sentiu um nó na garganta.

Droga, ela estava ficando mole como geleia.

— Podemos ir ao seu apartamento agora para pegar o resto das coisas — disse Matt. — Ou você pode me dar as chaves, uma lista e eu faço tudo sozinho.

— Você é o proprietário da minha nova casa ou meu guarda-costas?

Uma ponta de humor iluminou os olhos de Matt:

— O que você precisar até se reerguer.

Ele não hesitou em ajudar, pensou Frankie, engolindo seco. Matt não pensou em seu conforto ou conveniência. Não colocou os negócios em primeiro lugar ou tentou se proteger.

Ele focou em ajudar Roxy, uma moça vulnerável que não tinha mais ninguém no mundo.

Aquele homem era um em um milhão.

Então por que sentia tanto medo por ter oferecido seu apartamento?

Qual era o *problema* dela?

Algo se apertou no peito de Frankie.

Em dúvida, Roxy passou a mão pela bochecha.

— É um aluguel muito baixo. Não quero favores.

Frankie sentiu uma dor no coração. Se alguém precisava de favores era essa garota. Mas sendo alguém que transformara a própria independência em uma forma de arte, Frankie entendia e simpatizava com Roxy.

— O apartamento se encontra vazio no momento — Matt disse. — Mas não posso alugar para ninguém pois é a casa da Frankie e todas as coisas dela estão lá. Faz sentido ocupá-lo, mas eu não confiaria em muitas pessoas para tanto. — Com essas simples palavras Matt jogou um balde de água fria sobre as chamas oscilantes do nervosismo de Frankie.

Ele entendia. Entendia como ela se sentia.

Frankie sentiu um lampejo quente de gratidão e todas suas preocupações foram varridas para longe.

Tudo estava bem. Tudo ficaria bem.

— Me pareceria errado — murmurou Roxy e Frankie entrou na conversa.

— Todos temos momentos difíceis na vida, Roxy. Quando isso acontece, é ok pedirmos ajuda para nossos amigos. Veja desta forma... um dia você poderá fazer o mesmo por alguém que precise.

— Vou pagar a dívida mais para frente, é isso? — Roxy fungou e roeu a borda de uma das unhas. — Acho que faz sentido. Você tem razão, preciso pensar na minha filha. A segurança dela vem antes do meu orgulho.

James voltou e devolveu Mia, que não parava quieta:

— Você é uma boa mãe, Rox.

Era exatamente a coisa certa a dizer e Frankie viu as bochechas de Roxy corarem.

— Não venham com sentimentalismo para cima de mim. — Ela estufou o peito e levantou o queixo. — Tudo bem. Se você tem certeza disso. Seja com for, não tenho muitos pertences.

— Posso tirar um pouco das minhas coisas. — Fazia todo sentido.

Roxy precisava de um lugar seguro para ficar e Frankie não estava usando muito o apartamento.

Nas últimas três semanas só tinha voltado para regar as plantas e pegar roupas limpas.

Matt estendeu a mão a Roxy.

— Me dê as chaves do seu apartamento e uma lista do que precisa. Vou buscar para você não ter que voltar lá.

— Eu vou com você. — Mas Roxy parecia exausta e o machucado na cabeça estava ficando com um tom de azul bem feio.

— Eu vou com Matt — sugeriu Frankie. — Você e Mia podem ficar aqui com o James.

Limpar o minúsculo apartamento de Roxy levou menos de uma hora. No caminho de volta, Matt parou no mercado para comprar algumas coisas que ela pudesse precisar. Fazer algo prático ajudava a aplacar a raiva que fervilhava dentro dele.

Frankie lançou-lhe um olhar questionador enquanto enchia um carrinho de comida.

— Você está bem?

— É claro. Por que não estaria?

— Você ficou preocupado com a Roxy. Está com vontade de arrancar a cabeça do Eddy.

Matt forçou um sorriso.

— Espero que ele não tente chegar perto dela de novo e, mesmo que tente, ele não vai encontrá-la. Foi generoso de sua parte deixar Roxy usar seu apartamento. — O gesto de Frankie o surpreendera. Depois de tudo o que conversaram sobre o assunto, Matt não esperava por aquilo.

Ele levou o carrinho para o caixa e começou a esvaziá-lo.

— Ei, o apartamento é seu. Você que foi generoso. Não compre isso... — ela tirou uma roupinha de criança e duas bonecas do carrinho. — Ela ficará ofendida.

— Como comprar coisas para Mia poderia ofendê-la?

— Ofenderia, pois isso tudo é muito difícil para a Roxy. Ela precisa fazer o máximo que puder por si mesma.

Matt levou a mão à nuca de Frankie.

— Estou sendo protetor demais de novo?

— Adoro esse seu lado. E suspeito que ajudará Roxy a saber que seus amigos estão dando apoio. Só acho que precisamos ser um pouco mais sutis. Ela está tentando ser independente. Não quero que ela entenda errado o que estamos fazendo e tome como um sinal de que achamos que ela não é capaz de dar conta da situação.

— Bem pensado. — Ele devolveu a roupinha e uma das bonecas na prateleira. — Como você é tão inteligente?

— Eu nasci assim.

— Você também nasceu bem sexy. — E Matt não conseguia deixar as mãos longe dela. Ignorando o fato de estarem em um lugar público, ele se inclinou e a beijou. — Sei que você não queria se mudar para minha casa, então responda honestamente, está surtando?

— Um pouco. — Frankie esboçou um meio sorriso e Matt a soltou, feliz por ela não ter mentido, mas desejando que a resposta tivesse sido outra.

— Você dormiu todas as noites na minha casa desde que voltamos.

— Eu sei. Mas isso me parece... — ela levantou os ombros — ...não sei explicar.

— Como se a porta tivesse se fechado? Como se não houvesse mais escapatória? — Ele não precisava que Frankie explicasse, pois entendia tudo. E o fato de ela não confiar no que ambos tinham machucava mais do que deveria. Dizendo a si mesmo que não era pessoal, Matt pagou pelos itens e os colocou em sacolas. — Você pode fugir quando quiser, Frankie. Pode ficar temporariamente com a Eva, se preferir.

Por que diabos ele acabou de sugerir isso? A última coisa que Matt queria era que Frankie não morasse com ele.

Ela lhe deu um toque delicado no braço.

— Você ficou triste com o que eu disse.

— Não. Eu gostaria que você se mudasse definitivamente para minha casa? Sim. Mas não quero que você se sinta presa. Sei que é uma questão importante para você e quero que saiba que você é livre para ir embora hoje da mesma forma que chegou ontem. — Matt falou tudo de forma tranquila, ignorando o fato de que o que mais queria era arrastar Frankie para seu apartamento e nunca mais deixá-la ir embora. — Fico feliz de podermos ajudar a Roxy. Você fez algo bom.

— É você quem está fazendo. — Ela o ajudou a embrulhar as compras. — Você gastou dinheiro, Matt.

— O dinheiro é meu.

―――∽∞∽―――

Era tarde quando terminaram de acomodar Roxy e Mia no apartamento de Frankie.

James, que estava brincando de cavalinho com Mia nas costas para um lado e para o outro, anunciou que dormiria no sofá.

— Por quê? — Roxy colocou as mãos no quadril e olhou para ele. — Está achando que vai se dar bem?

— Não, mas você bateu a cabeça e precisa de alguém para ficar de olho em você. É a regra quando se bate a cabeça.

— Já passei por coisa pior.

James parou de rastejar.

— Talvez. Mesmo assim vou dormir no sofá. Ai! — Ele se encolheu quando Mia lhe puxou o cabelo e bateu com as perninhas em sua cintura.

— Cavalinho.

— Ela tem um aperto forte para cacete, Rox.

— Não xingue na frente da minha filha, seu imbecil.

— Imbecil — disse Mia alegremente. — Imbecil.

— Desculpa. — James pareceu encabulado e Roxy abrandou o tom.

— Suponho que todo cavalinho precisa de um estábulo. Vou preparar o sofá.

— Tem lençóis e travesseiros na cesta ao lado da cama — disse Frankie enquanto Roxy foi buscá-los. Matt aproveitou a oportunidade para falar com James.

— Certeza que quer ficar? Moro no andar de cima, se precisar.

— Não acho que Eddy vá encontrá-la aqui, mas ela está com medo e não gosto de vê-la desse jeito. Pensei em ficar aqui algum tempo.

Matt assentiu.

— Me ligue se ele aparecer.

— Com certeza. Você pode descer com aquela sua motosserra e transformá-lo em algum objeto mais útil. Um peso para porta, talvez.

Matt estava prestes a responder quando Roxy apareceu à porta com o rosto pálido.

— Vocês não precisam falar sobre mim como se eu não soubesse o que está acontecendo. Não preciso de um guarda-costas e parece que tenho dois.

— Três. — Frankie pegou os lençóis e travesseiros da mão dela e colocou-os no sofá. — Sou faixa preta de caratê. Se Eddy aparecer, ele vai desejar ter escolhido outro endereço.

— Caratê? Que incrível! — Roxy pegou Mia dos braços de James e aconchegou-a junto ao corpo. — Gostaria de aprender a lutar caratê.

— Você pode ir comigo na próxima aula. — Frankie sumiu na cozinha e apareceu momentos depois com algumas plantas na mão. — Essas estão ao alcance de Mia, então pensei em levá-las lá para cima. É preciso mostrar como funciona o trinco da porta, pois ele é um pouco temperamental.

Matt entregou a Mia a boneca que comprou.

— Você não me disse que ele é temperamental.

— Funciona bem, mas é preciso dar uma porrada nele.

— Ótimo, pois estou no clima para dar porrada. — Roxy franziu a testa. — Você comprou uma boneca para ela?

Lembrando-se da conversa com Frankie, Matt hesitou.

— É um presente, Rox.

— Você não precisa fazer isso tudo por mim.

— Não estou fazendo por você. Estou fazendo por sua filha. — Ele sabia que Roxy colocava Mia acima de tudo, incluindo de seu próprio orgulho.

Roxy mordeu o lábio e deu um sorriso trêmulo.

— Obrigada. É muito gentil.

Mia estava em êxtase e insistiu em encher a bochecha de Matt de beijos até Roxy finalmente desgrudá-la.

Já era noite quando os dois voltaram ao apartamento.

Frankie ajeitou as plantas na soleira da janela da cozinha.

— Você acha que ele vai aparecer?

— O ex dela? Eu acho que ele não saberia como encontrá-la aqui, mas se conseguisse, James daria um jeito nele. — Matt consultou o livro de receitas e pegou os ingredientes para um molho sugo básico. Ficou pensando em como um homem poderia fazer um filho e não ter interesse em criá-lo e protegê-lo. De certa forma, a situação de Frankie era ainda pior que a de Roxy. Seu pai deixou uma filha que criara por 14 anos. Que diabos leva um homem a fazer algo assim?

— Você está com raiva? — Frankie lavou as mãos e pegou um dente de alho. — Ou essa cebola te ofendeu, ou você está com raiva.

— Não estou com raiva.

— Você está triste com a situação da Roxy.

Ele abaixou o olhar aos dedos que envolviam o cabo da faca.

— Não apenas com a situação dela. — Ele colocou a faca sobre o balcão lentamente. — Você nunca teve vontade de fazer contato com seu pai?

— Não. — Ela pegou a faca dele e continuou a picar os ingredientes. — Pensei nisso no começo, mas muita coisa aconteceu depois. Seria constrangedor encontrá-lo agora. Eu precisava dele naquela época. Não preciso dele na minha vida nesse momento.

— Detesto imaginá-la passando por tudo isso.

— Está tudo bem, Matt.

— Não está tudo bem. — O tamanho de sua própria raiva o chocava. — Não está tudo bem, Frankie.

Ela lançou um olhar intrigado na direção dele e colocou a faca sobre o balcão.

— Qual é o problema? Você costuma ser todo tranquilão. Não estou acostumada a vê-lo desse jeito.

Ele não estava habituado a se sentir assim. Essa sombria, horrenda mistura de emoções estava contaminando sua forma normal e racional de viver a vida.

— Você foi abandonada para lidar com tudo sozinha. É indesculpável. — Ele passou os dedos pelo cabelo e tentou se acalmar. — Nenhum pai devia colocar a filha na posição que ele te colocou.

— Faz muito tempo. Aprendi a viver com isso.

— Aprendeu? — Era uma luta manter o tom de voz estável. — Ele é o motivo para você guardar segredos e não conseguir confiar facilmente. Ele é o motivo porque você tem medo de relacionamentos, porque tem medo de se mudar para minha casa.

— Eu me mudei para sua casa. — Ela segurou a mão de Matt.
— E confio em você.

Ele abaixou o olhar até seus dedos entrelaçados. A mão de Frankie parecia minúscula e delicada perto da dele e Matt sentiu um surto de instinto protetor.

— É mesmo?

— Sim. Confio. Fique calmo, Matt. — Ela ficou na ponta dos pés e lhe deu um beijo na bochecha. — Vai ser difícil para você entender, pois sua família é muito diferente da minha. Mas não me importo mais. Não tenho sentimentos por meu pai. Ele é um estranho para mim.

— Isso é errado em tantos aspectos. — Comparando ao relacionamento com seu próprio pai, Matt puxou Frankie para perto. Ele não estava calmo. Nada calmo. — Eu queria poder estar lá para ajudá-la.

— Você está aqui, agora. É isso que importa. — Ela se soltou do abraço e terminou de preparar a comida. — O que aconteceu com os pais de Roxy?

— O pai dela era abusivo. Acho que esse é um dos motivos para Roxy estar tão determinada a não voltar para Eddy. — Matt tomou o alho das mãos de Frankie, jogou-o no azeite quente e baixou o fogo. Matt precisava parar de pensar em Eddy. E tinha que parar de pensar no pai de Frankie. — Com tudo o que aconteceu hoje, esqueci de perguntar como andam os planos para o jantar de ensaio. Sei que vai ser um evento importante para vocês. — Ele tentou domar as próprias emoções, mas era perturbadoramente difícil.

— Estão indo bem. Eu tinha planos de passar no escritório amanhã, mas foi antes de tudo o que aconteceu hoje.

— Pode ir. Sempre calculo um tempo a mais em todos os trabalhos. Podemos ficar sem você alguns dias. — respirando profundamente, ele cortou os tomates, a pimenta fresca e pegou o macarrão.

Ambos aumentaram suas habilidades culinárias e cozinhar e comer juntos havia se tornado uma rotina ininterrupta. Às vezes comiam na cozinha, mas costumavam levar os pratos ao terraço e comer enquanto assistiam ao sol se pôr atrás do horizonte de Manhattan.

Paige, Eva e Jake vinham com frequência para a tradicional noite de filmes, mas ainda assim passavam a maior parte do tempo sozinhos. Matt sabia que os outros andavam ocupados, mas tinha a sensação de que estavam mantendo certa distância de propósito.

Naquele momento, uma distração seria bem-vinda.

— James e eu vamos levar os bancos amanhã e posso ligar e pedir ajuda para uns caras se precisar.

— A maioria das plantas vai chegar na quarta, por isso vou garantir que tudo esteja no local. — Lançando-lhe um olhar inquisidor, Frankie pegou o macarrão e o despejou na panela. — Você ainda está com raiva.

— Não, eu estou bem.

Com o olhar fixo no rosto de Matt, ela se inclinou sobre o balcão.

— Uma das coisas que amo em nosso relacionamento é poder conversar sobre qualquer coisa.

Isso era verdade até certo ponto. Eles já tinham conversado de tudo, desde a infância na Ilha de Puffin até seus sonhos para o futuro.

A única coisa sobre a qual nunca falaram eram os sentimentos de Matt por ela. Esses ele deixava trancados a sete chaves.

O que o estava deixando louco.

Matt se conhecia o bastante para saber que a intensidade de sua raiva tinha raízes na profundidade do que sentia por ela.

Ele se sentia fora de controle, e isso o incomodava.

Sabendo que Frankie esperava uma resposta, Matt colocou a tampa na panela.

— Também amo poder conversar sobre tudo com você.

E a amava também.

Então por que não lhe contava de uma vez?

Matt se virou para Frankie, viu o olhar questionador nos olhos dela e perdeu a coragem.

E se, contando-lhe tudo, Frankie entrasse em pânico? E se o rejeitasse?

Ele tinha que esperar o momento certo.

O jardim do terraço ficou pronto uma semana depois. Frankie recuou um passo e admirou o trabalho de suas mãos. Todos trabalharam horas extras por alguns dias, e como resultado terminaram o serviço antes do prazo.

Matt estava arrastando o último dos bancos de madeira até o lugar e Frankie ficou pensando como vê-lo trabalhar podia ser tão sexy. Talvez fosse a forma como aquele jeans velho grudava em suas coxas, ou podia ter a ver com o jeito que a camisa realçava seus músculos enquanto ele colocava lajotas no lugar.

O olhar de Matt encontrou o de Frankie. Seu sorriso era íntimo, pessoal e ela ficou levemente corada.

Ele não parava de olhar para ela, mas não era isso o que a deixava abalada. Era a *forma* de olhar. Como se fossem as duas únicas pessoas no planeta. Como se ela fosse bonita.

Ele fazia Frankie se sentir bonita.

Roxy veio caminhando pelo terraço.

— Dá vontade de parar e ficar admirando, né?

Por um momento, Frankie pensou que ela estava falando do corpo de Matt, mas logo percebeu que ela estava falando do terraço.

— Sim. — A voz de Frankie oscilou. — Dá mesmo. Está lindo. Fizemos um bom serviço.

— Bom? — Roxy se pôs ao lado dela. — Não somos bons, somos brilhantes. — Ela se estabelecera no apartamento de Frankie na semana anterior. Não havia nenhum sinal de seu ex.

James, que a vigiava como um falcão, pegou uma garrafa de água no isopor.

— Somos os melhores.

Mas os três sabiam que o verdadeiro gênio por trás de tudo era Matt. Depois de trabalhar um verão inteiro com ele, Frankie entendeu perfeitamente como ele conseguiu construir tão jovem um negócio de tanto sucesso. Ele pegava serviços que sabia ser capaz de fazer bem e sempre excedia as expectativas. Se encontrasse algum defeito, ele mesmo ia e consertava. O resultado eram clientes felizes e uma empresa em rápido crescimento.

— Obrigado, equipe. — Matt abriu a mochila e pegou uma câmera. Ele a entregou a Roxy. — Você tem o melhor olho. Tire umas fotos para o nosso site.

Feliz por ter sido requisitada, Roxy se afastou e James foi atrás.

— Então é isso. Terminamos. — Frankie sentiu uma pontada. O terraço estava pronto.

A partir da próxima semana, voltaria para o escritório com Paige e Eva. Ela amava suas amigas e a Gênio Urbano, mas ia sentir saudades de trabalhar com Matt praticamente todos os dias.

— Terminamos. Obrigado. — Matt lhe ofereceu uma garrafa de água, que Frankie aceitou com gratidão.

— Por que você está me agradecendo?

— Por nos ajudar. Não teríamos conseguido sem você.

— Você teria encontrado alguém.

— Mas não a melhor, e eu queria a melhor. — Ele bateu a garrafinha contra a dela. — Podemos fingir que é champanhe.

— Depois de carregar meia tonelada de terra para um lado e para o outro, prefiro água a champanhe.

— Espero que não seja verdade, pois vou te levar para um jantar de comemoração hoje à noite.

— Vai ser tipo um encontro?

— Não, não vai ser *tipo* um encontro. *Vai ser* um encontro.

— Me parece ótimo. — Frankie pensou em quanta coisa havia mudado em menos de dois meses.

Antes, ficara nervosa de jantar com ele; agora, estavam praticamente morando juntos.

Com Roxy em seu apartamento, a opção de simplesmente descer as escadas sumiu.

Isso teria deixado Frankie em pânico no passado, mas não agora.

Havia uma nova intimidade na relação deles.

— E para esse jantar... devo me vestir bem?

— Sim. É uma desculpa para usar seu colar de estrela do mar.

— Usei quase todos os dias desde que voltamos de Puffin.

— A gente deveria ir até lá em breve. Para visitar o bebê antes que o clima esfrie.

Emily dera à luz um menino poucas semanas antes. Eles o batizaram Finn, homenagem a um amigo de Ryan, fotojornalista assassinado enquanto cobria a guerra no Afeganistão.

De acordo com Ryan, mãe e bebê estavam bem e o amor da pequena Lizzy pelo irmãozinho era comovente.

— Me parece uma ótima ideia. — O quanto achava ótimo surpreendia Frankie. Surpreendia tanto quanto amava namorar Matt. Ela ficava tonta de tanta alegria.

Nunca antes tivera um relacionamento longo. Agora amava cada minuto dele.

Quando estava atolada em trabalho na Gênio Urbano, os dois se falavam diariamente e trocavam mensagens. Frankie se via contando todo tipo de coisa, coisas que jamais confiara a alguém. De alguma forma Matt se transformara em um elemento chave de sua família. Ela se pegou querendo compartilhar cada mínimo detalhe com ele.

Frankie havia se enganado em pensar que não era capaz de manter um relacionamento, refletiu. Enganara-se em pensar que não sabia confiar.

Foi um processo gradual, mas, pouco a pouco, as coisas haviam mudado.

Ela confiava totalmente em Matt.

Ela confiava no relacionamento deles.

Ela nunca foi tão feliz em toda a vida.

Capítulo 18

A vida é como uma gaivota. Você nunca sabe quando ela vai derrubar algo sujo na sua cabeça.

— Frankie

FRANKIE ESTAVA SEMIADORMECIDA NOS BRAÇOS de Matt quando seu celular recebeu uma mensagem.
— Meu Deus. Quem está me mandando mensagem num domingo de manhã? Se for Paige, vou pedir demissão. — Com um resmungo, ela esticou a mão e pegou o telefone.
Era Roxy.

Alerta! Sua mãe está subindo.

A mãe dela?
— Matt, acorda! — Ela pulou da cama. — Minha mãe está aqui.
Ele apoiou a cabeça nas mãos.
— É meio cedo, mas não chega a ser um caso de emergência, né?
— É sim! Estou nua na sua cama e morando no seu apartamento. — E não queria que a mãe soubesse disso. O motivo era complicado demais para explicar naquele momento. Ela saiu frenética à procura das roupas, encontrando algumas espalhadas pelo chão. Desesperada, ela pegou uma das camisetas de Matt e deu

um jeito de vesti-la. — Essa camiseta não serve. Como é possível que não sirva se é enorme para mim? — Ela sentiu a mão de Matt sobre o tecido conforme a retirava cuidadosamente.

Ele o fez da maneira que fazia tudo. Com cuidado, com calma, comedido.

— Você está tentando colocar a cabeça pelo buraco do braço. É melhor se acalmar. Qual é o motivo de pânico?

— O motivo de pânico é minha mãe. — Querendo que parte da calma de Matt fosse transferida para si, ela soltou o cabelo com as mãos. — Não quero que ela saiba que estou morando aqui.

— Por quê?

— Porque ela estraga tudo, Matt. Você não faz ideia. Ela vai me constranger. Vai constranger você...

— Você acha mesmo que algo que sua mãe fizer pode mudar o que sinto por você?

Algo em sua voz fez Frankie parar e olhar para ele, mas a expressão de Matt não revelava nada.

Como explicar que ela não gostaria que a mãe contaminasse o relacionamento tão perfeito e especial que eles tinham?

— Você não a conhece.

— Conheço-a a tanto tempo quanto conheço você.

— Mas você nunca a viu totalmente solta e não quer saber do que ela é capaz. — Frankie tropeçou enquanto colocava a calça legging. — O que ela está fazendo aqui? *Por favor*, vista-se. Se minha mãe vir seu peitoral, não garanto que você estará a salvo.

Ela fechou a porta entre o quarto e a sala de estar e foi até a porta quando sua mãe tocou a campainha.

Droga, por que ela não consegue ser uma mãe normal? Uma que ligasse alguns dias antes e combinasse um almoço de domingo...

Respirando fundo, abriu a porta.

— Mãe! Que surpresa. — Frankie percebeu então que estava sem lingerie. Ela estava nua por debaixo da legging e seus peitos estavam à solta.

Felizmente, sua mãe parecia distraída.

— Fui lá embaixo antes. Você não contou que se mudou.

— É temporário...

— Você emprestou seu apartamento para aquela linda moça com a filha. Eu sei. Pedi desculpas por acordá-la, mas ela me disse que estava de pé desde as cinco.

Frankie ficou pensando no que Roxy teria dito a sua mãe.

— O que você faz por aqui, mãe?

— Você é minha filha! — O tom de voz dela aumentou. — Preciso de um motivo para visitar minha filha?

— São 8h de um domingo.

— Você sempre se levanta cedo. Era a mesma coisa quando você era criança. Você e seu pai eram iguaizinhos, rindo enquanto planejavam a aventura do dia. — Parecia uma acusação e Frankie ficou tensa de ansiedade pela conversa que estava por vir.

Elas revisitariam o passado ou falariam do presente? Ela saberia de mais detalhes torturantes do relacionamento atual de sua mãe?

— Entre. Vou passar um café.

— Obrigada. — O tom de voz da mãe de Frankie era frágil e ela parecia mais pálida do que o normal. — O que você está vestindo? Parece que fez compras em uma loja masculina. Você está sumindo nessa camiseta.

Dado que a camiseta era de Matt, Frankie preferiu não responder.

— Está com fome?

— Morrendo de fome, mas não quero comer. Tenho esse corpinho pois fico de olho na minha alimentação. Eu cuido de mim. Faço exercícios, tenho a bunda durinha...

Frankie se encolheu e torceu para que Matt não estivesse escutando.

— Você está linda, mãe.

— Então por que os homens me largam? — Ela enrugou o rosto. — Por que os homens sempre me abandonam? O que eu faço de errado?

Frankie congelou, pega de surpresa por aquela súbita erupção de emoções.

— Dev te deixou?

— Ele disse que queria achar alguém da mesma idade com quem pudesse ter filhos. Eu disse que ter filho não está com nada, mas ele não me ouviu.

Frankie pensou por que comentários como esse ainda a deixavam triste.

— Eu não sabia que vocês estavam ficando sério.

— Nem eu sabia. Acontece que fiquei interessada. A gente se divertia. — Ela começou a soluçar e o som destruiu a barreira que Frankie erguera entre ela e a mãe.

— Não chore. Por favor, não chore. — Tremendo, ela abraçou a mãe com um dos braços e conduziu-a até o sofá. Ouvir os soluços dela fazia o peito de Frankie doer. Ela estava sendo transportada novamente para seus 14 anos, quando cuidava da mãe que praticamente não conseguia levantar da cama de manhã. — Vai ficar tudo bem.

— Como vai ficar bem? Vou fazer 54 anos no mês que vem. Cinquenta e quatro. Minha vida acabou.

— Nada acabou, mãe.

— Nunca na vida encontrarei um homem de quem eu possa contar. — Ela abraçou Frankie, envolvendo-a como um polvo, e soluçou em seus ombros. — Você é sensata, ao contrário de mim. Você construiu uma vida que não envolve homens. Tem um ótimo emprego, amigas adoráveis e, principalmente, é independente. Você nunca entrega seu coração. Você tem a cabeça no lugar.

Frankie pensou em Matt, que se vestia no quarto ao lado.

Pensou em tudo o que tinha compartilhado. Pensou nas partes pessoais de si mesma e de sua vida que lhe revelara e tentou desesperadamente bloquear a vozinha em sua consciência que tentava lhe dizer para dar ouvidos à mãe.

— Mãe...

— O quê? Você vai dizer que a culpa por ter me envolvido é só minha. E estaria certa. — Ela assoou forte o nariz. — Você está certa em evitar relacionamentos, Frankie. É isso o que eles causam na gente. — As lágrimas corriam e Frankie segurou a mãe enquanto ela chorava, da mesma forma que o fizera anos antes.

Ela tentou barrar, ou pelo menos filtrar, as emoções, mas sentimentos familiares vieram à tona. Era uma mistura horrível de pânico e impotência.

— Não chore, mãe. Ele não vale a pena.

— Eu sei. — Mas mesmo assim ela chorava, e Frankie, com o coração e a mente adormecidos, a segurava.

Matt apareceu trazendo café.

O olhar dos dois se encontrou por cima da cabeça da mãe de Frankie.

Ele estava amarrotado e sexy. Frankie ficou tonta de tanta saudade.

Tinha vontade de correr na direção dele e sentir aqueles braços fortes envolverem-na, protegendo-a dos pensamentos que queria evitar. No lugar da voz de sua consciência, queria ouvir a voz *dele* dizendo-lhe, em tom calmo e racional, que tudo ficaria bem. E isso, por si só, era aterrorizante.

Frankie trabalhara muito para garantir que nunca precisasse de ninguém, além de si mesma, para lhe dar segurança.

Ela se protegia. O tempo todo. Era assim que vivia.

Que diferença fazia se suas neuroses vinham da mãe ou do pai? Nada mudava o fato de que estavam ali.

Como se permitira envolver tanto? Estar com Matt derreteu o casulo protetor que passara a vida construindo, e agora, em vez de se sentir forte, se sentia exposta e vulnerável.

Ela foi tomada de pânico.

O que foi que ela fez?

— É melhor eu ir. — Gina se soltou do abraço da filha. — Só queria avisar que vou me mudar para a casa do Brad, então vou ter endereço novo.

Frankie mal ouvia.

— Quem é Brad?

— Ele é dono do restaurante em que eu e o Dev comíamos sempre. Ele viu como eu estava triste e me ofereceu um quarto. Não me olhe desse jeito, Francesca. — Ela fungou e pegou outro lenço da caixa. — Finalmente aprendi minha lição. É temporário.

Até surgir o próximo, pensou Frankie.

Matt deve ter visto algo em seu rosto, pois deixou o café sobre a mesa e atravessou a sala.

— Vou chamar um táxi para você, Gina.

— Ah, Matt. Sempre tão forte e protetor. Eu queria ter um clone seu. — A mãe de Frankie se levantou e pegou a bolsa. — Vou manter contato, Frankie.

— Está bem. — Os lábios de Frankie estavam dormentes. Tudo nela estava dormente.

Seus sentimentos de felicidade e euforia haviam se evaporado. Era como se sua mãe tivesse entrado em sua cabeça e pisado em todos os seus sonhos.

Relacionamentos davam errado. Era um fato da vida. Até Matt não tinha como discordar disso.

E quando desse errado, ela perderia tudo. Tudo com que se importava.

Como lidaria com isso?

Ela ficaria muito pior do que antes, pois sequer teria a amizade de Matt. Frankie não conseguia imaginar o vazio que sua vida se tornaria sem ele.

Imobilizada por seus pensamentos sombrios, Frankie se sentou.

Ela ouviu a porta se abrir e fechar, e então escutou os passos de Matt sobre o piso de madeira.

Ainda assim, não se mexeu. Não disse nada até ele se jogar no sofá, na frente dela.

— Fale comigo.

O que ela diria? Seu cérebro estava tão envenenado pelo pânico que não conseguia pensar direito. Frankie deu um olhar vazio para Matt.

— Falar do quê?

— Quero saber o que ela te disse. Cada palavra. — Ele estava calmo. — E quero saber no que você está pensando.

— Estou pensando que você devia estar com a Eva. — Frankie foi engolfada pela tristeza como uma praia é tomada pela maré. Uma mecha de cabelo caiu sobre seus olhos, mas ela sequer se incomodou em tirá-la. — Ela é romântica que nem você. Ela diz que as pessoas ficam juntas a vida inteira, que nem os patos. Vocês deviam nadar juntos na lagoa.

— Há apenas uma coisa errada com esse plano. — Delicadamente, Matt colocou a mecha desobediente para trás da orelha de Frankie. — Não estou apaixonado pela Eva.

— Deveria. Ela é perfeita para você. Vocês poderiam dançar ao pôr do sol, curtindo um "felizes para sempre" pelo resto da vida, cantando que nem um casal de contos de fadas, com passarinhos azuis pairando em volta.

— A pessoa por quem nos apaixonamos é aquela perfeita para nós. — O polegar de Matt acariciou gentilmente a bochecha dela. — Essa pessoa, para mim, é você, Frankie.

Ela não conseguia respirar.

Ele estava dizendo...?

Será que...?

O que estava pairando agora era o coração dela.

— Não diga isso, Matt. — A voz dela fraquejou. Se o que sentia antes era pânico, o que sentia agora era horror. — Não estrague tudo. — Ela se sentia à beira de um precipício com Matt prestes a empurrá-la.

— Como dizer que te amo poderia estragar tudo? — Ele não mudou o tom de voz, mas uma tensão nova pairava no ar. — Sei que não tinha dito isso até agora, mas pensei que você soubesse o que eu sentia.

— Eu não sabia... — Sentia uma onda de pânico alojada na garganta. — Não posso. Você é doido.

— Eu me acho sortudo, não doido.

— Sortudo? Transando com uma pessoa confusa como eu?

— Não estou "transando" com você. — Ele deslizou a mão até a nuca dela em um toque ao mesmo tempo firme e delicado. — Eu nunca transei com você, Frankie. Nós fizemos amor. Muitas e muitas vezes.

O estômago dela se revirou.

— Dá na mesma. Só as palavras são mais bonitas.

Ele a puxou de pé e lhe deu um abraço.

— Não é *nem um pouco* a mesma coisa.

— Você vai mudar de ideia assim que me conhecer.

— Eu te conheço, Frankie. E não vou mudar de ideia. — Ele lhe acariciou o cabelo e respirou fundo. — Não estava nos meus planos dizer isso agora. Estava esperando o momento certo, mas não faço ideia de qual seja, então agora talvez seja tão bom quanto qualquer hora.

Não era um bom momento. Era o pior momento possível. Ela tentou desesperadamente fazê-lo parar de falar.

— Matt, por favor... Eu não quero...

— Eu não teria como dizer exatamente quando acordei e me dei conta de que te amava, mas faz bastante tempo.

Ele a amava há bastante tempo?

As emoções de Frankie tropeçavam umas nas outras. Eram tantas que ela não era capaz de distingui-las. Havia medo, receio e nervosismo e, mais profundamente, um pavor primitivo decorrente da notícia de que aquele homem a amava.

— Há quanto tempo?

— Sou apaixonado por você há anos e pensei que te conhecesse bem. Foi quando descobri que não tinha passado da página dois.

— Você quer dizer que descobriu o que eu escondia. Fiquei surpresa que você não tenha fugido.

— Você carregava todos esses sentimentos e segredos. Descobri-los me fez me importar ainda mais com você, não menos.

— Porque você sentia pena de mim?

— Porque você é a pessoa que eu sempre soube que era. Sensível, delicada, divertida, generosa e muito, muito sexy. Eu te conheço e sei que te amo. A única coisa que não sei é como você se sente. — Houve uma pausa longa, carregada de sentido e expectativas. Depois, Matt soltou Frankie. — Esse seria um momento propício para você me contar.

Não, não era. Era um momento ruim. Um péssimo momento.

— Eu... — Ah, meu Deus, como *ela* se sentia? Emocionada, em pânico, nauseada... Era um coquetel terrível de sentimentos de revirar o estômago e que Frankie não era capaz de discernir.

— Frankie? — Ele era paciente, mas ela sabia o que ele esperava escutar. E sentiu algo mais. Uma tensão, uma pressão como uma corda esticada ao máximo, algo que nunca vira nele antes.

Matt havia feito uma pergunta séria e merecia uma resposta honesta.

Mas Frankie não fazia ideia do que poderia responder honestamente.

Ela tentou entender como se sentia, mas sua cabeça ainda ressoava os soluços de sua mãe.

— Não sei — disse ela desesperadamente. — Preciso de mais tempo. Preciso pensar.

Algo se obscureceu na expressão de Matt. Dor. Decepção. Estava vencido pelo cansaço.

— Entendi — disse ele em tom de voz um pouco mais frio do que o normal. Frankie sentiu um lampejo de pânico e profundo arrependimento.

Ela o machucou.

— Matt... — Ela tentou se explicar. — Minha vida toda eu vi relacionamentos darem errado. Você disse que me entendia. — Ela queria que ele desse garantias de sua compreensão, como sempre, mas dessa vez Matt permaneceu em silêncio. Quando finalmente disse algo, pareceu cansado.

— Entendo, sim. Mas tentei te mostrar o outro lado disso. E tinha esperanças de que, a essa altura, você já visse como o que compartilhamos é forte e verdadeiro.

— É assustador, Matt.

— Assustador? Trabalharmos no terraço, jantarmos sozinhos ou com nossos amigos, tomar um drinque, fazer café da manhã, transar... algo disso parece assustador? — A contestação direta de Matt fez Frankie se sentir covarde.

— Não, mas...

— É isso que você pensa quando estamos juntos? Você se deita ao meu lado e pensa em quando vamos terminar? — A voz dele permaneceu estável, mas havia uma distância que Frankie nunca sentira antes, como se Matt estivesse lhe escapando por entre os dedos e ela fosse impotente em impedir que acontecesse.

Ela nunca o tinha visto daquele jeito. Nunca o ouvira usar aquele tom.

— Só estou dizendo que relacionamentos terminam o tempo todo. É um fato da vida.

— Sim, é mesmo. O que torna ainda mais importante escolher a pessoa certa. Você é a pessoa certa para mim, Frankie, mas só se eu for a pessoa certa para você. Não sei o que sua mãe te disse, mas sei que, enquanto você lhe der ouvidos e pensar apenas no que aconteceu no passado em detrimento de seus próprios sentimentos e do presente, nada nunca dará certo.

Nunca dará certo? Ah, *Meu Deus*...

Ela não conseguia respirar.

— Espera... para. Você está terminando comigo?

— Não. — Ele pareceu cansado. — Acho que você está terminando comigo.

Garrinhas andava de um lado para o outro do apartamento, abanava o rabo, mas nenhum dos dois lhe deu atenção por um momento sequer.

— Não estou, não! Só estou dizendo que... — Ela parou e Matt travou seus olhos nos dela.

— Você só está dizendo que não confia em mim. Não o bastante. Você não confia na gente e no que temos. Talvez tenha sido um lance temporário para você, uma forma de descobrir sua sexualidade, mas para mim foi muito mais. Sim, nosso sexo é fora de série, mas não estou interessado em relações superficiais, Frankie. Não com você. Quero o pacote completo, na alegria e na tristeza, na riqueza e na pobreza, na saúde e na doença, mas só se você confiar cem por cento no que temos. Vi meus pais superarem momentos ruins, e só conseguiram porque confiavam um no outro e no amor que tinham. Nenhum dos dois abriria mão desse sentimento.

— Não estou entendendo se você está terminando comigo ou me pedindo em casamento.

— Nenhum dos dois. Estou pedindo para você refletir a respeito do que temos e do que espera disso. Não quero um relacionamento em que um duvide do outro. Não funciona para mim. — Ele pegou o celular e as chaves; Frankie sentiu uma punhalada de pânico.

— Aonde você está indo?

— Vou dar uma caminhada e depois vou passar no ateliê.

— É domingo. — E eles tinham combinado de passar a manhã de preguiça e de passear no Central Park mais tarde. Frankie estava ansiosa por isso.

— Sei bem que dia é. — Ele parou por um momento e esfregou a testa com os dedos como se tentasse aliviar uma pressão enorme. — Perdemos alguns dias por conta da Roxy, por isso preciso compensar e... preciso de um espaço.

— De mim?

— Não sou de pedra, Frankie. Tenho sentimentos também. Me importo com você. Me importo com *a gente* e o fato de você não querer a mesma coisa... — Ele parou de falar e balançou a cabeça. — Vejo você mais tarde.

Ela nunca vira Matt tão triste. E a emoção visível em seus olhos era crua, verdadeira e quase dolorosa demais de vislumbrar. E mais doloroso que isso era saber que Frankie era a causa dela.

Sentindo-se tonta, ela abriu a boca para falar e impedi-lo de sair, mas Matt deixou o apartamento sem olhar para trás.

— Matt! Espera.

Percebendo que alguém gritava seu nome, Matt se virou e viu Eva correndo em sua direção. O cabelo lhe caía sobre os ombros e ela estava de chinelo.

A última coisa que Matt queria naquele momento era companhia, mas parou e esperou até que ela o alcançasse.

— Qual é o problema?

— Não há nenhum problema. Não comigo, pelo menos. — Ela estava sem fôlego e o cabelo bagunçado.

— Sua camiseta está do avesso. Parece que você acabou de sair da cama.

— E saí mesmo. — Ela ficou insegura ao se dar conta. — Eu estava dormindo há dez minutos.

— O que te acordou?

— Frankie batendo em minha porta.

Matt ficou tenso.

— Olha, entendo que você se preocupe com sua amiga, mas não consigo falar disso agora, Ev.

— Não estou aqui por me preocupar com a Frankie. Estou aqui porque me preocupo com você.

— Comigo?

— Sim, com você. — Ela segurou a mão dele. — Vamos ao parque. É lindo a essa hora.

O peito de Matt doía, mas ele não queria que ela percebesse quão mal estava, por isso se forçou a fazer uma piada.

— Como você sabe? A essa hora você costuma estar inconsciente.

— Verdade. Então vamos lá ver se os boatos são verdadeiros. Te pago um café e conversamos.

Ele não queria conversar, mas não conseguia pensar numa forma de dizer isso a Eva sem ofendê-la. Por isso, cedeu e caminhou com ela pela rua que conduzia ao parque.

Era um domingo preguiçoso e o bairro estava apenas acordando. Os dois passaram por lojas de produção familiar transbordando de mercadorias frescas e Eva o arrastou até o Petit Pain, padaria artesanal que também vendia o melhor café da região.

— Tome. — Ela entregou a Matt um café grande e um saquinho com um pão doce ainda quente. — Vamos achar um banco confortável para nos sentar.

— Você não precisa...

— Nunca discuta com uma mulher que acabou de acordar.

Matt desistiu de argumentar e os dois caminharam em silêncio até alcançarem o parque.

O local ainda estava relativamente calmo, com poucas famílias exibindo seus filhos pequenos. Matt abriu a grade da entrada e, ainda com os dedos na madeira macia, parou.

— Ela estava chateada?

Eva puxou-o porta adentro e o conduziu até o banco mais próximo. Ela não perguntou sobre o que Matt estava falando.

— Sim, mas você também está.

Chateado? O estômago dele se revirou. Os sentimentos de Matt eram mais complexos do que isso. Ele se sentia triste e machucado, como se suas emoções tivessem sido arrastadas por uma superfície áspera.

— O que ela te disse?

— Nada. Ela perguntou se podia ficar no quarto de Paige um pouco. Então fechou a porta, o que faz sempre que a mãe aparece.

— Eva deu um gole no café e observou os esquilos brincarem pela grama. — Roxy me mandou uma mensagem contando que a mãe dela deu as caras. Não preciso saber muito mais do que isso. A mãe da Frankie deixa a cabeça dela toda bagunçada.

— Eu sei, mas tinha esperanças de que isso fosse um ponto superado. — Eis outra emoção que Matt estava sentindo: uma decepção visceral. Ele tinha acreditado de verdade que os sentimentos de Frankie eram fortes o bastante para fazê-la superar suas reservas com relacionamentos.

— Eu também estava torcendo por isso. Se ela estragar tudo, vou matá-la.

— Estragar o quê?

— O relacionamento de vocês. Para falar a verdade, estou tão nervosa que vou precisar comer metade do seu doce. — Ela esticou o braço e pegou o saquinho da mão dele.

— Você devia ter comprado um também.

— Estou de dieta. Não conta se eu roubar o seu. — Ela arrancou um pedaço e comeu, deixando um bigode de açúcar sobre o lábio. — Isso é *tão* bom. Você tem razão. Eu devia ter comprado um. Ou cinco.

— O que está rolando aqui, Ev? Você quer me dar algum conselho?

Ela lambeu a ponta dos dedos.

— Você está falando com uma mulher que não transa há... hum... — ela contou os dedos e deu de ombros — ...há mais tempo do que quer confessar, por isso não estou em posição de distribuir conselhos. Estou aqui porque você está triste e às vezes, quando eu me sinto triste, faz bem ter companhia. — Algo na voz de Eva atraiu o olhar de Matt.

— Você está triste, querida?

Ela olhava com avidez para o saquinho na mão dele.

— Estávamos falando de você.

— Bem, agora estamos falando de você.

Ela pegou o saquinho e arrancou outro pedaço do doce.

— Fico triste às vezes. Tem dias que estou bem e outros que me sinto tão sozinha que parece que sou a única pessoa no planeta. Qual é meu problema, Matt? Por que não consigo encontrar alguém especial?

— Não há nenhum problema com você. — Ele passou o braço sobre os ombros dela, tentando deixar a própria dor de lado de modo a se concentrar na de Eva. — Você é uma das pessoas mais legais que conheço.

— Vivo numa cidade incrível, cercada de toda essa gente e estou sozinha. Isso é triste, mas o que me deixa ainda mais triste é que você achou a pessoa certa e as coisas ainda não estão indo para frente.

— Algumas coisas não são feitas para dar certo.

— A relação de vocês não era para ser uma dessas coisas.

— Se você tem alguma pérola de sabedoria, sou todo ouvidos.

Ela lhe devolveu o saquinho.

— Não tenho nenhuma. Tenho apenas um ombro amigo, café e calorias.

Comovido, Matt sorriu.

— Você é uma pessoa muito generosa, Ev. E uma ótima amiga. Em algum lugar de Manhattan existe algum cara bonitão a sua espera.

— Fico feliz que tenha mencionado a parte do *bonitão*. — Ela tirou a tampa do café e o assoprou. — Sem dúvidas mereço um cara bem bonitão.

— Merece mesmo.

— E com um tanquinho.
— Um tanquinho é muito importante.
Ela deu um gole no café.
— Ombros largos seriam bons também.
— Ombros, sim. — Matt concordou com a cabeça. — Algo mais?
— Com bastante energia também, pois não transo há *bastante* tempo.

Matt não pensava ser capaz de sorrir no momento, mas se surpreendeu rindo de Eva:
— Energia. Só isso?
— Ele não pode se importar com o canguru de pelúcia que minha avó me deu quando eu tinha 5 anos.
— Então ele precisa ou ter problemas de visão, ou ser dono de uma empresa de brinquedos ou ser tolerante.
— Precisa ser gentil — disse Eva, em tom suave. — Não quero um safado que queira partir meu coração. Já chorei muito esse ano, desde que... bem, você sabe. Minha promessa de ano novo é não chorar.
— Ainda estamos em setembro.
— O que quer dizer que ainda tenho três meses para acabar de chorar. E depois chega. Ah, e comprei uma camisinha nova para substituir a antiga que tinha vencido, então preciso usá-la antes que aconteça o mesmo. Detesto desperdício.
— Naturalmente. É uma atitude muito sustentável. — Matt trocou de posição no banco. — Só uma camisinha?
— É tudo o que carrego. E é provável que nem dela eu vá precisar. Tenho tanto amor para dar — disse Eva melancolicamente — e ninguém quer.
— Algum sortudo vai querer.

Ela se espreguiçou e deu um cutucão em Matt.

— Ele vai usar minha camisinha e partir meu coração.

— Se alguém partir seu coração, Jake e eu vamos lhe dar uma surra. — Ele tirou o braço dos ombros de Eva e terminou de beber o café. — Você merece alguém especial.

— O problema é que nem sempre conseguimos o que merecemos. — Ela encostou a cabeça no ombro dele. — Eu te amo, Matt. Você é o irmão que nunca tive. — Eva pronunciou essas palavras sem entraves. As emoções lhe caíam bem, displicente e confortavelmente como as roupas que vestia. Sem constrangimentos. Sem desconfortos. Sem restrições. Era Eva, cujo coração enorme poderia cobrir Manhattan inteira.

— Eu também te amo, querida.

— Quando você fica mal, eu fico mal também.

— Vou sobreviver. Sou um homem grande e forte.

— Sei que você é grande e forte e sei que você vai sobreviver, mas desejo mais do que isso para você. Quero que você viva feliz para sempre com Frankie.

Pensar nisso machucou Matt e a dor era ainda pior por ele ter acreditado, por algum tempo, que fosse possível.

— Você faz as coisas parecerem tão simples.

— Quando duas pessoas se amam, é para tudo ser simples. — Ela encarava o copinho de café vazio. — Era mesmo para ser simples.

Eles ficaram observando os esquilos por algum tempo e Matt tentou colocar as ideias no lugar. Ele precisava falar de outra coisa que não fosse Frankie. Pensar em algo que não fosse Frankie. Precisava se levantar, dar um passo depois do outro e voltar para casa. Ou ir para o trabalho. Ele não podia passar o resto do dia se escondendo no parque.

— Daqui a três meses é Natal. Já começou a contar os dias e as horas? A essa altura, normalmente, você começa a me informar quantos dias faltam.

— Ainda não comecei a contar neste ano.

Matt olhou para ela.

— Você ama o Natal. Você começa a planejar o Natal em janeiro.

— Eu sei. Mas é que... — Ela se interrompeu. — Ano passado, meu primeiro Natal sem a vovó... foi péssimo. Estou morrendo de medo, para ser honesta. Natal é uma festa de famílias e não tenho mais família. Estou sozinha. Sozinha, sozinha, sozinha. Odeio essa palavra.

— Você não está sozinha. Você tem a gente. Nós somos sua família. A minha mãe adoraria tê-la para o dia de Ação de Graças se você não tiver compromisso, e meus pais estão pensando em passar o Natal em Nova York. Devemos passar o dia com Maria, Jake e Paige.

— Me parece ótimo. — Ela ficou em silêncio por um momento. — Irei sim, se não estiver ocupada.

— Você já tem planos?

— Sim. Planejo não passar outro Natal com saudades da minha avó e sentindo pena de mim mesma. Ela teria vergonha de mim. — Eva endireitou os ombros. — Se Frankie consegue encarar os moradores de Puffin, eu consigo encarar o Natal. Vou ficar em Nova York e quero celebrar.

— Você vai festejar com alguém em particular?

— Sim. Vou festejar com o bonitão que o Papai Noel vai me dar de Natal.

— E ele vai vir descendo pela chaminé? Pois seria um pouco desafiador.

— Não me importa como ou de onde ele vem, contanto que chegue lá.

Matt caiu na risada.

— Você é maldosa, Ev.

— Faz tempo que não tenho sido, mas voltarei a ser em breve.

— É melhor não contar para o Papai Noel antes de ele entregar seu bonitão. Meninas más não ganham presentes.

— Vou usar meu disfarce de boa moça até ele entregar meu bonitão pelado.

— Nesse caso é melhor você escrever logo para ele.

— Já escrevi. Imaginei que ele fosse demorar um pouquinho até achar o cara perfeito.

— Com tanquinho.

— E ombros largos. — Ela esticou as pernas e virou o rosto para o sol. — Ele vai me arrebatar de paixão e será isso.

— Isso o quê?

— Meu final feliz. Fim da história.

— Amarrado com uma enorme fita vermelha.

— Prefiro rosa, mas vermelho funciona.

Frankie assistia a conversa do portão do parque, sentindo como se estivesse sozinha em uma ilha vendo um barco navegar no horizonte.

Matt e Eva estavam sentados perto e conversavam. Ela viu o momento em que Matt colocou o braço sobre os ombros de Eva e viu quando ela apoiou a cabeça no ombro dele.

A garganta de Frankie ficou pesada e seus olhos pinicaram. Ela se sentia nua e vulnerável por dentro.

Era ela quem devia estar com a cabeça no ombro de Matt. Seria ela, se não fosse tão estúpida.

— Vamos caminhar. — A voz de Paige veio de trás. Frankie se virou e viu a amiga de roupa de ginástica e rabo de cavalo.

— O que você está fazendo aqui? Pensei que você estava com Jake. — Frankie contava com a possibilidade de ficar no quarto de Paige. Roxy estava em seu apartamento. Ficar com Matt não era uma opção depois do que aconteceu. Onde Frankie poderia ficar?

— Passei a noite lá, mas ele vai trabalhar hoje, por isso voltei para minha aula de spinning.

Frankie percebeu a garrafa de água na mão da amiga.

— Então é melhor você ir logo, senão vai chegar atrasada.

— Não estou com humor para aula. Prefiro conversar com você. — Paige lançou um olhar através do parque até onde Eva e Matt estavam sentados.

Frankie esfregou os dedos na testa, assustada com quão perto estava de chorar.

— Não sou muito boa de conversa. — Talvez se fosse melhor em falar sobre seus sentimentos, não estaria nessa situação.

— Então eu mesma vou falar. — Paige entrelaçou o braço ao de Frankie e começou a caminhar, não dando outra opção à amiga senão andar junto. — Você sabe que não tem nada rolando ali, né?

— O quê? Ah, sim. Ela está oferecendo um ombro amigo. Sendo uma boa amiga, pois ele está chateado. — E a culpa era dela. Dela. Frankie queria conversar com Paige, mas as palavras não lhe vinham, como sempre. Matt era a única pessoa com quem tinha facilidade de conversar. O que fazer quando o problema sobre o qual você quer falar é a única pessoa com quem você consegue falar? — Magoei seu irmão. Sinto muito. — *Sinto muito* era um pedido de desculpas tacanho em comparação à culpa e ao arrependimento que Frankie estava sentindo.

— Ele é forte. Vai sobreviver. No momento estou preocupada com você. — Era uma resposta típica de Paige. Sua lealdade às amigas era inabalável.

Frankie parou.

— Minha mãe apareceu em casa hoje de manhã.

Paige balançou a cabeça.

— Ev me mandou uma mensagem.

— Foi por isso que você veio até aqui?

— Eu estava vindo de qualquer forma — explicou Paige. — O que ela disse? Contou de outro namorado? Ela deixou o cara que encontramos no mercado de flores?

— Ele deu um pé na bunda dela. Mas dessa vez ela estava gostando dele. Gostando de verdade. Ela até chorou. — Sentindo a tensão crescer, Frankie passou a mão na testa. — Me lembrei do passado.

— Foi uma época ruim. — Paige trazia simpatia no olhar. — Estou começando a entender por que você surtou.

— Ela disse que finalmente concordava comigo, que evitar relacionamentos é o melhor a se fazer.

Paige rosqueou a tampinha da água.

— E desde quando você e sua mãe concordam com alguma coisa?

Frankie se sentiu ainda mais tola. Mas sabia que não bastava racionalizar que estava sendo estúpida. Precisava sentir isso. Ela precisava *acreditar* nisso.

— Como parar de me sentir assim? Não quero isso. — Ela estava desesperada e Paige retribuiu à pergunta com um olhar inquisidor.

— Imagino estar certa em pensar que você ama o Matt. Estou?

Era a mesma pergunta que Matt tinha feito e que Frankie não foi capaz de responder.

Era como se suas palavras e sentimentos tivessem sido eclipsados por seu passado.

— Não sei. — Frankie sabia muito bem, não sabia? Era esse o problema. Ela sabia e era isso o que a assustava tanto. De todas as situações pelas quais passara na vida, nunca havia enfrentado uma assim. Ela endereçou um olhar de agonia à amiga. — Está bem, sim! Eu amo o Matt. Sou louca por ele. É a coisa mais aterrorizante que já aconteceu comigo.

O olhar de Paige relaxou.

— E você disse isso a ele?

— Não. E ele nunca tinha me dito isso. Até hoje de manhã. Ele confessou no meio de uma conversa bizarra sobre minha mãe.

Paige ergueu as sobrancelhas.

— Matt disse que te amava na frente da sua mãe?

— Foi depois de ela ir embora.

— Péssimo momento. — Paige bebeu um gole de água. — Agora entendo seu medo. Mas você não é sua mãe, Frankie. Você nunca viveu a vida do jeito que ela vive a dela. Você toma suas próprias decisões, sempre fez isso. Se ela te dissesse para largar o trabalho, você o faria?

— É claro que não.

— Se ela te dissesse para você sair do seu apartamento, você faria isso?

— Não! — Frankie franziu a testa. — O que você...

— Então por que está permitindo que ela dite sua vida amorosa? Por que está permitindo que as coisas que ela diz influenciem as decisões que você toma acerca de sua vida?

Frankie chegou para o lado e deu passagem a um casal com carrinho de bebê.

— Porque ela tocou em pontos sensíveis. Foi como viajar numa máquina do tempo. Eu voltei imediatamente à época em que meu pai foi embora.

— Responda apenas mais uma pergunta. — Paige transparecia cuidado. — Antes de sua mãe aparecer, você e Matt estavam felizes?

— Estávamos semiacordados. E sim, estávamos felizes. Íamos passar o dia juntos. Estava tudo planejado. Eu ia fazer o café da manhã, cuidar um pouco das minhas plantas e então daríamos uma longa caminhada pelo Central Park. — Os olhos dela ficaram cheios de lágrimas. — Eu o magoei. Eu magoei o Matt. Como sou capaz de machucar alguém que amo tanto?

— Isso aconteceu porque você ficou com medo e entrou em pânico. Mas agora você precisa consertar as coisas, Frankie.

— Como?

Paige esfregou a mão no ombro da amiga.

— É você quem conhece meu irmão. Você vai dar um jeito.

Capítulo 19

O amor não é algo que você vê: é algo que você sente.

— Eva

— A Cornus de alguém está com mofo. Imagino que seja uma planta, não um animal... — Paige avaliou os pedidos que receberam no dia anterior. — O que é Cornus?

Frankie se agitou.

— Me passe os detalhes por e-mail. Eu cuido disso.

Ela se sentia indiferente e desmotivada, como se alguém tivesse lhe sugado toda a vida.

Estava morrendo de saudades de Matt. Sentia falta de se aconchegar contra a força de seu calor; sentia falta de compartilhar pensamentos íntimos e detalhes que nunca havia compartilhado com ninguém e sentia falta de transar com ele.

Ela queria conversar com Matt, mas não sabia o que dizer. Não sabia como provar que confiava no que tinham.

Nesse meio-tempo, estava dividindo apartamento com Eva.

— Terminei seu xampu hoje de manhã.

Eva levantou o olhar.

— Aquele xampu caro que me transforma em uma deusa grega?

— Eles te prometeram isso? — Eva não contou nada do que conversou com Matt, mas Frankie sabia que ela detestava esse tipo de tensão. — Você está brava comigo?

— É claro que não estou brava com você.

— Você odeia ter que morar comigo.

Eva suspirou.

— Amo tê-la morando comigo. A única coisa que detesto é o motivo. Era para você estar no andar de cima, com Matt. Detesto ver duas pessoas que amo tristes. Quero ver vocês dois juntos.

— Eu também quero isso — admitiu Frankie. — E não venha me dizer para consertar as coisas, pois se eu soubesse como fazer, eu o faria. Não sou como você. Não sei como me portar em relacionamentos.

E estar com Matt havia sido a experiência mais fácil que ela já tinha vivenciado. Não parecia difícil, estressante ou complicado. Tinha sido divertido, seguro, estimulante e... perfeito. Tinha sido perfeito.

— Você não precisa ficar flertando com ele. Matt te ama — disse Eva gentilmente. — Basta você lhe dizer que o ama também. É só isso, Frankie. Você precisa ser sincera sobre seus sentimentos por ele. É tão difícil assim? Você não é capaz disso?

Ela já havia lhe confiado coisas que nunca tinha compartilhado com outra pessoa. Seu corpo, seus segredos, partes íntimas de si que mantivera escondidas por quase toda a vida.

Não seria capaz de lhe confiar o coração também?

Sim. Sim, seria capaz.

Mas como dizer isso a ele? Como dizer de forma que Matt acreditasse?

Sem dizer uma só palavra, Frankie se levantou de repente, derrubando uma pilha de papéis no chão. Ela pegou uma latinha de

Coca Zero sobre mesa, deslizou a ponta do dedo sob o anel e abriu a latinha.

Frankie encarou o refrigerante por um momento.

— Você está com dúvida se deve beber esse negócio? — Eva lançou um olhar de reprovação. — Pois deveria. Se você vai mesmo morar comigo, vai ter que aceitar que cuido tanto do que coloco para dentro do corpo quanto do que passo no cabelo. Não vou ter esse negócio na geladeira.

Com a cabeça a mil, Frankie ignorou Eva e olhou para a latinha.

— Onde Matt está agora?

— Acho que está trabalhando de casa — disse Paige. — Conversamos mais cedo sobre os planos para o dia de Ação de Graças. Por quê?

Ela precisava conversar com ele. Imediatamente.

Frankie pegou a bolsa. Ela nunca tinha sentido uma urgência tão desesperadora.

— Preciso tirar folga pelo resto do dia. Tudo bem?

— A empresa também é sua. Faça o que precisar fazer. — Paige lançou um olhar engraçado. — Você vai conversar com o Matt?

— Sim. — Frankie se embaralhou com a alça da bolsa. — Mas primeiro preciso falar com a minha mãe.

Ela sabia que precisava fazer isso antes de dar o grande passo necessário e dizer o que precisava dizer.

Eva pareceu perplexa.

— Tem certeza? Você e Matt estavam ótimos antes de sua mãe aparecer.

— Exatamente. Antes de falar com o Matt, preciso falar com ela. Preciso consertar isso. Está na hora de ser honesta com ela. Está na hora de dizer como me sinto de verdade. — Frankie caminhou até a porta. — E já que estamos falando nisso, preciso dizer algo para vocês também.

— Você está pedindo demissão da Gênio Urbano para poder trabalhar com o Matt?

— Você está de brincadeira? Pedir demissão de um emprego em que posso trabalhar todos os dias com minhas melhores amigas? De jeito nenhum. — Ela balançou a cabeça e forçou as palavras para além das barreiras que sempre haviam lhe impedido de se expressar. — Só queria dizer que tenho sorte por ter vocês.

O olhar de Eva se abrandou.

— Ah, *Frankie*...

— Não terminei ainda. Eu... — Ela sentia a barreira se enfraquecer. — Amo vocês duas. Muito.

Houve um silêncio.

Paige foi a primeira a falar.

— Bem... — A voz dela falhou. — Você está treinando para o grande momento?

— Não. Este é um grande momento também. Cada palavra que disse é verdade. Vocês são as melhores amigas que uma mulher poderia ter ou querer na vida.

Os olhos de Eva se encheram de lágrimas.

— Abraço coletivo?

Frankie deu um sorrisinho frágil e abriu a porta:

— Não força a barra.

A mãe dela já estava esperando na cafeteria.

— Vim assim que recebi sua mensagem. O que houve? Você costuma se recusar a me encontrar no meio do trabalho.

— Preciso conversar com você, mãe.

— É claro. É por isso que estou aqui. Vim na hora. Pedi uma Coca Zero para você. Você ainda gosta, né?

— Eu quero falar *para valer*, não é apenas conversa fiada. — Frankie se sentou na cadeira de frente para a mãe. — Sobre algo que devíamos ter conversado anos atrás.
— Sobre o que aconteceu com seu pai? Sei que isso afetou você. Como não teria? Ele ter saído daquele jeito de casa, sem avisar...
— Eu sabia, mãe.
Houve um silêncio que se estendeu por tanto tempo que Frankie cogitou que a mãe pudesse não ter escutado suas palavras.
— Sabia? — A mãe dela pareceu chocada. — Dos casos dele, você quer dizer?
— Casos? — Era a vez de Frankie ficar chocada. — Ele teve mais de um?
— Ah... eu... — Gina pareceu confusa. Levantou o queixo em seguida. — Sim. Sim, ele teve.
— Por que você não me contou?
— Porque você idolatrava o chão em que seu pai pisava e eu não queria aniquilar seus sentimentos. Mas me parece que isso aconteceu de um jeito ou de outro. — A mãe de Frankie pareceu cansada. — Mas se você sabia do último, por que não me contou?
— Porque ele me fez prometer que não contaria. Disse que era a primeira vez que fazia aquilo e que nunca aconteceria novamente. Eu não sabia que ele continuou a vê-la até o dia em que foi embora de casa. E eu não fazia ideia de como lidar com a situação. Sabia que você o amava e não queria machucá-la. Vivi com isso guardado dentro de mim como um vírus tóxico que não pode entrar em contato com o ar senão entra em combustão. E sempre pensei na possibilidade de que, se tivesse lhe contado assim que descobri, se não tivesse guardado esse segredo, você talvez pudesse ter consertado as coisas.

Houve um silêncio longo e pulsante.

— Ah, Frankie. Ah, querida. — Gina esticou o braço e pegou a mão da filha. — Nada que você tivesse feito ou deixado de fazer teria feito diferença. Ele estava usando você do mesmo jeito que me usou. O primeiro caso dele foi na época em que eu estava grávida de você. Eu entrei em trabalho de parto antes da hora e ninguém conseguia achá-lo. No final das contas, descobri que o motivo para ninguém encontrá-lo foi uma reunião bem íntima entre ele e uma colega de trabalho. As coisas ficaram tranquilas por alguns anos, mas depois começou tudo de novo.

A mãe de Frankie continuou falando, listando uma longa lista de infidelidades que Frankie batalhava para compreender. Ela pensou ser a única com segredos, mas parece que sua mãe mantinha vários. Segredos profundo, dolorosos, que nunca compartilhara com ninguém.

— Por que você continuou com ele?

— Porque o amava. E por causa de você. — Gina cutucava a espuma do café com a colherzinha. — Pensei que continuar fosse o melhor para você. Não percebi que isso te machucava.

Frankie sentiu o peito doer.

— Por conta do que vi quando criança, cresci acreditando que não havia relacionamento indestrutível. E vi o que o abandono do meu pai fez com você. Vivi minha vida tentando evitar que esse tipo de dor me atingisse.

— Eu sei. E desde então você tem sido muito mais sensata do que eu fui em toda minha existência. Você construiu sua própria vida e fez excelentes escolhas. Olhe só para você, Frankie... — Gina gesticulou — Você é tão independente. Tem um apartamento incrível, um emprego fabuloso, amigos que te amam e nenhum vínculo amoroso.

— Estou apaixonada pelo Matt.

— Eu... — Gina ficou boquiaberta. — O que você acabou de dizer?

— Estou apaixonada pelo Matt. — Parecia tão fácil dizer isso. Tão verdadeiro. Tão *certo*.

Não havia mais nada impedindo Frankie. Nada.

Gina arregalou os olhos.

— *O* Matt? O Matt sexy?

— Sim, o Matt sexy, mas agradeceria se de agora em diante você passasse a chamá-lo apenas de Matt. Sem insinuações. Sem apertar a bunda dele. Sem se comportar de forma inconveniente. Quero te ver com mais frequência, mãe. Quero começar nossa relação do zero, mas não quero ter medo de ficar constrangida a cada encontro.

Gina ainda estava de queixo caído.

— Mas... eu pensei que você estivesse no apartamento dele porque aquela menina...

— A Roxy.

— Porque a Roxy estava precisando de um lugar para ficar e tinha se mudado para sua casa.

— Estou vivendo ali pois quero ficar junto com Matt. Minha casa é onde ele estiver.

— É tão sério assim?

— Não poderia ser mais sério. — A não ser pelo fato de Frankie querer sorrir. Nunca algo tão sério lhe dera tanta vontade de sorrir.

— Ele te pediu em casamento?

— Os detalhes são problema meu.

— Isso quer dizer que não. — Os olhos de Gina se encheram de preocupação. — Pode ser apenas sexo, Frankie. Ele pode acabar te machucando. Ele pode não querer...

— Não é só sexo, mãe e sei o que ele quer pois quero a mesma coisa. E Matt nunca me machucaria de propósito. — Mas ela o machucou. Muito. Frankie sentiu uma pontada de apreensão. Será que o magoou a ponto de fazer com que ele não quisesse mais se arriscar? Não. Isso não ia acontecer. Ela confiava no que eles tinham e ninguém, especialmente a mãe, plantaria dúvidas em sua cabeça. — Não preciso da sua ajuda para gerenciar meus relacionamentos. Eu não quero a sua ajuda. Chegou minha hora de correr riscos e cometer meus próprios erros. E, com o Matt, não é uma coisa nem outra. Nada que eu faça com Matt pode ser um erro. Vou encontrá-lo e dizer isso a ele, mas queria falar com você primeiro.

— Bem... — Gina permaneceu um instante em silêncio e falou em seguida. — Acho que seria bom mudarmos de assunto, então. Arranjei um emprego. Não é um emprego chique que nem o seu, mas ainda assim é um emprego. Vou trabalhar em uma delicatessen.

— Que ótima notícia, mãe.

— E o Brad me convidou para jantar hoje de noite.

— Legal. — Frankie pensou quanto tempo Brad duraria, mas concluiu que não era assunto seu. Sua mãe era adulta e cabia a ela viver a própria vida.

E Frankie viveria a sua. Viver de verdade, não fazer o que achasse seguro.

— É melhor você ir. Podemos conversar outra hora, mas você tem coisas mais importantes para fazer no momento. — Gina pegou a bolsa. — Eu pago a conta.

Frankie escondeu a surpresa.

— Obrigada, mãe.

Gina Cole se levantou.

— Se tiver vontade de me mandar uma mensagem mais tarde e contar como as coisas foram, faça isso. Se quiser conversar... ou qualquer outra coisa... — ela respirou — ...não vou ficar dando conselhos. Continue do jeito que está. Você se sai muito melhor do que eu.

Frankie hesitou. Depois, inclinou-se e deu um abraço na mãe. Foi um abraço tenso e um pouco constrangedor, mas ainda assim era um abraço.

— Eu te amo, mãe.

Gina segurou Frankie tão forte que ela não conseguia respirar.

— Eu também te amo. Agora vai.

Antes de ir para casa, Frankie passou em uma das lojas prediletas de Eva e comprou um vestido em um lindo tom de verde. Ignorando o valor, ela pagou pela roupa e vestiu-a na hora. O vestido expunha suas pernas mais do que qualquer outra peça que usara na vida. A sensação de estar de vestido era esquisita, mas também deixava Frankie estranhamente confiante.

Com a palma das mãos suadas e o resto das roupas enfiadas na bolsa, ela pegou o metrô até o Brooklyn.

Quanto mais perto chegava, mais nervosa ficava.

E se Matt tivesse perdido a paciência com suas inseguranças?

Não. Não, isso não ia acontecer.

Ao mesmo tempo, ela estava desesperada para consertar as coisas e foi praticamente correndo da estação até o prédio. Ela estava prestes a ir direto ao apartamento de Matt quando viu a porta de seu próprio apartamento aberta.

Refletindo se Roxy não a deixara aberta por acidente, Frankie entrou para investigar.

Elas talvez precisassem comprar um bloqueio para crianças ou coisa do tipo. Seria perigoso se Mia saísse andando pela rua. Ela ia falar com Matt sobre o assunto.

— Roxy? — Ela entrou pela porta aberta e sentiu de imediato que algo estava errado.

O apartamento estava vazio.

Onde estava Roxy e por que deixara a porta aberta?

Caminhou até a cozinha e ouviu cacos de vidro se quebrarem sob seus pés.

— Droga. — A janelinha da cozinha que dava para o jardim estava quebrada e cacos de vidro brilhavam pelo chão.

Cautelosa, ela recuou um passo na tentativa de evitar o pior. Teria sido um ladrão? Parecia a explicação mais óbvia, mas não havia sinais de furto. E por que quebrar a janela e entrar pela porta da frente? Será que o ladrão fugiu pela porta da frente?

Ela tentou entender e, enquanto sua mente se esforçava em juntar as peças, ela ouviu um som vindo de trás e percebeu que não estava sozinha.

Frankie tinha se enganado.

Seu estômago congelou de medo e ela se virou rapidamente, mas era tarde.

Uma mão lhe cobriu a boca e ela foi colocada contra a parede.

— Onde está Roxy?

Frankie sentiu a outra mão apertar seu pescoço e o rosto de um homem de expressão horrível pressionado contra o seu.

Ela se esforçou para permanecer imóvel e pensar. Frankie não fazia ideia de onde Roxy e Mia estavam, mas sabia que o novo lugar favorito das duas era o parque e imaginou que tinham saído para um passeio. O que significava que estariam de volta a qualquer momento.

Usando um movimento que praticara centenas de vezes, ela tirou as mãos do homem de seu pescoço e levantou o joelho com força.

Ele deu um grunhido de dor e tentou agarrá-la, mas ela lhe deu uma rasteira, derrubando-o no chão.

— Sua piranha maluca! — Ele uivou de dor quando sua cabeça bateu no chão e os ombros caíram sobre o vidro quebrado.

Frankie caiu no chão junto com ele e sentiu o joelho doer

— Isso aí, eu mesma. Prazer em conhecê-lo. — Ela lhe torceu forte o braço para trás das costas, pensando que os gritos dele podiam ser ouvidos no Harlem.

Frankie *torceu* para que alguém ouvisse.

Então ouviu o som da janela e viu Garrinhas de pé em seu lugar de costume.

— Não! — Frankie olhou para o vidro espalhado pelo chão. — Não! Garrinhas! Não pule.

Mas Garrinhas a ignorou e pulou.

Matt terminou a proposta de trabalho que vinha preparando, tirou os fones de ouvido e se levantou. Mozart o ajudava a se concentrar e abafava os sons da rua.

Garrinhas apareceu e se esfregou em suas pernas.

Ele olhou para baixo e viu pegadas de sangue no chão.

— O que... — Ele se agachou e pegou-a com cuidado. — O que você fez? — Levantando-a delicadamente, Matt examinou suas patas e se estremeceu. — Você pisou no vidro? — Planejando investigar a caminho do veterinário, ele se levantou e ouviu Roxy gritar seu nome.

Xingando sem parar, ele trancou a gata na segurança de seu apartamento e foi correndo para o andar de baixo.

A porta de Frankie estava aberta e a tranca quebrada.

Matt entrou no apartamento e viu Frankie de joelhos no chão, ao lado do corpo retorcido de um homem que soltava torrentes de xingamentos entremeados de grunhidos de dor.

Havia sangue, mas se era da gata, do homem ou de Frankie, Matt não sabia ao certo.

Ele sentiu um golpe no estômago.

— Ah, Matt... — Roxy segurava Mia no colo, segurando a cabeça da filha contra o ombro. — Fui ao parque e quando voltei a porta estava aberta e...

— Leve Mia para meu apartamento, Rox.

— Mas...

— Vai logo. — Ele lhe entregou as chaves. — Deixa comigo.

Frankie olhou para Matt.

— Deixar com *você*? Odeio destruir suas aspirações a cavaleiro da armadura reluzente, mas, pelo que podemos observar, pode deixar *comigo*. — Ela pressionou o homem com mais força, e ele soltou mais um uivo de dor.

Matt ficou aliviado por tudo parecer estar bem. Em seguida sentiu admiração.

— Então você não precisa de ajuda?

— Obrigada, mas estou bem.

— Vou ligar para a polícia.

— Já fiz isso há tempos.

Ele observou o vidro quebrado, o rastro de sangue e o machucado na cabeça dela. Tentou entender como não ouviu o estardalhaço, mas então lembrou que estava ouvindo música.

— Você conseguiu pegar o telefone e ligar? Como?

— Esse cara aqui não é muito difícil. Eu o derrubei com a perna e a mão direita. A esquerda ficou livre. Isso se chama fazer duas coisas ao mesmo tempo.

Matt se inclinou até o chão.

— Então você não precisa de mim para nada? Que tal uns elogios?

— Elogios cairiam bem. Descobri que gosto deles.

Ele olhou Frankie de cima a baixo, devagarzinho.

— Belo vestido, querida.

— Obrigada. Fico feliz que tenha reparado.

— Reparei nas pernas tanto quanto no vestido. Elas são incríveis. Algo mais que precise de mim?

— Preciso de você para várias coisas. É por isso que voltei para casa. Para falar de como preciso de você, em todos os sentidos. E vim te dar algo. Fica quieto... — rosnou Frankie para o homem que tentava fugir. — Estou falando. Não me interrompa enquanto estou falando. Eu te amo, Matt. É isso o que vim dizer.

O coração de Matt batia forte no peito e seu olhar encontrou o de Frankie. Havia algo nos olhos dela que lhe dava esperança.

— Você me ama?

O homem no chão se contorceu.

— Puta merda...

Nem Frankie nem Matt se deram ao trabalho de olhar para ele.

— Eu te amo. — O sorriso de Frankie era tímido, mas sua voz plena de convicção. — Faz anos que amo você.

— Então você não quer só um lance casual?

— Não tenho interesse nisso. Não com você. Quero o pacote completo, na alegria e na tristeza, na riqueza e na pobreza, na saúde e na doença, mas só se confiarmos cem por cento no que temos.

Pela primeira vez na vida, Matt teve dificuldades de achar palavras.

— Você veio até aqui para me dizer isso?

— Sim. E vim para te dar algo também, mas achei esse babaca no meu apartamento. — Ela afundou o cotovelo nas costas do homem. — Você machucou a gatinha e derrubou vidro na minha *Ocimum basilicum*.

— Na sua o quê? Moça, eu não encostaria o dedo em você, quem dirá na sua... sei lá o que é isso.

Matt não tirou os olhos do rosto de Frankie.

— O que você queria me dar?

— Uma prova dos meus sentimentos. E são sentimentos poderosos, Matt. Espero que você esteja disposto a lidar com eles.

— Só se ele for um sádico para querer chegar perto de você — berrou o homem no chão, ao que Frankie franziu a testa.

— Acho que você quis dizer *masoquista*. Sadismo descreveria o que eu talvez faça com você caso não pare de interromper o que pode ser a conversa mais importante de minha vida. Matt, eu te amo.

— Você já disse isso. — O homem no chão se contorceu. — E eu não quero ouvir essa merda toda.

— Bem, apesar disso... cá está você ouvindo essa merda toda. E se tiver um pingo de sensibilidade, vai tirar uma lição de toda essa história, como, por exemplo, vai entender que quando uma mulher te disser que não quer você na vida dela, é para valer. O amor não é algo que possa ser conquistado através da dor, do medo ou da extorsão, Eddy. O amor é uma dádiva. Veja e aprenda. — Os olhos de Frankie não saíram de Matt. — Estou te dando todo o meu amor, Matt. Todo. Tudo de mim.

O ar saiu dos pulmões de Matt em um rompante.

— Frankie...

— Cala a boca! — Eddy se contorcia como um peixe no anzol. — A culpa não foi minha! Eu nunca quis ter uma filha. Foi ela quem insistiu em ter esse bebê.

— Isto porque Roxy é um ser humano incrível. Você pode refletir sobre isso quando estiver atrás das grades. E se algum dia você chegar perto da Roxy ou da Mia de novo, eu vou garantir pessoalmente que você nunca mais consiga ter um filho. Querendo ou não.

— Eu vou te matar, porra. Numa noite escura, quando você já tiver se esquecido de mim, vou estar esperando por você, escondido. O que você vai fazer então?

Matt sentiu a raiva lhe rasgar, mas Frankie torceu ainda mais o braço de Eddy e lançou-lhe um olhar sério.

— Acho que vou fazer a mesma coisa que agora. Te prender no chão e te falar umas verdades. Você é um fraco, Eddy. Um fraco e um agressor. Chegou a hora de você sumir com suas fraquezas e agressões, e deixar a Roxy em paz. Como posso dizer de forma que você entenda direito? — Pensando, Frankie fez uma pausa. — Se *algum dia* você espreitar nas sombras tentando me amedrontar ou amedrontar alguém que eu amo de novo, vou arrancar o seu couro com minhas próprias mãos.

— Você não vai precisar, pois eu já vou ter feito isso. — Roxy estava de pé ao lado deles com o rosto cheio de raiva. — Fique longe de mim, Eddy. E fique longe da Mia.

Eddy tinha uma expressão horrível.

— Você é toda machona quando tem amigos por perto, Roxy, mas quando somos só eu e você, perde a coragem.

— Experimenta para ver. — Roxy cruzou os braços. — Se você chegar perto da minha filha de novo vai ver quanto mudei desde que tive o bom senso de me afastar de você. — Ela se virou para Matt. — A polícia chegou. Vocês podem cuidar disso um minuto? Deixei a Mia com James.

— James veio? — Matt refletiu em como sua equipe repentinamente parecia acampada em sua casa.

— Eu liguei e ele veio na hora. É isso o que amigos fazem. — Roxy alvejou Eddy com um olhar. — Vou prestar queixa. Vou contar tudo. Você não me assusta mais.

Matt torceu para que Eddy não visse o que ele via. Que Roxy estava tremendo.

Eddy se remexeu:

— Eu tenho direitos!

— E eu tenho faixa preta em caratê — disse Frankie em tom divertido. — Quer que eu mostre outros golpes? Estou me divertindo experimentando na vida real tudo o que aprendi nas aulas.

Dois policiais uniformizados entraram no apartamento e Eddy começou a gritar.

— Tirem essa maluca de cima de mim! Isso é agressão.

Matt sentiu uma vontade incontrolável de dar risada, vontade que desapareceu assim que Frankie se pôs de pé e ele viu sangue escorrer de sua perna.

— Você se machucou...

— Caí de joelhos no vidro. Se não estivesse usando esse vestido idiota estaria bem. Eu devia estar de legging. — Encolhendo-se, puxou um grande caco do joelho, olhou para o chão da cozinha e franziu a testa. — Esse lugar está uma bagunça. Roxy não pode voltar para cá com a Mia antes de limparmos tudo.

— Ela pode usar nosso apartamento por enquanto. — Ele estava ao lado de Frankie, segurando uma toalha para estancar o sangue. — Vou levar você ao hospital.

— Estou bem. Mas não quero manchar meu vestido novo de sangue. É o único que eu tenho. Você acabou de falar *nosso* apartamento?

— Frankie, você não está bem. E sim, eu disse *nosso* apartamento. É o que ele é, considerando que tudo o que você acabou de dizer é verdade.

— Cada palavra que eu disse é verdade. E ainda tenho algo para te dar. Eu tinha tudo planejado e isso aconteceu. Ele estragou tudo.

Matt olhou fundo nos olhos dela, mas considerou que não era o momento certo para dizer tudo o que queria.

— Vamos dar um jeito no Eddy, falar com a polícia, ver esse seu joelho e depois conversamos.

— Também precisamos levar a Garrinhas ao veterinário. Ela pisou no vidro.

— Eu faço isso. — Eva entrou na sala e Matt sentiu um lampejo de carinho por ela.

— Você odeia minha gata.

— Odiar é uma palavra muito forte. Eu diria mais que ela me dá medo. Só que ela está machucada e precisa de cuidados, assim como a Frankie. Você não tem como cuidar das duas, então deixa a gata comigo. — Eva olhou para Roxy e sorriu. — Às vezes é bom enfrentar aquilo que te dá medo.

James entrou na cozinha segurando Mia, que estava aos prantos.

— Se você saírem e pararem de quebrar o vidro, eu posso limpar tudo.

— Homem mau — soluçou Mia. — Homem mau gritando.

— Ele foi embora, querida. Você está segura. — James afagou as costas da menina e Mia o abraçou forte, cobrindo-o de beijos.

— James cavalinho.

— Depois. — Ele tirou os braços dela da nuca e entregou-a a Roxy. — Dá uma volta com ela no parque. Preciso de umas horinhas. Quero garantir que não haja um pedaço de vidro sequer nessa casa. Não quero que ela se machuque. Ou você.

Roxy ficou na ponta dos pés e lhe deu um beijo.

As bochechas dele ficaram inteiras coradas.

— Para quê isso?

— Por ter vindo quando liguei. E por se preocupar com minha filha.

Matt suspeitou que James se importava com mais do que a filha de Roxy, mas não disse nada.

Ele tinha seu próprio relacionamento para pensar.

E finalmente, finalmente, era quase o momento de se concentrar nele.

Capítulo 20

Nunca tente adivinhar o final antes de ter lido o livro inteiro.
— Matt

Os dois conversaram com a polícia e Matt insistiu em levar Frankie ao hospital.

Era tarde quando saíram de lá e Frankie ainda não tinha dito o que queria dizer.

Agora que tudo tinha acabado, ela se sentia abalada e tonta.

Matt se recusou a sair do quarto enquanto ela era atendida, como se tivesse medo de perdê-la de vista.

— Você quase me fez sofrer uma parada cardíaca, Frankie. Quando entrei naquele apartamento e te vi no meio dos cacos de vidro com aquele cara... — Matt passou a mão no rosto e Frankie levantou os ombros em pesar.

— Ele estava com as mãos no meu pescoço. Não tive escolha a não ser imobilizá-lo.

— Eu queria ter colocado as mãos no pescoço dele por ter tocado em você.

— Você tem tendências ocultas de homem das cavernas. Estou suspeitando disso já faz um tempo.

— Ele poderia ter uma arma. Ou uma faca. — O tom de voz de Matt era cru e Frankie sabia que ele estava sentindo os mesmos efeitos colaterais que ela.

— Com uma faca eu saberia lidar. Com uma arma... — ela se encolheu. — Prefiro não pensar nisso.

— Eu também, mas não consigo tirar a imagem da cabeça. O trinco quebrado. A cara dele.

— Que tal minha imagem imobilizando ele e quase deslocando seu ombro? Não tem como substituir por essa aí?

— Vou tentar. Você tinha o quê, 17 anos, quando começou caratê?

— Sim, mas aprendo rápido. Eu tenho talento para a coisa.

— O que é um alívio para todos.

— Para Eddy nem tanto.

Matt deu um sorriso relutante. Seu celular vibrou e ele o tirou do bolso.

— James. Ele disse que o apartamento está limpo, a janela está consertada e que ele vai passar outra noite no sofá para que Roxy e Mia se sintam seguras.

— Você acha que ele está apaixonado? — Frankie deu uma meia risada. — Olha como estou falando... Pareço a Eva.

— Sim, acho que ele está apaixonado por ela. Acho que deve estar apaixonado há um bom tempo, mas nada vai acontecer.

— Como você sabe?

Matt digitou a resposta e colocou o celular de volta no bolso.

— Roxy acha que James é bom demais para ela. Ela não terminou o colegial e antes de James jogar tudo para o alto e trabalhar com paisagismo, ele era advogado.

— Eu não sabia disso, mas não imagino James se preocupando com isso.

— Concordo, mas Roxy é assim. Ela é bem teimosa.

— Mas também é muito corajosa. E muito inteligente. Tadinha. Como ela aguentou a gravidez morando com aquele monstro? Deve ter sido um período muito solitário.

— Ela me disse que, se não fosse pela Mia, provavelmente ainda estaria vivendo com ele. Mia foi a motivação que ela precisava para sair de casa. Mas Roxy nunca teve coragem de prestar queixa até hoje.

— Ela é uma ótima mãe. — Frankie olhou pela janela do táxi. — Estamos indo para o lado errado. Nossa casa não é para cá.

— Ainda não estou pronto para voltar para casa. Há coisas que preciso dizer e que quero ouvir de você... Não quero fazer isso no caos que está aquele prédio. Amo nossos amigos, mas hoje quero você só para mim.

— E a Garrinhas?

— Eva mandou uma mensagem enquanto você estava sendo atendida. O veterinário prescreveu uns antibióticos e mandou ficarmos de olho em qualquer infecção, mas não parecia muito preocupado. Eva concordou em ficar com ela até voltarmos.

— Garrinhas e eu vamos poder nos curar juntas. — Frankie olhou novamente pela janela, sentindo um frio na barriga. Ela tinha um plano, mas tudo deu errado graças ao Eddy. Agora não sabia o que fazer. Quando seria o melhor momento para dizer o que queria? — Aonde vamos então?

— Ao Central Park? — Matt olhou para a perna dela. O vestido deixava o curativo exposto. — Você consegue caminhar?

— É claro que sim. — Frankie se ajeitou no banco de trás e viu Nova York passar pela janela: vitrines de lojas, turistas se acotovelando, pessoas tagarelando no celular. Milhões de vidas misturadas em uma pequena ilha. Pequena e ainda assim enorme em tantos aspectos.

Eles desceram do táxi perto da Columbus Circle e caminharam até a Bow Bridge por trilhas sinuosas, deixando para trás crianças jogando beisebol e famílias com carrinhos de bebê.

Era um dia perfeito de fim de setembro.

— Mais um mês e a pista de patinação estará de volta. — Ela deu o braço a Matt. — A gente deveria vir. Com todo mundo.

— Você detesta patinar no gelo.

— Eu sei, mas a Eva adora. O último Natal foi tão difícil para ela. Quero que esse seja melhor. Será que devemos sugerir?

— Depende. Você ainda vai me amar se eu cair de bunda? — Os dois alcançaram a ponte e pararam, como se ambos tivessem se dirigido ao mesmo destino inconscientemente.

Matt se inclinou sobre a ponte e observou o lago.

Frankie olhou para ele e depois para a água, assistindo aos reflexos brincando sobre a superfície.

— Nada vai me fazer deixar de amar você. — Essas palavras lhe saíram de forma natural e, quando Matt se virou para ela, Frankie continuou rapidamente: — Antes que você diga algo, preciso te contar algumas coisas. Falei com minha mãe hoje de manhã.

— Ela te ligou de novo?

— Não. Eu liguei para ela. Perguntei se podia me encontrar. Nós conversamos. Decentemente. Na verdade, deve ter sido a primeira conversa honesta que tivemos na vida.

— Honesta como?

— Falei sobre meu pai.

— Tudo?

— Tudo. No final, aquele não havia sido o único caso dele. Ele teve outros. Teve até um caso enquanto ela estava grávida de mim.

— Essa ficha ainda não havia caído por inteiro. — Ela o perdoou. Mas não fazia ideia de que eu sabia da última amante.

— Você se sente melhor agora que ele sabe?

— Sim, mas o que mais me ajudou foi ter contado a você. — Frankie fez uma pausa e pensou em como fazer Matt entender. — Não sou como Eva. Não acho fácil revelar meus sentimentos às pessoas. Acho que isso me deixa muito vulnerável. Me deixa nua.

— Gosto de você nua.

— Quando minha mãe veio me visitar, ela estava tão triste que me senti transportada de volta ao passado. Senti como se tudo entre nós estivesse se desfazendo. Como se me esquecesse de tudo o que tinha aprendido. — Ela apoiou a cabeça no ombro de Matt. — Sei que te machuquei e peço desculpas.

— Não precisa se desculpar. — Ele a abraçou e a puxou para mais perto. — Sua mãe passou todo o tempo te dando um monte de motivos para não se apaixonar, lembrando-a de todos os motivos pelos quais evita se sentir assim. Não surpreende que você tenha começado a recuar diante do amor. Eu devia ter lhe dado mais espaço ao invés de pressioná-la. Não poderia ter escolhido momento pior.

— Eu não devia ter deixado as palavras dela me afetarem da forma que afetaram. Eu confio *de verdade* no que temos. É especial, verdadeiro, e é a coisa mais poderosa que já experimentei na vida. — Ela sentiu a garganta pesar. — Lá em casa você disse que eu não precisava de você para nada, mas isso não é verdade. Preciso de você para tantas coisas, Matt. Você é a única pessoa com quem pude ser eu mesma. Amo cada segundo que passamos juntos, seja numa cobertura carregando lajotas de pedra, seja pelados na cama. Posso ser quem sou ao seu lado.

— E amo quem você é. — Ele deslizou os dedos para dentro do cabelo dela. — Pensei que te conhecesse bem até aquele dia, no seu apartamento, quando você se esqueceu de usar os óculos. Ali eu percebi que não sabia nada de você. E quanto mais descobria, mais profunda e forte ficava minha paixão. Pensei estar no controle de tudo e, antes de me dar conta do que estava acontecendo, percebi que estava desnorteado. Tinha tanta coisa que eu queria te dizer, mas tinha medo de fazê-la fugir. Sabia que você alimentava sentimentos por mim; só não sabia que eram fortes como os meus. Eu podia ver que sua mãe tinha deixado dúvidas na sua cabeça e, em vez de deixa-la refletir sobre elas com cuidado, não tive tato. Pensei que tinha perdido você de verdade. Pensei que não fosse mais confiar em mim.

— Por que você acha que eu disse todas aquelas coisas sobre mim? Porque confio em você. Eu te amo. Acho que te amo há muito tempo. E o motivo para eu ter surtado não foi não querer o que você estava me oferecendo, mas sim querer demais. — Frankie mal podia vê-lo através do brilho das lágrimas em seus olhos. — Nenhum dos meus relacionamentos teve importância. Eu não queria que tivessem importância. E vi o que acontecia quando eram importantes. Então você apareceu...

— Frankie...

— Você destruiu todos os obstáculos que ergui. Estar com você é estimulante, divertido. E tranquilizante, porque pela primeira vez na vida, eu não estou guardando segredos. Passei minha vida inteira com medo de intimidade, mas agora vejo que a intimidade pode ser algo bom. Não existe coisa melhor do que estar com alguém que te conheça de verdade, e você me conhece. Morro de medo de te amar. — Frankie engoliu seco. — Mas tenho ainda mais medo de te perder. Quero segurar firme o que temos e nunca mais soltar, mas não sei como fazê-lo. Eu... eu sou nova nisso. Vou precisar de um manual ou coisa do tipo.

— Eu serei seu manual. Vamos trabalhar juntos nisso. — Ele passou os dedos pelo cabelo dela. — Você disse que queria me dar algo.

— Sim. — Ela colocou a mão no bolso e tirou um objeto que vinha carregando consigo. — Aqui. — Ela o colocou na mão de Matt e o observou levantar as sobrancelhas.

— Você veio correndo até minha casa para dar um anel de latinha de refrigerante?
— Estava improvisando. Você precisa usar a imaginação. — Frankie sentiu um frio no estômago. — É uma aliança. Não é a aliança mais bonita ou mais cara do mundo, mas não é isso o que importa, não é mesmo? É simbólica.

A expressão no rosto de Matt mudou.

— É?
— Sim. Simboliza o quanto eu te amo.

Havia um brilho nos olhos dele.

— Você me ama tanto quanto ama Coca-Cola?
— Caso você não tenha notado, amo Coca Zero então, de fato, seria muita coisa. — Ela sabia que Matt estava brincando, mas de repente sentiu a coragem vacilar. — Claro, se você mudou de ideia...
— Nunca vou mudar de ideia e por acaso também tenho levado algo comigo. — Ele colocou a mão no bolso e tirou uma caixinha. — É para você.

Ela encarou a caixinha e reconheceu o delicado símbolo da Criações Tempestade, empresa de Skylar.

— É da loja da Emily, em Puffin. Você já me comprou o colar de estrela do mar...
— Isso aqui não é um colar de estrela do mar. Abra.

Ela pegou a caixinha da mão de Matt e descobriu que sua própria mão estava tremendo. Abrindo a tampa, Frankie viu um grande anel de diamantes em formato lindo e pouco convencional.

— Ah. Ah, Matt. Você comprou quando estávamos na ilha?
— Sim. — Ele pegou o anel e o colocou no dedo de Frankie. — Francesca Cole, quer se casar comigo?

Ela estava respirando com dificuldade.

— Depende...

O olhar dele ficou cauteloso:

— Depende do quê?

— Se você vai ou não conseguir acompanhar o meu apetite sexual. Perdi muito tempo.

Os cantos da boca de Matt se curvaram.

— Você está flertando comigo?

— Não sei flertar. Estou falando a verdade. — Ela passou os braços em volta da nuca de Matt e pressionou sua boca contra a dele. — Assustei você?

Ele deu um sorriso vagaroso.

— Nem perto de quanto assustou Eddy.

— Pensei que podíamos deixar a Roxy ficar quanto tempo quiser em meu apartamento.

— Você vai levar mais do que uma escova de dentes para o meu?

— Acho que chegou a hora. Isso significa que estou adotando sua gata também?

— Temo que sim. Isso afeta sua resposta?

— Não. Quero me casar com você, Matt. — Ela afastou a boca da dele. A felicidade engolfava Frankie como um raio de sol. Ela ia se casar com ele. Ela ia se casar com Matt. Seu melhor amigo. *Seu amante.* — Então é isso? Terminamos o que viemos fazer aqui?

— Terminar? Nem começamos. — E a beijou com tanta firmeza e paixão que fez o cérebro de Frankie se derreter e seus membros tremerem.

Quando Matt finalmente levantou a cabeça, Frankie percebeu que eles tinham atraído uma pequena multidão de espectadores, alguns com câmeras, todos assistindo com a atenção arrebatada.

— Ops. — Ela enterrou o rosto no peito de Matt. — Que vergonha.

Ele riu.

— Querida, estamos em Nova York. O destino mais romântico do planeta. O departamento de turismo da cidade vai nos mandar uma carta agradecendo.

E então ele a beijou de novo até a felicidade percorrer todo o corpo de Frankie e o último raio de sol se pôr no Central Park.

Agradecimentos

Sou grata a todas as minhas incríveis leitoras. Tantas de vocês dedicaram tempo a me mandar e-mails e a conversar comigo no Facebook; seus comentários gentis e suas mensagens de apoio sempre alegram o meu dia. Àquelas que escrevem resenhas e comentam sobre meus livros nas mídias sociais... Obrigada um milhão de vezes! Isso ajuda muito!

A todas as blogueiras que são sempre tão gentis, entusiásticas e generosas com meus livros, agradeço pelo tempo, energia e apoio.

Ver meus livros sendo vendidos ao redor do mundo é um sonho que se tornou realidade, dado à luz pela equipe da Harlequin, que sempre me encorajou a escrever qualquer história que me estimulasse. Tenho sorte de ter o apoio fantástico da minha editora.

Com certeza esbarrei com a sorte no dia em Flo Nicoll se tornou minha editora. Trabalhar com ela é muito divertido e sou grata pela visão, paciência e entusiasmo que demonstra em cada livro que fizemos juntas.

Sou grata à minha agente, Susan Ginsburg, e à equipe da Writers House por tudo que fazem.

Tenho a melhor família do mundo e agradeço todos os dias pelo apoio inabalável deles. Vocês arrasam!

Este livro foi impresso em 2021,
pela Vozes, para a Harlequin. A fonte usada no miolo é Adobe
Caslon Pro, corpo 10,5/15,4. O papel do miolo é Pólen Soft 80g/m²
e o da capa é cartão 250g/m².